Oliver Geisselhart | Helmut Lange

WASCH DIE KUH

Oliver Geisselhart | Helmut Lange

WASCH DIE KUH

Mit Wortbildern hundert und mehr
Französischvokabeln pro Stunde lernen

Bibliografische Information der Deutschen Nationalbibliothek

Die Deutsche Nationalbibliothek verzeichnet diese Publikation in der Deutschen Nationalbibliografie. Detaillierte bibliografische Daten sind im Internet über http://dnb.d-nb.de abrufbar.

Für Fragen und Anregungen:

info@mvg-verlag.de

5. Auflage 2021

© 2013 by mvg Verlag, ein Imprint der Münchner Verlagsgruppe GmbH,
Türkenstraße 89
80799 München
Tel.: 089 651285-0
Fax: 089 652096

Redaktion: Petra Holzmann, München
Umschlaggestaltung: Kristin Hoffmann, München
Umschlagabbildung: Ralph Bittner, München
Satz: Georg Stadler, München
Druck: Florjancic Tisk d.o.o., Slowenien
Printed in the EU

ISBN Print 978-3-86882-468-1
ISBN E-Book (PDF) 978-3-86415-503-1
ISBN E-Book (EPUB, Mobi) 978-3-86415-504-8

Weitere Informationen zum Verlag finden Sie unter

www.mvg-verlag.de

Beachten Sie auch unsere weiteren Verlage unter www.m-vg.de

100 oder 200 Vokabeln in nur einer Stunde lernen ...

funktioniert und funktioniert und funktioniert und funktioniert ... Und das sogar besser als erwartet. Alle drei bisher erschienenen Bücher »Schieb das Schaf – mit Wortbildern hundert und mehr Englischvokabeln lernen« und »Liebe am O(h)r – mit Wortbildern hundert und mehr Spanischvokabeln lernen« und »Lutsche das Licht – mit Wortbildern hundert und mehr Italienischvokabeln lernen« haben es bereits eindeutig bewiesen. Die Resonanz war unglaublich. Der Erfolg ebenso. »Schieb das Schaf« war bei Amazon sogar auf Platz 1 in der Gesamt-Bücher-Bestseller-Liste. Also war es der bestverkaufte Buchtitel von über 10.534.000 verschiedenen lieferbaren Büchern bei Amazon! Es hielt sich wochenlang in den Top 100. »Liebe am O(h)r« schaffte es auf Platz 6. Was wir ziemlich witzig fanden. Platz 6 für ein Buch mit »Liebe« im Titel! Dazu landete es mehrfach auf Platz 1 in den Fach-Bestseller-Listen. Und auch »Lutsche das Licht« schaffte es zweimal auf den Amazon-Platz 1. Die Mails, Leserrezensionen und Dankesschreiben, die wir erhielten, überstiegen unsere kühnsten Träume: von Eltern, die sich freuten, weil ihre Tochter eine Eins im Vokabeltest schrieb; von älteren Herrschaften, die ihr Englisch oder Italienisch auffrischen wollten; von Business-Menschen, die Englisch oder Spanisch lernen mussten; von Schüler, Studenten, Hausfrauen und -männern, Azubis, Arbeitern, Verkäufern, Ärzten und Vorständen. Schlicht: von Menschen, die lernen müssen oder wollen, oder Leuten, die einfach nur Spaß mit den lustigen Verbilderungen hatten – aus allen Schichten, in jedem Alter, für etliche Anwendungen.

Schon das erste Buch »Schieb das Schaf« schob bereits viel positives und überwältigendes Feedback in unsere Büros. Wir waren überrascht und bestätigt zugleich. »Liebe am O(h)r« setzte das Ganze fort, und »Lutsche das Licht« toppte es noch. Ein Rezensent bei Amazon wollte dem Buch gerne sechs von fünf möglichen Sternen geben! Dass sich solche »Vokabelbücher« gut verkaufen, davon waren wir überzeugt. Der Verlag auch. Dass die Bücher aber gleich so einschlagen würden, damit hatte keiner gerechnet.

Mittlerweile gibt es von uns einen Extravortrag zum Vokabelthema. Firmen buchen uns, um Mitarbeiter zu coachen – denn so effektiv haben die noch nie gelernt. Es ist klar machbar, in nur vier Stunden 400 Englisch-, Spanisch-, Italienisch-, Französisch- oder Vokabeln anderer Sprachen dauerhaft im Gedächtnis der Mitarbeiter zu verankern! Schulen und Universitäten laden uns ein. Der Höhepunkt aber war sicher der Deutsche Schulleiter-Kongress im März 2012 in Düsseldorf. Dort durfte ich, Oliver Geisselhart, einen Vortrag vor über 1.000 Schulleitern halten. Wir haben bei einem solchen Publikum doch eher mit etwas Skepsis gerechnet. Aber nein, die Schulleiter haben es mit offenem Geist angenommen. Und: Sie waren begeistert! Der Run auf »Schieb das Schaf« (die weiteren Titel wurden erst danach veröffentlicht) im Anschluss an den Vortrag war gigantisch. Auch wurde dort von den meisten Teilnehmern der Wunsch nach weiteren Büchern dieser Art geäußert. Am meisten nachgefragt wurden Spanisch, Italienisch und natürlich Französisch! Um den zahlreichen Anfragen nach Vokabellernbüchern zu ebendiesen Sprachen nachzukommen, haben wir im August 2012 »Liebe am O(h)r – mit Wortbildern hundert und mehr Spanischvokabeln lernen« sowie im Mai 2013 »Lutsche das Licht – mit Wortbildern hundert und mehr Italienischvokabeln lernen« auf den Markt gebracht. Und nun auch

»Wasch die Kuh – mit Wortbildern hundert und mehr Französischvokabeln lernen«, das Sie gerade in Händen halten. Wir sind gespannt, wie es mit diesem Buch vorangeht.

Wer »Schieb das Schaf«, »Liebe am O(h)r« oder »Lutsche das Licht« bereits kennt, kann einige Teile dieser Einführung gerne noch einmal wiederholen. Wiederholung schadet ja nicht. Sie muss aber wahrscheinlich gar nicht sein. Schauen Sie einfach mal. Andererseits werden Sie auch hier in der Einleitung die ersten 100 Französischvokabeln lernen. So ganz nebenbei. Und mit Spaß. Ein paar Ausführungen kennen die »Schaf-«, »Liebe-« beziehungsweise »Lutsche«-Fans schon. Genauso wie die Erklärung der Technik im Allgemeinen. Sie können also nach der Lektüre nicht nur die circa 1.500 Französischvokabeln lernen, sondern haben auch die LaGeiss-Technik drauf. Damit lernen Sie Vokabeln aller Sprachen effizient, schnell und dauerhaft.

Vokabellernen leicht gemacht

Sie wollen VIELE Vokabeln in kurzer Zeit dauerhaft abspeichern? Sie wollen also 100 oder gar 200 oder noch mehr Vokabeln in nur einer Stunde lernen? Sie wollen dabei auch noch Spaß haben und sich amüsieren?

Vergessen Sie es! Das schaffen Sie nie! Das heißt: Das schaffen Sie nie mit den Lerntechniken, die Sie in der Schule beigebracht bekommen haben. Apropos: Lerntechniken – in der Schule? Haben Sie dort denn überhaupt gelernt, WIE Sie lernen sollen? Also ich nicht. Ich wusste nur, DASS ich lernen sollte. Aber eben nicht, WIE. Und so geht es 99,9 % aller Menschen im deutschsprachigen Raum.

Ein Beispiel: Am Ende eines Gedächtnistraining-Vortrags kam ein Teilnehmer an den Signiertisch und wollte mich sprechen. Er sagte, er habe große Probleme damit, Fremdsprachen zu lernen. Wenn er eine neue Vokabel gelernt habe, vergesse er sie schnell wieder. Ich fragte ihn, wann er sie denn nicht mehr wisse: nach zwei Tagen oder nach zwei Wochen? Daraufhin meinte er: »Nach zwei Sekunden!« Da musste ich ein Schmunzeln unterdrücken. Denn dann hatte er die Vokabel wahrscheinlich nicht wirklich gelernt.

Solche Begebenheiten erleben Helmut Lange und ich, Oliver Geisselhart, immer wieder bei Vorträgen oder Seminaren. Die allerwenigsten Menschen können gut, sicher, schnell und dauerhaft Vokabeln lernen. Selbst Schüler, die ja voll im Training sind, lernen zwar bis zu 50 Vokabeln in einer Stunde, aber die behalten sie meist nur bis zur Klausur im Gedächtnis. – Sie haben sie also nicht wirklich effektiv gelernt.

Was also tun?

Ganz klar: mit der richtigen Technik Vokabeln lernen! Und auf einmal geht es, ist es leicht, macht es sogar Spaß! Hört sich komisch an, ist aber so!

Sie sind nicht zu alt!

Nein, auch wenn Sie jenseits der dreißig sind, selbst wenn Sie jenseits der siebzig sind, funktioniert diese Lerntechnik bei Ihnen. Die einzige Voraussetzung ist: Sie sollten geistig normal gesund sein. Ihr Gedächtnis wird im Alter nicht schlechter, zumindest nicht spürbar. Ihr Gedächtnis wird nur schlechter, wenn Sie es nicht mehr benutzen. Wenn Sie allerdings auch im Alter noch geistig rege bleiben und sich etwas fordern, bleibt Ihr Geist sehr leistungsfähig. Gut, gemäß der Wissenschaft werden Sie etwas, aber auch wirklich nur etwas langsamer, ansonsten sind Sie genauso leistungsfähig wie jüngere Menschen. Was noch wichtiger ist: genauso lern- und wachstumsfähig!

Dominic O'Brian wurde achtmal Gedächtnisweltmeister, zuletzt mit 44 Jahren. Würde er heute mit 56 Jahren bei der Weltmeisterschaft mitmachen, hätte er wohl noch immer gute Chancen. Aber wollen Sie Gedächtnisweltmeister werden? Die meisten Menschen wohl eher nicht. Gedächtnissportler merken sich zum Beispiel 2.280 Zahlen in nur einer Stunde (Wang Feng aus China) oder 1.456 Karten in der richtigen Reihenfolge (Ben Pridmore aus England). Boris-Nikolai Konrad aus Deutschland merkt sich 201 Vor- und Zunamen und Gesichter in nur 15 Minuten! Gut, das braucht eigentlich kein Mensch, aber diese Gedächtniskünstler können es! Und beweisen damit eindrucksvoll, welche Leistungen unser Gedächtnis vollbringen kann.

Du bist auch nicht zu jung!

Auch wenn Du gerade erst mit der Schule beginnst, funktioniert diese tolle Lerntechnik bei Dir ebenso. Die junge Lara Hick stellte mithilfe dieser Technik im Jahr 2004 in der Gruppe der Acht- bis Zwölfjährigen einen Weltrekord auf: Sie merkte sich **in nur fünf Minuten 42 Vokabeln!** – Das wären nach Adam Riese ganze **504 Vokabeln in nur einer Stunde!**

Unglaublich? Natürlich! Aber wer kein Handy kennt, findet es auch unglaublich, dass man damit mit Menschen sprechen kann, die Tausende Kilometer weit weg sind. Du wirst gleich bei der ersten Übung merken, dass es auch bei Dir funktioniert: Du merkst Dir sofort circa 20 Vokabeln in nur vier bis fünf Minuten!

20 Vokabeln in 5 Minuten

Okay, legen wir los. Just do it!

Lesen Sie den unten stehenden Text aufmerksam durch. Stellen Sie sich jede der zehn Szenen bildhaft vor. Auf der Leinwand Ihres Kopfkinos sollten Sie die Situationen so sehen, als hätten Sie sie gerade eben tatsächlich beobachtet. Am besten funktioniert das, wenn Sie direkt nach dem Lesen jeder Szene die Augen schließen. Verweilen Sie pro Szene beziehungsweise Bild circa 5 bis 10 Sekunden. Lassen Sie auch die Gefühle zu, die Sie hätten, wenn Sie die Szene in Wirklichkeit erleben würden. Wenn Sie alle zehn Szenen verbildert haben, werden Ihnen Fragen gestellt, die Sie dann beantworten sollen.

Nun geht es los:

1. Ein **Hund** fährt auf **Skier**n (chien).
2. Statt einer **Klo-Tür**e (clôture) ein **Zaun**.
3. Eine **Kuh** (cou) beißt mir in den **Hals**.
4. Dem **Kraken** (craquer) die Arme zu **brechen** ist ziemlich schwierig.
5. Aus dem **Mund** wächst ein **Busch** (bouche).
6. Ich **wasch** (vache) die **Kuh**.
7. Der Chef **führt** das Unternehmen und hat dabei immer eine **Schere** (gérer) in der Hand.
8. Die **Geschichte ist wahr** (histoire).
9. Das Kind hat die Spiel**sach**en auf dem **Schoß** (chose).
10. Damit man in den **Badeanzug** passt, kann man ein bisschen **Mayo**nnaise (maillot) zum Einfetten nehmen.

Wenn Sie wirklich jede Szene deutlich im Geiste gesehen haben, beantworten Sie bitte folgende Fragen:

1. Wer fährt auf **Skier**n?

   _____

2. Was kann man außer einer **Klo-Tür**e noch benutzen?

   _____

3. Wohin beißt mich die **Kuh**?

   _____

4. Was scheint bei dem **Kraken** ziemlich schwierig zu sein?

   _____

5. Woraus wächst ein **Busch**?

_____

6. Welches Tier **wasch** ich?

_____

7. Was macht der Chef mit der **Schere** in der Hand?

_____

8. Was **ist wahr**?

_____

9. Was hat das Kind auf dem **Schoß**?

_____

10. Wozu braucht man die **Mayo**?

_____

Nun, wie viele Antworten haben Sie richtig? Bei mehr als sieben Richtigen dürfen wir Ihnen gratulieren. Bei weniger als sieben können wir Ihnen Mut zusprechen, denn: Man kann diese Lerntechnik verbessern und optimieren!

Jetzt haben Sie schon die ersten Vokabeln gelernt. Ja, tatsächlich! Denn wenn Sie wissen, was das Kind auf dem Schoß hat (genau: die Spielsachen), dann wissen Sie auch, was »Sachen« auf Französisch heißt: »chose«. Und »Geschichte« heißt demnach? Genau: »histoire«. Und wenn Sie noch wissen, wozu man »Mayo« braucht, haben Sie auch die Französischvokabel »Badeanzug« gelernt. Denn »Badeanzug« heißt auf Französisch: »maillot«.

Sollten Sie also alle zehn Antworten gewusst haben, haben Sie zehn Vokabeln gelernt!

Gleich geht's weiter mit noch einmal zehn Kopfszenen. Sehen Sie diese bitte auch wieder so wie eben vor Ihrem geistigen Auge.

1. Er war völlig **aufgewühlt** (wühlte in den Kissen), als er den **Pulversee** (bouleverser) (See mit Wasch- oder Schießpulver) zum ersten Mal sah.
2. Der **Taschenkrebs** krabbelt ins **Grab** (crabe).
3. Eine **Dame** (damer) mit Damebrett beim **Weinstampfen**.
4. Mit der **Häkelnadel** versuchte sie, den **Groschen** (crochet) unter dem Schrank hervorzuholen.
5. Der **Kapuzenmantel** ist **kaputt** (capote).
6. An der Bushaltestelle wurde ein Schüler **umgestoßen**. Er landete direkt vor dem **Bus-Kühler** (bousculer).
7. Der **Bus** (bouse) fährt über einen **Kuhfladen**.
8. Aus **Bri**ketts und **Kohle** (bricoler) kann man sich schöne Sachen **basteln**.
9. Der **Spaßmacher** ist **lustig** (loustic).
10. Die **Schwiegermutter bell**t **mehr** (belle-mère) als die eigene Mutter.

13

Und jetzt beantworten Sie bitte diese Fragen:

1. Wie fühlte er sich, als er den **Pulversee** zum ersten Mal sah?

   _____

2. Was krabbelt ins **Grab**?

   _____

3. Was macht die **Dame** mit dem Damebrett?

   _____

4. Womit versucht sie, den **Groschen** unter dem Schrank

   hervorzuholen?

   _____

5. Was ist **kaputt**?

   _____

6. Warum landete der Schüler vor dem **Bus-Kühler**?

   _____

7. Wohin fährt der **Bus**?

   _____

8. Was kann man mit **Brik**etts und **Kohle** machen?

   _____

9. Wer ist besonders **lustig**?

   _____

10. Wer **bell**t **mehr** als die eigene Mutter?

   _____

Na? Wie viele Antworten wussten Sie diesmal? Vielleicht mehr als sieben? Vielleicht weniger? Auf jeden Fall dürften es fürs Erste gar nicht so wenige gewesen sein. Wenn Sie Ihr Kopfkino gut im Griff hatten, müsste es geklappt haben.

Auf jeden Fall haben Sie gerade eben wieder Vokabeln gelernt. Und wenn Sie es oben nicht schon gelesen hätten, hätten Sie es wahrscheinlich gar nicht gemerkt. Aber es waren schon wieder zehn neue Französischvokabeln.

Vergleichen Sie nun Ihre Antworten mit den im Folgenden angegebenen »Möglichen Antworten«. In der Spalte »Französisch« sehen Sie die Schreibweise des französischen Wortes, daneben – in der Spalte »Aussprache« – eine etwas merkwürdige Lautschrift, die Ihnen aber mehr bringt als die Lautschrift, die in Schulbüchern und Wörterbüchern verwendet wird. Bei »Aussprache« steht die französische Vokabel so in Deutsch geschrieben, wie sich diese anhört. »Badeanzug« zum Beispiel heißt auf Französisch »maillot«, ausgesprochen wird es »majo«. Die mögliche Antwort »Mayonnaise« klingt sehr, sehr ähnlich wie

»majo« – und deshalb ist es leicht für Ihr Hirn, von »Mayonnaise« auf »majo« zu kommen.

Unser Gedächtnis findet Bilder spannender als die bloßen Begriffe. Der Trick ist also, die Vokabel als Bild mit der entsprechenden Übersetzung als Bild zu verknüpfen. Verknüpfen bedeutet hier: beide Bilder in ein Bild, in eine Szene oder in einen Film zu integrieren. So wollen Sie »Kapuzenmantel« auf Französisch sagen und sehen sofort, weil verknüpft gelernt, dass er »kaputt« ist. Und schon haben Sie die Übersetzung. Unser »Ähnlichkeitsgedächtnis«, der Gedächtnisforscher Prof. Dr. Hans Joachim Markowitsch hat es entdeckt und nennt es »Priming«, kommt damit gut klar. Denn »kaputt« ist ähnlich genug, um »capote« (ausgesprochen: kapot) hervorzurufen. In den meisten Fällen läuft dieser Bilderabruf unbewusst und sehr schnell ab. Sie müssen also in der Praxis nicht erst lange an die Bilder denken und träumen, um auf die gesuchte Vokabel zu kommen. Dies werden Sie schon bald selbst merken.

Ein anderes Beispiel: »Umstoßen« heißt auf Französisch »bousculer«. Ausgesprochen wird das Wort »busküle«. Und weil wir beides wieder in ein Bild für unser Gedächtnis integrieren müssen, stellen wir uns einfach jemanden vor, der von einem **Bus-Kühler umgestoßen** wird.

Solche Bilder sind schnell gemacht, leicht zu merken und bleiben im Gedächtnis!

Überprüfen Sie sich nun:

Deutsch	Mögliche Antwort	Französisch	Aussprache
Hund	Skiern	chien	schiä
Zaun	Klo-Türe	clôture	klotür
Hals	Kuh	cou	ku
brechen	Krake	craquer	krake
Mund	Busch	bouche	busch
Kuh	wasch	vache	wasch
führen	Schere	gérer	schere
Geschichte	ist wahr	histoire	istwar
Sache	Schoß	chose	schos
Badeanzug	Mayonnaise	maillot	majo
aufwühlen	Pulversee	bouleverser	bulwärsee
Taschenkrebs	Grab	crabe	grab
einstampfen	Dame	damer	dame
Häkelnadel	Groschen	crochet	kroschä
Kapuzenmantel	kaputt	capote	kapot
umstoßen	Bus-Kühler	bousculer	busküle
Kuhfladen	Bus	bouse	bus
basteln	Briketts und Kohle	bricoler	brikole
Spaßmacher	lustig	loustic	lustik
Schwiegermutter	bellt mehr	belle-mère	bellmär

Unglaublich: Sie haben gerade eben so nebenbei 20 französische Vokabeln gelernt und wissen diese morgen auch noch – ohne sie zu wiederholen!

Testen Sie sich doch gleich einmal richtig! Tragen Sie die entsprechenden Vokabeln in die unten stehende Liste ein und vergleichen Sie Ihre Einträge dann mit den Tabellen weiter vorne. Auf die richtige Schreibweise brauchen Sie jetzt noch nicht achtzugeben. Hier ist erst einmal wichtig, dass Sie die Vokabel sprechen können. Folglich können Sie auch unsere Spezial-Lautschrift verwenden.

Deutsch	Mögliche Antwort	Französisch	Aussprache
Hund			
Zaun			
Hals			
brechen			
Mund			
Kuh			
führen			
Geschichte			
Sache			
Badeanzug			
aufwühlen			
Taschenkrebs			
einstampfen			
Häkelnadel			
Kapuzenmantel			
umstoßen			
Kuhfladen			
basteln			
Spaßmacher			
Schwiegermutter			

Wenn Sie jetzt verwundert sind, dass Sie so viele Vokabeln so einfach behalten haben, dann ist das absolut normal. Fragen Sie sich nun: »Warum hat mir das bis jetzt noch niemand beigebracht?« – Kein Französischlehrer, kein Pädagoge, auch nicht Ihre Eltern haben Ihnen wahrscheinlich gezeigt, wie man Vokabeln schneller und nachhaltiger lernt. Sie sehen also: Ebenso wie »Schieb das Schaf« für Englisch, »Liebe am O(h)r« für Spanisch und »Lutsche das Licht« für Italienisch war »Wasch die Kuh« für Französisch überfällig.

Die nächsten 80 Vokabeln

Es geht weiter, und zwar flott. Hier gleich noch einmal zehn kleine Kopfszenen. Am Anfang ist es sinnvoll, in Zehnerschritten vorzugehen. Später, mit mehr Übung, können Sie dann gleich 20 oder gar 50 Vokabeln auf einmal abspeichern. Bis dahin haben Sie aber bitte noch ein wenig Geduld. Sie können am Ende der folgenden achtmal zehn Vokabeln testen, wie viel Sie behalten haben. Und los geht's:

Die **Kräh**e (craie) frisst **Kreide,** damit ihre Stimme nicht mehr so sehr krächzt.
Auf dieser **Höhe** (Alpen) wachsen keine **Aldi-Tüte**n (altitude) mehr.
Meine **Freundin** macht immer zu viele **Kopien** (copine).
Die **Achse** (accès) versperrt die **Zufahrt.**
Wenn der **Akku lee**r (accoler) ist, muss man ihn wieder an den Strom **anhängen.**
Die **Arche** im **Arsch** (arche).
Im **Park** (barque) steht ein **Boot.**
Im **Bad** (batte) liegt ein Baseball**schläger.**
Auf den **Kuchen** an der Wand **Dart**pfeile (tart) werfen.
Eine **Tasse** (tasser) mit der Hand **zusammendrücken.**

Hier die Fragen nach den französischen Wörtern:

- Was frisst die **Kräh**e, damit ihre Stimme nicht mehr so krächzt?
- Wo wachsen die **Aldi-Tüte**n nicht mehr?
- Wer macht immer zu viele **Kopien**?
- Was versperrt die **Achse**?
- Was muss man tun, wenn der **Akku leer** ist?
- Was ist im **Arsch**?
- Was steht im **Park**?
- Was liegt im **Bad**?
- Worauf wirft man die **Dart**pfeile?
- Was macht man mit der **Tasse** in der Hand?

Die nächsten zehn Vokabeln:

1. Weil im Schwimmbad zu viel **Chlor** (clore) war, musste es **geschlossen** werden.
2. Ich **schäle** (gelé(e)) einen **eingefroren**en Apfel.
3. Der **Friseur** (freezer) holt aus dem **Gefrierfach** die coolste Perücke aller Zeiten.
4. Ich schaue nach oben und frage: **Was ist das** (vasistas)? – Ist das ein **Oberlichtfenster**?
5. Eine **Dogge** (toquer) **klopft** an die Tür.
6. Weil der **Fensterladen** klappert, binde ich ihn mit **Wolle** (volet) fest.
7. Das **Lamm** (lame) wird mit der **Rasierklinge** geschoren.
8. Sepp **Maier** (maillet) (Fußballlegende) steht mit einem **Holzhammer** im Tor.
9. Statt mit einem **Fußball** spielen die Fußballer mit einem Luft**ballon** (ballon).
10. Alle **Bosse** (bosser) sollten auch mal **schuften** wie die Mitarbeiter.

Und hier die Fragen dazu:

- Was hat man mit dem Schwimmbad gemacht, als man feststellte, dass der **Chlor**gehalt zu hoch war?
- Was **schäle** ich?
- Woraus holt der **Friseur** die coolste Perücke aller Zeiten?
- **Was ist das**?
- Was macht die **Dogge** an der Tür?
- Was binde ich mit **Wolle** fest, damit es nicht mehr so klappert?
- Womit hat man das **Lamm** geschoren?
- Womit steht Sepp **Maier** im Tor?
- Wofür ist der Luft**ballon** ein Ersatz?
- Was sollen alle **Bosse** auch mal machen?

Deutsch	Mögliche Antwort	Französisch	Aussprache
Kreide	Krähe	craie	krä
Höhe	Aldi-Tüten	altitude	altitüde
Freundin	Kopien	copine	kopin
Zufahrt	Achse	accès	aksä
anhängen	Akku leer	accoler	akole
Arche	Arsch	arche	arsch
Boot	Park	barque	barke
Baseballschläger	Bad	batte	bat
Kuchen	Dartpfeile	tart	tart
zusammendrücken	Tasse	tasser	tase
schließen/geschlossen	Chlor	clore	klor
eingefroren	ich schäle	gelé(e)	schöle
Gefrierfach	Friseur	freezer	frisör
Oberlichtfenster	Was ist das?	vasistas	wasistdas
klopfen	Dogge	toquer	toke
Fensterladen	Wolle	volet	wolä
Rasierklinge	Lamm	lame	lame
Holzhammer	Sepp Maier	maillet	maiä
Fußball	Luftballon	ballon	baloh
schuften	Bosse	bosser	bose

Nun dürfen Sie sich wieder testen:

Deutsch	Mögliche Antwort	Französisch	Aussprache
Kreide			
Höhe			
Freundin			
Zufahrt			
anhängen			
Arche			
Boot			
Baseballschläger			
Kuchen			
zusammendrücken			
schließen/geschlossen			
eingefroren			
Gefrierfach			
Oberlichtfenster			
klopfen			
Fensterladen			
Rasierklinge			
Holzhammer			
Fußball			
schuften			

Hier nun die nächsten zehn Vokabeln:

1. Schub**karre**nrennen (carré) im **Quadrat**.
2. In der Zirkus**manege** (manège) steht ein **Karussell**.
3. Ein Strauß aus Gänse**blüm**chen (plume) und **Feder**n.
4. Der **Affe** steckt sich die Banane **in** den **Arsch** (affinage). Dadurch wird der **Reifeprozess** beschleunigt.
5. An der **Angel** (angle) hängt ein **Winkel**.
6. Die **Äcker** (équerre) des Bauern haben die Form von **Geodreieck**en.
7. In einem **Einmachglas** steht ein **Pokal** (bocal).
8. Sie transportiert die **Bohne**n (bonnet) in einer **Mütze**.
9. Dem dicken **Buddha** (boudin) legt man eine **Blutwurst** als Opfergabe zu Füßen.
10. Die **Schamhaare** (chamarré(e)) sind **mit Orden** geschmückt.

Und wieder die Fragen dazu:

- Welche Form hat die Rennstrecke beim Schub**karre**nrennen?
- Was steht mitten in der Zirkus**manege**?
- Der Strauß besteht nicht nur aus Gänse**blüm**chen. Was ist noch mit dabei?
- Was möchte der **Affe** bezwecken, wenn er die Banane **in** seinen **Arsch** steckt?
- Was hängt an der **Angel**?
- Welche Form haben die **Äcker** der Bauern?
- Wo steht der **Pokal**?
- Womit werden die **Bohne**n transportiert?
- Was legt man dem dicken **Buddha** als Opfergabe zu Füßen?
- Womit sind die **Schamhaare** geschmückt?

Die nächsten zehn Vokabeln:

1. Der **Scheich** überreicht einen **Scheck** (cheik).
2. Man hat mir die Schnee**schippe** (chiper) **geklaut.**
3. Mein **Onkel** (ongle) kaut an seinem Finger**nagel.**
4. Sie hat ein **Ohr** (or) aus **Gold.**
5. Bei **Ebbe** (épée) findet man im Watt ein **Schwert.**
6. Zwei **Eulen schwät**zen (chouette) in der Schule.
7. »Du ver**schandel**st (chandelle) die **Kerze** total, wenn du ständig daran rumspielst.«
8. Die **Katze** spielt mit ihrem **Schatt**en (chatte).
9. Der Lehrer **erklärt** (éclair) den Schülern an der Tafel, wie ein **Blitz** entsteht.
10. Der **Elefant** hat ein eigenes T**elefo**n (éléphant).

Die Fragen dazu:

- Wer überreicht den **Scheck?**
- Was hat man mit der Schnee**schippe** gemacht?
- Woran kaut mein **Onkel?**
- Aus welchem Material ist ihr **Ohr** beschaffen?
- Was findet man bei **Ebbe** im Watt?
- Wer **schwät**zt in der Schule?
- Was wird ver**schandel**t, wenn du ständig daran rumspielst?
- Wer spielt mit ihrem **Schatt**en?
- Was **erklär**t der Lehrer den Schülern an der Tafel?
- Wer hat ein eigenes T**elefo**n?

Deutsch	Mögliche Antwort	Französisch	Aussprache
Quadrat	Schubkarrenrennen	carré	kare
Karussell	Zirkusmanege	manège	manäsch
Federn	Gänseblümchen	plume	plüm
Reife(prozess)	Affe in den Arsch	affinage	afinasch
Winkel	Angel	angle	ongle
Geodreieck	Äcker	équerre	ekär
Einmachglas	Pokal	bocal	bokal
Mütze	Bohnen	bonnet	bonä
Blutwurst	Buddha	boudin	buda
mit Orden geschmückt	Schamhaare	chamarré(e)	schamare
Scheich	Scheck	cheik	schäk
klauen/geklaut	Schneeschippe	chiper	schipe
Fingernagel	Onkel	ongle	ongle
Gold	Ohr	or	or
Schwert	Ebbe	épée	epe
Eule	schwätzen	chouette	schwät
Kerze	verschandeln	chandelle	schohndäle
Katze	Schatten	chatte	schate
Blitz	erklären	éclaire	eklär
Elefant	Telefon	éléphant	elefoh

Nun dürfen Sie sich wieder testen:

Deutsch	Mögliche Antwort	Französisch	Aussprache
Quadrat			
Karussell			
Federn			
Reife(prozess)			
Winkel			
Geodreieck			
Einmachglas			
Mütze			
Blutwurst			
mit Orden geschmückt			
Scheich			
klauen/geklaut			
Fingernagel			
Gold			
Schwert			
Eule			
Kerze			
Katze			
Blitz			
Elefant			

Hier die nächsten zehn Vokabeln:

1. **Morgen** sind wir alle nicht **dümmer** (demain) als heute. Wir sind an Erfahrungen reicher.
2. Ich **entschuldige** mich auch immer dafür, wenn ich meine(n) **Ex küsse** (excuser).
3. Eine der beiden Mädchen-**Zwilling**e setzt **Schimmel** (jumelle) an.
4. Ich guck mir den **Schimmel** (jumelles) vom Brot durchs **Fernglas** an.
5. Eine **Glocke** hängt in der **Klosch**üssel (cloche).
6. Im **Wald** sind **Unmenge**n **Vorrä**te (forét) versteckt.
7. Die Vögel **nisten** in der **Nische** (nicher).
8. Der **Hoteljunge** geht **krumm** (groom), weil er so viele Koffer schleppen muss.
9. Zuerst die Petersilie **klein hacken** und dann mit der **Asche** (hacher) vermengen.
10. Die **Uhr** ist so klein, die passt sogar durch ein Nadel**öhr** (heure).

Die Fragen dazu:

- Wann sind wir auch nicht **dümmer** als heute?
- Was mache ich immer, wenn ich meine **Ex küsse**?
- Wer setzt **Schimmel** an?
- Womit schau ich mir den **Schimmel** genau an?
- Was hängt in der **Klosch**üssel?
- Wo sind die **Vorrä**te versteckt?
- Was machen die Vögel in der **Nische**?
- Wer muss so viele Koffer schleppen und geht daher **krumm**?
- Was muss man mit der Petersilie zuerst machen, damit man sie mit der **Asche** vermengen darf?

Was ist so klein, dass es selbst durch ein Nadel**öhr** passt?

1. **Und die nächsten zehn Vokabeln:**
2. Die **Fische** (ficher) lassen sich alle **registrieren** (ins Register).
3. Am **Fieber**thermometer (fibre) waren noch Textil**faser**n dran.
4. Eine **Fig**ur (figue) aus **Feige**n (nicht aus Zwetschgen).
5. Wenn du **alt** bist, macht man **Asche** (âgè(e)) aus dir.
6. In dem **Rednerpult** steckt eine **Scher**e (chaire).
7. Der Nikolaus steckt vor der Tür in den **Schuh** (chou) einen **Kohl**.
8. **Schuh** an **Schuh** (chouchou) – mit einem **Haargummi** zusammengebunden.
9. **Süße** (sucer) Lutscher **lutschen**.
10. Mit einem **Füller** beschrifte ich den Besen**stil** **o**ben (stilo).
11. An der Schuh**sohle** klebt eine **Semmel** (semelle).

Die Fragen auch dazu:

- Was lassen alle **Fische** mit sich machen?
- Was befand sich noch am **Fieber**thermometer?
- Man kann die **Fig**ur nicht nur aus Zwetschgen machen, sondern auch aus …?
- Was macht man aus dir, wenn du **alt** bist?
- Wo steckt die **Scher**e?
- Was steckt der Nikolaus in den **Schuh** vor der Tür?
- Womit wurde **Schuh** an **Schuh** zusammengebunden?
- Was macht man mit den **süße**n Lutschern?
- Womit beschrifte ich den Besen**stil** **o**ben?
- Wo klebt die **Semmel**?

Deutsch	Mögliche Antwort	Französisch	Aussprache
morgen	dümmer	demain	düma
entschuldigen	dass ich meine(n) Ex küsse	excuser	äksküse
Zwilling	Schimmel	jumelle	schümäl
Fernglas	Schimmel	jumelles	schümäl
Glocke	Kloschüssel	cloche	klosch
Wald/Unmenge	Vorräte	forét	forä
nisten	Nische	nicher	nische
Hoteljunge	krumm	groom	grume
klein hacken	Asche	hacher	asche
Uhr	Nadelöhr	heure	öhr
registrieren	Fische	ficher	fische
Textilfasern	Fieberthermometer	fibre	fibre
Feige	Figur	figue	fige
alt	Asche	âgè(e)	ascheh
Rednerpult	Schere	chaire	schär
Kohl	Schuh	chou	schuh
Haargummi	Schuh an Schuh	chouchou	schuschu
lutschen	Süße Lutscher	sucer	süse
Füller	den Besenstil oben	stilo	stilo
Schuhsohle	Semmel	semelle	semäl

Nun können Sie sich wieder testen:

Deutsch	Mögliche Antwort	Französisch	Aussprache
morgen			
entschuldigen			
Zwilling			
Fernglas			
Glocke			
Wald/Unmenge			
nisten			
Hoteljunge			
klein hacken			
Uhr			
registrieren			
Textilfasern			
Feige			
alt			
Rednerpult			
Kohl			
Haargummi			
lutschen			
Füller			
Schuhsohle			

Hier die nächsten zehn Vokabeln:

1. Den **Sell**erie (sel) mit **Salz** würzen.
2. Die **So**ße (seau) kippe ich in einen **Eimer**.
3. Die **s**ingende (scie) **Säge**.
4. Eine Blume **verwelkt** umso schneller, wenn man sie in einer **P**fanne (faner) anbrät.
5. Beim Backen kommt manchmal auch **Honig** ins **Mehl** (miel).
6. Auf der **Musch**el oder **Musch**i (Katze) (mouche) sitzt eine **Fliege**.
7. **Gammel**fleisch (gamelle) gibt's heute aus dem **Blechnapf**.
8. Der Boxer haut mit seiner **Linke**n dem Gegner auf die **Gosch**e (gauche).
9. Der hat 'nen **Schuh** (joue) an der **Backe**.
10. Ich **back** (bague) einen **Ring**kuchen.

Die Fragen hierzu:

- Womit wird der **Sell**erie gewürzt?
- Wo hinein kippe ich die **So**ße?
- Was kann auch noch **s**ingen?
- Was passiert, wenn man eine Blume in der **P**fanne anbrät?
- Was kommt manchmal beim Backen auch noch ins **Mehl**?
- Was sitzt auf der **Musch**el?
- Woraus isst man das **Gammel**fleisch heute?
- Womit haut mir der Boxer auf die **Gosch**e?
- Wo ist denn der **Schuh** bei dem?
- Welchen Kuchen **back**e ich?

Und hier die letzten zehn Vokabeln:

1. Auf dem **Tisch** steht ein **Tabl**ett (table) mit den **Tabl**etten.
2. Auf einer Buch**seite** liegt ein Würfel**pasch** (page).
3. Auf dem **Bahndamm** liegt ein **Ball** mit **Ast** (ballast).
4. Immer wenn man Rote **Bete** (péter) isst, muss man unglaublich **furzen**.
5. Der **Esel** (aisselle) steckt seine Nase in meine **Achselhöhle**.
6. Man kann auch ein **Handtuch** als **Serviett**e (serviette) benutzen.
7. Der **Grieß**brei (gris(e)) ist **grau**.
8. Auf der **Fete** hat jeder einen **Bum**erang (boum).
9. **Hundert** Cent sind **so** (cent) viel.
10. Ich **fress** (fraise) die **Erdbeere**n aus dem **Fress**napf.

Und nun noch die letzten zehn Fragen:

- Wo steht das **Tabl**ett mit den **Tabl**etten?
- Wo liegt der Würfel**pasch**?
- Wo liegt der **Ball** mit **Ast**?
- Was passiert, wenn man Rote **Bete** isst?
- Wohin steckt der **Esel** seine Nase?
- Als was kann man eine **Serviett**e noch benutzen?
- Welche Farbe hat der **Gries**?
- Wohin gehen alle mit dem **Bum**erang?
- Wie viel Cent sind **so** viel?
- Was **fress** ich aus dem **Fress**napf?

Deutsch	Mögliche Antwort	Französisch	Aussprache
Salz	Sellerie	sel	säle
Eimer	Soße	seau	so
Säge	singend	scie	si
verwelken	in einer Pfanne an-braten	faner	fanne
Honig	Mehl	miel	mjäl
Fliege	Muschel/Muschi (Katze)	mouche	musche
Blechnapf	Gammelfleisch	gamelle	gammäl
links, die linke	Gosche	gauche	gosche
Backe	Schuh	joue	schu
Ring	backen	bague	bage
Tisch	Tablett/Tabletten	table	tabl
Buchseite	Würfelpasch	page	pasche
Bahndamm	Ball mit Ast	ballast	balast
furzen	Rote Bete	péter	pete
Achselhöhle	Esel	aisselle	äsal
Handtuch	Serviette	serviette	särvjät
grau	Grießbrei	grise	gris
Fete	Bumerang	boum	bum
Hundert	so viel	cent	so
Erdbeere	ich fress	fraise	fräse

Und nun überprüfen Sie sich:

Deutsch	Mögliche Antwort	Französisch	Aussprache
Salz			
Eimer			
Säge			
verwelken			
Honig			
Fliege			
Blechnapf			
links, die linke			
Backe			
Ring			
Tisch			
Buchseite			
Bahndamm			
furzen			
Achselhöhle			
Handtuch			
grau			
Fete			
Hundert			
Erdbeere			

Lassen Sie sich überraschen

Hier können Sie nun noch einmal checken, ob Sie sich wirklich alle Vokabeln beziehungsweise wie viele Sie sich von den 100 Vokabeln gemerkt haben. Mit Sicherheit sind es deutlich mehr als über das herkömmliche Wiederholungslernen. Also seien Sie ruhig ein bisschen stolz auf sich. Übrigens: Es geht hier (wie schon erwähnt) nicht um die Schreibweise der französischen Vokabeln, sondern lediglich um die Aussprache. Es ist also egal, wie Sie die entsprechenden Worte schreiben. Wichtig ist nur, dass sie sich so anhören wie bei den Merksätzen.

Warum gehen wir so vor? Nun, als Sie zu sprechen begonnen haben – es also gelernt haben –, haben Sie da schon alles richtig schreiben können? Nein, natürlich nicht. Als Sie mit sechs oder sieben Jahren eingeschult wurden, konnten Sie schon sehr gut sprechen, aber Sie konnten nicht schreiben! Doch nie haben Sie besser und schneller gelernt als damals! Deswegen machen wir es nun so wie zu der Zeit, als Sie noch ein Kind waren und Lernen für Sie ganz normal war. Außerdem müssen Sie, bevor Sie ein Wort schreiben, erst einmal wissen, WELCHES Wort Sie schreiben wollen. Sie müssen es also erst denken beziehungsweise sprechen können. Die Rechtschreibung können Sie später lernen.

Aber nun folgt die große Prüfung. Sie werden überrascht sein.

Deutsch	Französisch
Hund	
Zaun	
Hals	
brechen	
Mund	
Kuh	
führen	
Geschichte	
Sache	
Badeanzug	
aufwühlen	
Taschenkrebs	
einstampfen	
Häkelnadel	
Kapuzenmantel	
umstoßen	
Kuhfladen	
basteln	
Spaßmacher	
Schwiegermutter	
Kreide	
Höhe	
Freundin	
Zufahrt	
anhängen	
Arche	
Boot	
Baseballschläger	
Kuchen	

zusammendrücken	
schließen/geschlossen	
eingefroren	
Gefrierfach	
Oberlichtfenster	
klopfen	
Fensterladen	
Rasierklinge	
Holzhammer	
Fußball	
schuften	
Quadrat	
Karussell	
Federn	
Reife(prozess)	
Winkel	
Geodreieck	
Einmachglas	
Mütze	
Blutwurst	
mit Orden geschmückt	
Scheich	
klauen/geklaut	
Fingernagel	
Gold	
Schwert	
Eule	
Kerze	
Katze	
Blitz	

Elefant	
morgen	
entschuldigen	
Zwilling	
Fernglas	
Glocke	
Wald/Unmenge	
nisten	
Hoteljunge	
klein hacken	
Uhr	
registrieren	
Textilfasern	
Feige	
alt	
Rednerpult	
Kohl	
Haargummi	
lutschen	
Füller	
Schuhsohle	
Salz	
Eimer	
Säge	
verwelken	
Honig	
Fliege	
Blechnapf	
links, die linke	
Backe	

Ring	
Tisch	
Buchseite	
Bahndamm	
furzen	
Achselhöhle	
Handtuch	
grau	
Fete	
Hundert	
Erdbeere	

Nun, wie viele Vokabeln haben Sie geschafft? Waren es mehr, als Sie ohne diese skurrile Technik – also früher – geschafft hätten? Bestimmt. Vielleicht haben Sie ja sogar 70 bis 80 Richtige. Vielleicht sogar noch mehr. Das ist toll! Manche Seminarteilnehmer allerdings finden das nicht so toll. Sie hätten gerne ALLE richtig. Das ist falscher Ehrgeiz. Warum? Nun, weil Sie sich damit unnötig unter Druck setzen. Und unter diesem Druck können Sie nicht Ihre volle Leistung abrufen. Ihr Hirn schüttet dann nämlich die Stresshormone Adrenalin, Kortisol und Noradrenalin aus. Und meist in Mengen, die nicht förderlich sind, denn dann wird der Abrufvorgang im Gedächtnis blockiert. Dadurch wissen Sie deutlich weniger als ohne die schädlichen Stresshormone. Noch schlimmer wird das Ganze, wenn Sie schon während des Lernens einen solchen Druck auf sich ausüben. Denn dann werden die Hormone schon beim Einüben frei. Beim Abrufen fällt Ihr Hirn wiederum in genau denselben Status und Sie erinnern sich noch schlechter. Deshalb: Perfektion weckt Aggression. Immer locker bleiben. Damit lernen Sie effektiver. Und die Vokabeln, die Sie nicht auf Anhieb wissen, lernen Sie einfach nach. Schauen Sie sich die

Bilder, Szenen beziehungsweise Aussagen noch einmal an. Stellen Sie sich diese noch einmal so deutlich wie möglich vor Ihrem geistigen Auge vor. Lassen Sie Gefühle zu, diese sind so etwas wie ein »Merkturbo«. Und dann prüfen Sie sich erneut. Sie werden sehen, dann haben Sie sich wirklich ALLE gemerkt.

Sprachen lernen wie ein Profi

In Zukunft lernen Sie also selbst schwierige Sprachen leicht, schnell, effizient und dauerhaft. Wichtig hierbei ist – wie Sie wahrscheinlich schon gemerkt haben – eine gute Kreativität. Die sollten Sie durch Anwendung trainieren. Das heißt auch: Je mehr Vokabeln Sie lernen, desto kreativer werden Sie! Vertrauen Sie sich selbst. Nach den ersten 100 SELBSTverbilderten Vokabeln merken Sie eine drastische Verbesserung Ihrer Bilder. Sie sind dann auch schon deutlich schneller und finden für mehr Vokabeln passende Bilder.

Wie das Ganze nun genau funktioniert, die besten Tipps und Tricks und wie es auch mit schwierigen Vokabeln klappt, lesen Sie im folgenden Kapitel »Vokabellernen leicht gemacht – Die wichtigsten Tipps auf einen Blick«.

Sehr gut geübte Gedächtnisfans schaffen übrigens – und das ist kein Witz – zwischen 200 und 500 Vokabeln einer neuen Sprache in nur einer Stunde. Wie? Richtig, genauso wie oben: mit der LaGeiss-Technik. Ob Sie nämlich Französischvokabeln, Italienischvokabeln, Spanischvokabeln, Englischvokabeln oder die Vokabeln einer beliebigen anderen Sprache lernen wollen, macht keinen Unterschied. Wenden Sie einfach die Ihnen bereits bekannte Technik an, um zum Beispiel lateinische, finnische, russische oder arabische Vokabeln abzuspeichern.

Nehmen wir als Einstiegsbeispiel einmal an, Sie wollten sich die Lateinvokabel »cubare« (gesprochen: kubare) und deren deutsche Bedeutung merken. Dann gehen Sie genauso vor, wie Sie es schon die ganze Zeit bei den Französischvokabeln gelernt haben: Verbildern Sie die Vokabel. Die Bilder, die Sie bei »cubare« hören, könnten sein: Kuh, Bar, Bahre, Cuba, Reh usw. Das heißt, achten Sie nicht auf die Schreibweise, sondern nur auf die Aussprache. Sprechen Sie die zu lernende Vokabel am besten laut aus und achten Sie auf die Bilder, die Ihnen spontan in den Sinn kommen, wenn Sie die Vokabel hören. Was hört sich ähnlich an? Gibt es ein deutsches Wort, das annähernd so klingt? Kennen Sie bereits eine andere Vokabel, die sich wie diese anhört? Zerhacken Sie die neue, unbekannte Vokabel in Silben und machen Sie Worte beziehungsweise Bilder aus den einzelnen Silben. Oder nehmen Sie einzelne Wortteile, die keine Silben sind. Dabei kommen manchmal sehr komische, aber einprägsame Geschichten heraus.

In unserem Beispiel »cubare« nehmen wir nun das Bild »Kuh und Bahre«. Dann sieht dies so aus:

Die Kuh liegt auf der Bahre.

Die Bedeutung der Vokabel »cubare« ist »liegen, schlafen«. Und genau aus diesem Grund »liegt« die Kuh auf der Bahre! Wir verknüpfen also zwei Bilder. Nämlich das Bild der Vokabel mit dem

Bild der Bedeutung dieser Vokabel. So haben wir »Kuh und Bahre« als erstes Bild und die Bedeutung »liegen« als zweites Bild. Beide Bilder, also Vokabelbild und Bedeutungsbild, miteinander verknüpft, ergibt: »Die Kuh liegt auf der Bahre.«

Würde »cubare« zum Beispiel »tragen« heißen, wäre das Bild folgendes: Die Kuh trägt die Bahre.

Vokabellernen leicht gemacht – die wichtigsten Tipps auf einen Blick

1. Die Vokabel verbildern

- **Welches andere Wort hört sich ähnlich an?**

»Bolso« (span. Tasche) hört sich ähnlich an wie »bolzen« (Fußball spielen).

Diese Ähnlichkeit reicht dem Priming, dem Ähnlichkeitsgedächtnis, schon. Es muss also keineswegs perfekt sein, ähnlich reicht. Roland Geisselhart (Oliver Geisselharts Onkel) hat deshalb schon in den späten Sechzigerjahren die »Egal-Regel« kreiert: Egal, wenn es nicht hundertprozentig passt, Hauptsache, es ist im Klang einigermaßen ähnlich; es reicht auch, wenn nur die erste Silbe passt.

- **Vokabel in Silben zerhacken und für jede einzelne Silbe oder für zusammengefasste Silben nach ähnlichen Worten suchen:**

»cubare« wird so zu »cu«, »ba«, »re«. Aus »cu« wird »Kuh«, »ba« und »re« zusammengefasst ergibt »Bahre«.

- **Aus den Silben neue Worte kreieren**

»helios« (griech. Sonne) wird zu »he«, »li«, »os«. Daraus entstehen die Worte »**He**likopter«, »**Lie**ge«, »**Os**tern«. Bild: Im Helikopter steht eine Liege mit Ostereiern darauf.

- **Vokabel nicht in Silben, sondern entsprechend passend zerhacken**

Bei »vendredi« (frz. Freitag, ausgesprochen »woandredie«) wären die Silben »ven«, »dre«, »di«. Besser passt: »vend«, »red«, »i«. Also: »Wand«, »rede«, »ich«.

- **Einzelne Buchstaben der Vokabel doppelt benutzen**

Bei »hostigar« (span. bedrängen, ausgesprochen »ostigar«) könnte man das T doppelt benutzen: einmal für »Ost« und das zweite Mal für »Tiger«.

- **Dialekte und andere Sprachen mit einbeziehen**

»L'embouchure« (frz. die Flussmündung, ausgesprochen »loambuschür«) klingt ähnlich wie »Lampenschirm« auf Schwäbisch ausgesprochen: »Loambeschürm«.

2. Die Bedeutung der Vokabel verbildern

- **Oft ist die Bedeutung schon ein Bild.**

Zum Beispiel ist die Bedeutung von »cubare« »liegen«. Und »liegen« ist ein Bild.

- Sollte die Bedeutung kein Bild sein, benutzen Sie das erste, spontane Bild (wie bei den Vokabeln selbst), das Ihnen beim Aussprechen der Bedeutung in den Sinn kommt.

Zum Beispiel ist die Bedeutung von »but« (englisch für »aber«, gesprochen »batt«) kein Bild. – »Aber« ist nun mal kein Bild. Die erste spontane Assoziation könnte vielleicht die Band »Abba« sein. »Abba« hört sich ähnlich an wie »aber«.

3. Beide Bilder verknüpfen

- Die Verknüpfung sollte möglichst skurril sein. – Eine liegende Kuh auf einer Bahre ist skurril.

- Denken Sie nicht lange nach, die erste Verknüpfungsidee ist meist die beste.

- Konzentrieren Sie sich auf den Kern und lassen Sie Unnötiges weg.

- Sehen und erleben Sie das Verknüpfungsbild beziehungsweise den Verknüpfungsfilm deutlich in Ihrem Kopfkino.

- Die Verknüpfung sollte alle Sinnesorgane ansprechen.

- Beziehen Sie Gefühle mit ein.

Testen Sie sich

Und nun testen Sie selbst, wie gut Sie im »Verbildern« von Vokabeln bereits sind. Sollten Sie alle Französischvokabeln durchgearbeitet haben, haben Sie ja genug Anregung erhalten. Halten Sie sich bitte an die obigen Regeln und achten Sie nicht so sehr auf die Zeit, die Sie benötigen. Schnelligkeit kommt von ganz alleine.

Lassen Sie Ihrer Fantasie freien Lauf und nehmen Sie die ersten Bilder, die in Ihrem Kopf Gestalt annehmen. In der eckigen Klammer hinter den folgenden Vokabeln finden Sie die korrekte Aussprache, falls diese von der Schreibweise abweicht. Das ist wichtig, denn Ihre Bilder sollten auf der Aussprache basieren! Hören Sie sich also die folgenden Vokabeln sprechen und erfinden Sie dazu Ihre individuellen Bilder. Unsere Vorschläge folgen später. Los geht's:

- **verser [wersee]**

Mein Bild:_____

- **l'amas [lama]**

Mein Bild:_____

- **nascere [nascherre]**

Mein Bild:_____

- **fuscus [fuskus]**

Mein Bild:_____

- **brachium [brachium]**

Mein Bild:_____

Nun folgen die Verknüpfungen. Das erste Bild haben Sie ja gerade entwickelt. Das zweite Bild ist die Bedeutung der jeweiligen Vokabel. Dieses wird mit dem ersten Bild verknüpft. (Wie oben bei »cubare«.) In der runden Klammer hinter den Vokabeln steht die Sprache.

Verknüpfen Sie also jetzt das Vokabelbild mit dem Bedeutungsbild.

- **verser [wersee] (frz.) – schenken**

Meine Verknüpfung:_____

- **l'amas [lama] (frz.) – die Menge**

Meine Verknüpfung:_____

- **nascere [nasschere] (ital.) – geboren werden**

Meine Verknüpfung:_____

- **fuscus [fuskus] (lat.) – dunkel**

Meine Verknüpfung:_____

- **brachium [brachium] (lat.) – Arm**

Meine Verknüpfung:_____

Ob Ihre Verknüpfungen erfolgreich waren, erfahren Sie im folgenden Test.

Schenken heißt auf Französisch: _____

Die Menge heißt auf Französisch: _____

Geboren werden heißt auf Französisch: _____

Dunkel heißt auf Lateinisch: _____

Arm heißt auf Lateinisch: _____

Das Ganze funktioniert natürlich auch andersherum, also aus der Fremdsprache ins Deutsche.

Verknüpfen Sie jetzt das Vokabelbild mit dem Bedeutungsbild.

verser [wersee] (frz.)　　　heißt auf Deutsch: _____

l'amas [lama] (frz.)　　　heißt auf Deutsch: _____

nascere [nasschere] (ital.)　heißt auf Deutsch: _____

fuscus [fuskus] (lat.)　　　heißt auf Deutsch: _____

brachium [brachium] (lat.)　heißt auf Deutsch: _____

Sollten Sie hierbei noch Probleme gehabt haben, so können wir Sie hoffentlich beruhigen: Sie sollten erst einmal circa 100 Vokabeln selbstständig verbildert und verknüpft haben, dann erst klappt es richtig. Aber: Es muss ja nicht bei jeder Vokabel gelingen! Zu Beginn wenden Sie die LaGeiss-Technik eben nur bei den Vokabeln an, bei denen sich Ihnen das Bild praktisch aufdrängt. Mit der Zeit wird dies immer häufiger passieren. Und dann klappt es relativ zügig bei den meisten Vokabeln. Und ganz wichtig: Perfektion weckt auch hier immer noch Aggression. Es muss nicht bei jeder Vokabel gelingen! Freuen Sie sich über die, bei denen es klappt. Und ärgern Sie sich nicht über die, bei denen es NOCH nicht klappt.

Ob Sie jemals so viel trainieren beziehungsweise anwenden, dass Sie, wie oben erwähnt, in nur einer Stunde 200 bis 500 Vokabeln schaffen, ist gar nicht so wichtig. Wenn Sie nur halb so gut werden, schaffen Sie bereits 100 Vokabeln in nur einer Stunde oder 50 in einer halben. Und das ist doch auch ein toller Wert! Der ist übrigens für jeden gesunden Normalsterblichen zu erreichen. Wenn Sie täglich circa eine halbe Stunde Vokabeln lernen, sollten Sie diese Zahl nach ungefähr zwei bis drei Wochen, spätestens nach zwei Monaten erreicht haben.

Dann sind Sie auch in der Lage, eine neue Sprache, zumindest vom nötigen Wortschatz her, in nur einem Monat zu erlernen! Welche Zeitersparnis! Überlegen Sie: Sie lernen täglich 50 Wörter. Diese sollten natürlich die richtigen sein, also genau die, die Sie später tatsächlich brauchen. Schauen Sie sich einmal in einer guten Buchhandlung um. Dort gibt es Vokabelbücher mit häufig gebrauchten umgangssprachlichen Vokabeln. Bei 50 Vokabeln täglich schaffen Sie 250 in fünf Tagen. Am Wochenende wiederholen Sie diese noch einmal. Dies machen Sie drei Wochen lang, dann haben Sie 750 Vokabeln gelernt. Damit sind Sie schon ziemlich fit und können alles sagen, was Sie wollen. Natürlich ist Ihre Synonymauswahl begrenzt, aber was soll's? Die vierte Woche gehört allein der Wiederholung aller 750 Vokabeln. Wer dann zwischendurch noch die wichtigsten Grammatikregeln lernt, kommt im Ausland prächtig klar. Und das nach nur einem Monat!

Also, worauf warten Sie noch? Gehen Sie in die nächste Buchhandlung und fangen Sie an! Erfolg buchstabiert man T-U-N! Das ist bei Gedächtnistechniken genauso wie beim Fremdsprachenlernen oder in jedem anderen Bereich. Für den Anfang starten Sie einfach mit weiteren Französischvokabeln.

Ach ja, fast hätten wir es vergessen – und das darf uns ja nicht passieren –, hier noch unsere Verknüpfungsvorschläge für obige Vokabeln:

- **verser [wersee] (frz.) – schenken**

Vokabel verbildern: »verser« wird »wersee« ausgesprochen. Dies klingt dann ähnlich wie die »Ferse« hinten am Fuß. Ein Bild für *verser* könnte also *Ferse* sein.

Übersetzung verbildern: »schenken« als Bild. Jemand »schenkt« einem anderen etwas.

Beide Bilder miteinander verknüpfen: Eine Person, eventuell Sie, bekommt von einer anderen Person (nehmen Sie am besten jemanden, den Sie kennen) eine *Ferse geschenkt* – schön mit roter Schleife drum herum. Tolles *Geschenk*!

- **l'amas [lama] (frz.) – die Menge**

Vokabel verbildern: Lama (das Tier)

Übersetzung verbildern: Menschenmenge

Beide Bilder miteinander verknüpfen: Ein *Lama* rennt in die *Menge* und spuckt alle an.

- **nascere [nasschere] (ital.) – geboren werden**

Vokabel verbildern: nass und Schere

Übersetzung verbildern: Ein Kind wird geboren.

Verknüpfen: Das Kind will nicht von selbst heraus, dann nehmen wir eben die *nas*se *(Geburts)Schere.*

- **fuscus [fuskus] (lat.) – dunkel**

Vokabel verbildern: Fuß und Kuss

Übersetzung verbildern: dunkel, kein Licht

Verknüpfen: Ich gebe jemandem einen *Fußkuss,* da wird mir *dunkel* vor Augen.

- **brachium (brachium) (lat.) – Arm**

Vokabel verbildern: brach ich um

Übersetzung verbildern: Arm ist schon ein Bild.

Verknüpfen: Meinen *Arm brach* ich *um.*

(Zum Großteil aus: Geisselhart, Oliver: Kopf oder Zettel? Offenbach, Gabal, 5. Aufl. 2013)

Die Handhabung des Wörterbuches

Einzige Voraussetzung: Seien Sie offen für ALLES!

Sie müssen weder schlau, allwissend noch besonders intelligent oder talentiert sein. Aber Sie sollten offen für Neues sein – für alles Neue. Die Bilder, mit denen die einzelnen Vokabeln gelernt werden, sollten einigermaßen passen. Wenn sie dann noch absurd, lustig, brutal, bescheuert, übertrieben oder versaut sind, haftet die Vokabel richtig gut. Es ist in mehreren groß angelegten wissenschaftlichen Studien bewiesen worden, dass gerade Bilder bzw. Bildverknüpfungen mit sexuellem Inhalt extrem gut behalten werden. Also: Lassen Sie ALLE Bilder zu. Stehen Sie sich bitte nicht durch Zensur selbst im Weg. Ihr Ziel ist es, Vokabeln zu lernen, viele Vokabeln. Und das in kurzer Zeit. Dann gehen Sie den Weg, der dafür nötig ist: Just be open-minded!

Die folgenden Verbilderungen zu den Französischvokabeln sind lediglich Vorschläge. Sie können diese für sich übernehmen oder jederzeit verändern oder durch andere Verbilderungen ersetzen.

Wenn Sie möchten, mailen Sie uns Ihre eigenen Verbilderungsvorschläge doch einfach zu. Tragen Sie dazu bei, dass auch andere an Ihren originellen, lustigen und skurrilen Verbilderungen teilhaben können. Wir freuen uns auch auf Beispiele aus anderen Sprachen. Hier unsere E-Mail-Adresse:
info@waschdiekuh.de.

Sie können bei jeder Gelegenheit üben: im Wartezimmer, auf der Toilette, in der Schule, im Flugzeug (vorausgesetzt, Sie sind kein Pilot). Doch Achtung! Bitte lernen Sie nicht im Auto, wenn Sie selbst fahren. Die Ablenkung wäre einfach zu groß.

Ob Sie jetzt das Wörterbuch alphabetisch oder von hinten nach vorne lesen oder zufällig eine Seite aufschlagen, spielt überhaupt keine Rolle. Am besten suchen Sie sich Vokabeln aus, die Sie brauchen, lustig finden oder weitererzählen wollen. Markieren Sie die Vokabeln, wenn Sie sich abfragen lassen oder selbst abfragen wollen.

Das Abspeichern gelingt Ihnen in der Regel am besten, wenn Sie die Augen dabei schließen. Wenn Sie die Übungen zu Beginn des Buches gemacht haben, dann wissen Sie bereits, worauf es ankommt.

Und nehmen Sie die Verbilderungsvorschläge im Buch nicht allzu ernst. Sollten diese zum Teil nicht nach Ihrem Geschmack sein, können Sie gerne, wie oben schon erwähnt, eigene Vorschläge anwenden. In erster Linie soll das Arbeiten mit dem Buch und den darin enthaltenen Verbilderungen Spaß machen und Sie dazu animieren, mit dieser Technik weiterzuarbeiten.

Sie dürfen das Buch mitgestalten und natürlich auch verschenken und weiterempfehlen (gerne auch an Lehrer).

Erklärung

franzözisiches
Wor

offizielle Laut-
schrift, die nicht
alle kennen

Lautschrift mit dem uns
bekannten Alphabet.
So lesen, als wäre es
Deutsch.

aparté [apa[ʀ]te] *[aparte]*
vertrauliches Gespräch;
Bild: Ich führe mit Napoleon
Bon*aparte* ein vertrauliches
Gespräch.

Beschrei-
bung des
Bildes
bzw. der
Szene

deutsche
Übersetzung

ist deutsch oder im
deutschen Sprachgebrauch
bekannt, hört sich aber
so ähnlich an wie das
französiche Wort. Damit
man die beiden auf einen
Blic erkennt sind sie blau
hervorgehoben

A

abats *m* [aba] *[aba]* **Innereien, Schlachtabfälle;** Bild: Die schwedische Band *Abba* holt sich regelmäßig **Innereien** frisch vom Schlachthof ab.

abbé *m* [abe] *[abe]* **Priester, Abt;** Bild: Ein **Priester** lehrt den Schülern das *ABC*.

abeille *f* [abɛj] *[abäje]* **Biene, Honigbiene;** Bild: Wenn du von einer **Biene** gestochen wirst, dann geht's echt *ab, ey.*

aborder [abɔʀde] *[aborde]* **herangehen (an), ansprechen, anpacken;** Bild: Ich muss jemanden **ansprechen**, um herauszufinden, wo es zu den *Aborte*n geht.

aboyer [abwaje] *[abwaje]* **bellen;** Bild: *Ab* dem *Weihe*r darf der Hund nicht mehr **bellen**, sonst vertreibt er die seltene Entenart.

abri *m* [abʀi] *[abri]* **Schutz, Hütte, Obdach, Unterkunft;** Bild: Bei wechselhaftem Wetter im *Apri*l sucht man oft **Schutz** in einer **Hütte.**

absent(e) [apsɑ̃, -ɑ̃t] *[absoh, -oht]* **abwesend, gedankenverloren;** Bild: Wenn man zu viel *Absinth* trinkt, ist man gleich **abwesend.**

accès *m* [aksɛ] *[aksä]* **Eingang, Zugang, Zufahrt;** Bild: Die *Achse* versperrt die **Zufahrt.**

accolade *f* [akɔlad] *[akolad]* **geschweifte Klammer;** Bild: Während ich den *Akku lad*e, male ich **geschweifte Klammern** um das Ladegerät.

accoler [akɔle] *[akole]* **anhängen, anbinden, anbauen;** Bild: Wenn der *Akku lee*r ist, muss man ihn wieder an den Strom **anhängen.**

accord *m* [akɔʀ] *[akor]* **Einverständnis, Vereinbarung, Einvernehmen, Akkord;** Bild: Mit dem **Einverständnis** der Sänger leite ich einen (*a*) *Chor.*

accorder [akɔʀde] *[akorde]* **gewähren, erteilen, zubilligen, erweisen;** Bild: Mit viel Mühe erreichte der Pianist, dass ihm ein Konzert mit einem *Akkorde*on **gewährt** wurde.

accourir [akuʀiʀ] *[akurir]* **herbeieilen, herbeilaufen;** Bild: Ein (*a*) *Kurier* **eilt herbei.**

accro [akʀo] *[akro]* **süchtig;** Bild: Der Zirkus*akro*bat ist drogen**süchtig.**

accru(e) [akʀy] *[akrü]* **höher, gesteigert;** Bild: Die *Acry*lfarbe hat heute einen **höher**en Stellenwert als früher.

accuser [akyze] *[aküse]* **anklagen, beschuldigen, unterstreichen, bezichtigen;** Bild: Ein (*a*) *Küsse*r wird **beschuldigt,** zu feucht geküsst zu haben.

achat *m* [aʃa] *[ascha]* **Kauf, Einkauf, Anschaffung;** Bild: Für den **Einkauf** in *Ascha*ffenburg braucht man ziemlich viel *Asche* (Geld).

acheter [aʃte] *[aschte]* **kaufen, einkaufen;** Bild: *A*rsch-*Tee* **kaufen** (Abführtee).

acné *f* [akne] *[akne]* **Akne;** hört sich im Deutschen ähnlich an.

acte *m* [akt] *[akt]* **Tat, Handlung;** Bild: Die **Tat**waffe war ein *Akt*enordner.

adhérer [adere] *[adere]* **festkleben (an etwas), haften (auf etwas);** Bild: Ich sage zum Reh: »*Adé, Reh*«, weil es **an** einem Baum **festgeklebt** ist.

adieu *m* [adjø] *[adjö]* **Adieu, Abschied;** französisches Wort, das man im Deutschen auch benutzt.

admirer [admiʁe] *[admire]* **bewundern, erstaunt sein;** Bild: Ich **bewundere**, wie der *Admir*al *re*den kann.

ado *mf* [ado] *[ado]* **Teen, Teenie, Teenager;** Bild: Alle **Teenie**s haben sich als *Ado*lf verkleidet.

adorer [adɔʁe] *[adore]* **sehr mögen, schwärmen für;** Bild: *Ado*lf hat sich als *Reh* verkleidet und hofft, dass jetzt alle **für** ihn schwärmen.

adosser [adose] *[adose]* **lehnen, angebaut sein;** Bild: *A* (Eine) *Dose* (Cola) **ist** am Haus **angebaut.**

adresse (1) *f* [adʁɛs] *[adress]* **Adresse;** hört sich im Deutschen ähnlich an.

adresse (2) *f* [adʁɛs] *[adress]* **Geschicklichkeit;** Bild: Das **Geschicklichkeit**sspiel (z. B. Mikado) **schick** ich an deine *Adress*e.

adverbe *m* [advɛʁb] *[advärb]* **Adverb;** hört sich im Deutschen ähnlich an.

affaire *f* [afɛʁ] *[afär]* **Affäre, Angelegenheit, Sache, Fall;** hört sich im Deutschen ähnlich an.

affairé(e) [afeʁe] *[afere]* **sehr geschäftig;** Bild: Mit der *Affäre* geht er **sehr geschäftig** um.

affiche *f* [afiʃ] *[afisch]* **Plakat, Poster;** Bild: ein (*a*) *Fisch* auf einem **Poster.**

afficher [afiʃe] *[affische]* **aufhängen, aushängen, ankleben, anschlagen;** Bild: das Plakat **aufhängen,** auf dem man einen *Aff*en sieht, der *Fische* isst.

affinage *m* [afinaʒ] *[afinasch]* **Reife(prozess);** Bild: Der *Aff*e steckt sich die Banane *in* den *Arsch.* Dadurch wird der **Reifeprozess** beschleunigt.

affolé(e) [afɔle] *[afole]* **kopflos, zu Tode erschrocken;** Bild: Das *Fohle*n ist **zu Tode erschrocken** und reißt aus.

âge *m* [ɑʒ] *[asch]* **Alter, Lebensalter;** Bild: Am *Arsch* erkennt man das **Lebensalter.**

âgè(e) [aʒe] *[ascheh]* **alt, betagt;** Bild: Wenn du **alt** bist, macht man *Asche* aus dir.

agglutiner [aglytine] *[aglütine]* **verkleben, zusammenkleben, miteinander verbinden;** Bild: Ein »*A*« *glüht inne*n, daher muss es **zusammengeklebt** werden.

agressif, -ive [agʀesif, -iv] *[agresiv]* **aggressiv;** hört sich im Deutschen ähnlich an.

aider [ede] *[ede]* **helfen, assistieren, unterstützen;** Bild: Pumuckl **hilft** Meister *Ede*r in der Werkstatt.

aigle *mf* [ɛgl] *[ägle]* **Adler, Adlerweibchen;** Bild: Ich h*äkle* einen **Adler.**

aigu, aiguë [egy] *[egü]* **spitz, scharf, schrill, hoch;** Bild: Die *ägy*ptischen Pyramiden sind **spitz.**

ail *m* [aj] *[aje]* **Knoblauch;** Bild: *Eie*r und **Knoblauch** sind eine etwas merkwürdige Kombination.

aile *f* [ɛl] *[älle]* **Flügel, Fittich, Schwinge;** Bild: An meiner *Elle* wächst ein **Flügel.**

aîné(e) *mf* [ene] *[ene]* **Ältere(-r, -s);** Bild: Abzählreim im Altenheim: »*Ene,* mene, mu – die **Älteste** bist du!«

air *m* [ɛʀ] *[är]* **Luft;** Bild: Wenn *er* etwas nicht bekommt, hält *er* immer die **Luft** an.

aire *m* [ɛʀ] *[äre]* **Platz, Bereich;** Bild: *Er* sitzt allein auf dem Fußball**platz.**

aisselle *f* [ɛsɛl] *[äsäl]* **Achselhöhle;** Bild: Der *Esel* steckt seine Nase in meine **Achselhöhle.**

ajouter [aʒute] *[aschute]* **hinzufügen;** Bild: einem (*a*) *Schuh Tee* **hinzufügen.**

aliéné(e) [aljene] *[aljene]* **geistesgestört, geisteskrank;** Bild: *All jene*, die in diesem Haus wohnten, waren **geisteskrank.**

aligner [aliɲe] *[alinje]* **in einer Reihe aufstellen, aufreihen;** Bild: Der Gefängniswärter zeichnet eine (*a*) *Linie* und lässt dann alle Insassen **in einer Reihe** daran **aufstellen.**

aliment *m* [alimɑ̃] *[alimoh]* **Lebensmittel;** Bild: Eine (*a*) *Limo* gehört auch zu den **Lebensmitteln.**

allaiter [alete] *[alete]* **stillen, säugen;** Bild: Anstatt das Baby zu **stillen,** bekommt es *Alete* – (Marke) Babynahrung.

allée *f* [ale] *[ale]* **Weg, Allee, Gang;** Bild: Auf dem **Weg** liegen *Aale*, die der Angler verlor.

allègre [alɛgʀ] *[alägr]* **munter, fröhlich;** Bild: Eine (*a*) *leck'r*e Milch macht müde Männer **munter.**

allemagne *f* [almaɲ] *[alman]* **Deutschland;** Bild: Der Astronaut (*All-Mann*) kommt aus **Deutschland.**

allemand(e) *mf* [almɑ̃, -ɑ̃d] *[almoh, -ond]* **Deutsche(r);** Bild: Einst schenkten die Franzosen den **Deutsche**n *all*e *Mond*e, die es gibt.

allergène *m* [alɛʀʒɛn] *[alärschän]* **Allergieauslöser, allergieauslösend;** Bild: Der *Allerschön*ste war bei mir der *Allergieauslöser*. Jetzt hab' ich rote Flecken im Gesicht.

allumer [alyme] *[alüme]* **anzünden, anmachen, einschalten, anbrennen, zünden;** Bild: Ein (*a*) *Lümme*l hat den Strohhaufen **angezündet.**

allumette *f* [alymɛt] *[alümät]* **Streichholz, Zündholz;** Bild: In einer (*a*) *Limett*e steckt ein **Streichholz.**

alors [alɔʀ] *[alor]* **damals, da, dann, nun;** Bild: **Damals** waren statt Sterne im *All Ohr*en.

alpage *m* [alpaʒ] *[alpasch]* **Alm, Bergweide;** Bild: Sie stehen bei Nacht auf der *Alm*, schauen ins *All* und suchen einen *Pasch* der Sterne (Wiederholung einer Sternkonstellation).

altérer [alteʀe] *[altere]* **beeinträchtigen, verändern, mindern;** Bild: Das *alte Reh* hat seine Fellfarbe **verändert.** (Es sieht jetzt aus wie ein Fliegenpilz.)

altesse *f* [altɛs] *[altäs]* **Hoheit;** Bild: **Hoheit** (Adelsprädikat) ist ein *altes* Wort.

altitude *f* [altityd] *[altitüde]* **Höhe;** Bild: Auf dieser **Höhe** (Alpen) wachsen keine *Aldi-Tüte*n mehr.

amande *f* [amɑ̃d] *[amohnd]* **Mandel (Nuss);** Bild: *Am Mond* (Poster) klebt eine gebrannte **Mandel.**

amasser [amase] *[amase]* **sammeln, anhäufen, horten;** Bild: eine (*a*) *Masse* Briefmarken **anhäufen** (zu einem Haufen).

amateur, -trice *mf* [amatœʀ, -tʀis] *[amatör, -tris]* **Amateur(in);** französisches Wort, das man im Deutschen auch benutzt.

amazone *f* [amazon] *[amason]* **Reiterin, Amazone;** Bild: Die **Reiterin** hat Bücher von *Amazon* (Onlineshop) verteilt.

âme *f* [am] *[ame]* **Seele, Psyche, Geist, Gemüt;** Bild: Das **Gemüt** der *Amme* spielt meist eine untergeordnete Rolle.

amer, -ère [amɛʀ] *[amähr]* **bitter, schmerzlich;** Bild: Ich stehe *am Meer* und trinke ein **Bitter** Lemon (Limonade).

ami(e) *mf* [ami] *[ami]* **Freund(in);** Bild: Ich hab 'nen *Ami* als **Freund.**

amour *m* [amuʀ] *[amur]* **Liebe;** Bild: *Am Uhr*band ist ein Herz befestigt (Symbol für die **Liebe**).

ample [ɑ̃pl] *[ompl]* **weit, weit ausholend, weithin hörbar, umfangreich;** Bild: **weit** und breit keine *Amp*el.

ampoule *f* [ɑ̃pul] *[ahpul]* **Glühbirne, Ampulle;** Bild: Sie sitzt *am Pool* und wirft **Glühbirne**n ins Wasser.

amygdales *f* [amidal] *[amidal]* **Mandeln (anatomisch);** Bild: Im Tal der Amerikaner (*Ami-Tal*) wird regelmäßig an den **Mandeln** operiert.

analogue [analɔg] *[analog]* **analog, ähnlich;** Bild: *Anna log* **ähnlich** wie …

analyse *f* [analiz] *[analise]* **Analyse, Untersuchung;** Bild: Augen**untersuchung**: »*Anna, lies* die Buchstaben!«

ananas *m* [ananas] *[ananas]* **Ananas;** hört sich im Deutschen ähnlich an.

âne *m* [ɑn] *[an]* **Esel;** Bild: einen Brief *an* den **Esel** schreiben.

ânerie *f* [ɑnʀi] *[anri]* **Dummheit, Eselei;** Bild: eine **Dummheit** *anri*chten.

ânesse *f* [ɑnɛs] *[anäs]* **Eselin;** Bild: Die **Eselin** frisst gerne *Anis*plätzchen.

aneth *m* [anɛt] *[anät]* **Dill;** Bild: *Anett* (z. B. Louisan) riecht an einem Bund **Dill**.

ange *m* [ɑ̃ʒ] *[ohsche]* **Engel;** Bild: Der **Engel** hat einen großen *Ar*sch (fränkisch: *Oh*rsch).

angelot *m* [ɑ̃ʒlo] *[ahschlo]* **Engelchen, Putte;** Bild: das *Ar*schl*o*ch von der **Putte** (Foto).

angle *m* [ɑ̃gl] *[ongle]* **Ecke, Winkel, Blickwinkel;** Bild: An der *Ang*el hängt ein **Winkel**.

anneau *m* [ano] *[ano]* **Ring, Glied, Segment;** Bild: Auf dem Klopf*ring* der Tür war das Entstehungsjahr eingraviert: *Anno* 1756.

année *f* [ane] *[ane]* **Jahr;** Bild: *Anne* (z. B. Will) moderiert den **Jahr**esrückblick.

annexe *m* [anɛks] *[anäks]* **Anhang, Anbau;** Bild: *an* de*n Ex*-Freund eine E-Mail schicken mit einem Bild vom neuen Freund im **Anhang**.

anorak *m* [anɔʀak] *[anorak]* **Anorak;** hört sich im Deutschen ähnlich an.

antenne *f* [ɑ̃tɛn] *[ahntän]* **Antenne;** schreibt man wie im Deutschen; Bild: Alle Berge der *Anden* haben **Antenne**n auf den Gipfeln.

antidote *m* [ɑ̃tidɔt] *[ahntidod]* **Gegenmittel, Gegengift;** Bild: *An die Tot*e hat man noch posthum ein **Gegengift** geschickt.

août *m* [u(t)] *[u(t)]* **August (Monat);** Bild: Der dumme **August** taucht im **August** mit seinem *U*-Boo*t* ab.

aparté *m* [apaʀte] *[aparte]* **vertrauliches Gespräch;** Bild: Ich führe mit Napoleon Bon*aparte* ein **vertrauliches Gespräch**.

appart *m* [apaʀt] *[apart]* **Wohnung, Suite;** Bild: Die **Wohnung** war *abart*ig teuer.

appel *m* [apɛl] *[apäl]* **Ruf, Zeichen, Appell, Aufruf;** Bild: Der **Aufruf** von Ingo *Appel*t (Entertainer), mal wieder zu lachen, erzielte keinerlei Wirkung.

apporter *[*apɔʀte*]* *[aporte]* **bringen, mitbringen, geben, spenden;** Bild: Wer zu den *Abort*en geht, muss sein eigenes Klopapier **mitbringen**.

approche *f* [apʀɔʃ] *[aprosch]* **Vorgehen, Herangehensweise, Ansteuerung, Ansatz;** Bild: Die **Herangehensweise,** um an die eine (*a*) *Brosch*e zu kommen, erwies sich als sehr kompliziert.

approcher [apʁɔʃe] *[aprosche]* **näher kommen, näher rücken, nähern;** Bild: sich einer (*a*) *Brosche* **nähern**, um sie besser bestaunen zu können.

après *f* [apʁɛ] *[aprä]* **danach, nach, dann, später;** Bild: das Studium *abbre*chen und gleich **danach** arbeiten.

après-demain [apʁɛdmɛ] *[aprädmäh]* **übermorgen;** Bild: **Übermorgen** hat der Schreiner ein (*a*) *Brett mehr* (scheint nicht der Schnellste zu sein).

apte [apt] *[apte]* **geeignet, fähig, tauglich;** Bild: Der *Abt* (Klostervorsteher) ist für das Amt bestens **geeignet.**

arab *mf* [aʁab] *[arab]* **Araber(in), arabisch;** Bild: Der *Araber* hat einen (*a*) *Rab*en auf seinem Turban.

arc *m* [aʁk] *[ark]* **Bogen;** Bild: In der *Ark*tis können die Inuit nicht mit dem **Bogen** jagen, weil es *arg* kalt ist.

arche *f* [aʁʃ] *[arsch]* **Arche;** Bild: die **Arche** im *Arsch*.

arme *f* [aʁm] *[arme]* **Waffe;** Bild: Auf den Ober*arm* ist eine **Waffe** tätowiert.

armer [aʁme] *[arme]* **bewaffnen, ausrüsten, bestücken;** Bild: Die *Armee* wird **bewaffnet.**

armoire *f* [aʁmwaʁ] *[armwar]* **Schrank, Kleiderschrank;** Bild: Ein *Arm war* gestern noch im **Schrank.**

arracher [aʁaʃe] *[arasche]* **entwurzeln, herausziehen, herausreißen;** Bild: Der *Ara* (Papagei) aus der *Asche* **reißt** die Wurzeln **heraus.**

arriéré *m* [aʁjeʁe] *[arjere]* **Verteidiger, Abwehrspieler, Rückstand, Mietrückstand;** Bild: Der Fußballer machte als **Abwehrspieler** K*arriere.*

arrière *m* [aʁjɛʁ] *[arjähre]* **hinteres Teil, Heck;** Bild: Der *Arier* (NS-Zeit) wurde nicht als Arsch bezeichnet, sondern etwas feiner: als **hinteres Teil.**

arriver [aʁive] *[arive]* **ankommen;** Bild: Wir **kommen an** und werden von einer (*a*) *Riff-Fee* begrüßt.

aroser [aʁoze] *[arose]* **gießen, sprengen, besprühen;** Bild: *a* (eine) *Rose* **gießen.**

assagir [asaʒiʁ] *[asaschir]* **beruhigen, ruhiger machen, zähmen, ruhiger werden;** Bild: Man musste den letzten *Pas*sagier, der noch auf der Titanic war, **beruhigen.**

assez [ase] *[ase]* **genug, recht, ziemlich;** Bild: Vier *Asse* zu haben ist **genug.**

assiette *f* [asjɛt] *[asjät]* **Teller;** Bild: Der *Asi*a*(ä)t* isst nicht vom **Teller**, sondern aus einer Schale.

atelier *m* [atəlje] *[atölje]* **Atelier, Werkstatt;** franz. Wort, das man im Deutschen auch benutzt.

athlète *mf* [atlɛt] *[atlät]* **Athlet(in);** hört sich im Deutschen ähnlich an.

attacher [ataʃe] *[atasche]* **festmachen;** Bild: eine (*a*) *Tasche* am Stuhl **festmachen.**

attirer [atiʀe] *[atire]* **anziehen, herbeilocken, herziehen, anlocken;** Bild: Alpha-*Tiere* **locken** die Weibchen **an.**

attraper [atʀape] *[atrape]* **auffangen, erwischen, packen, ertappen;** Bild: Die Blitzer-*Attrappe* **erwischt** keinen einzigen Raser.

aube *f* [ob] *[ob]* **Morgendämmerung;** Bild: Man fragt sich manchmal bei der **Morgendämmerung,** *ob* die Sonne auf- oder untergeht.

auge *f* [oʒ] *[osche]* **Tränke, Futtertrog;** Bild: Jemand sitzt mit seinem *Ohsch* (= Arsch) auf dem **Futtertrog.** Im **Futtertrog** befindet sich ein riesiges *Auge*.

aussi [osi] *[osi]* **auch, ebenfalls, daher, deshalb;** Bild: **Auch** der *Ossi* hat ein großes Auto.

auteur *mf* [otœʀ] *[otör]* **Autor(in), Schöpfer(in);** Bild: Der (Fisch)*otter* steht als **Autor** auf der Buchvorderseite.

auto *f* [oto] *[oto]* **Auto;** Bild: *Otto* (z. B. Waalkes) knackt ein **Auto** auf.

automne *m* [otɔn] *[oton]* **Herbst;** Bild: Im *O-Ton* (Original-Ton) wird das »m« in **Herbst** nicht mitgesprochen.

autoriser *f* [otoʀize] *[otorise]* **erlauben, bewilligen;** Bild: *Otto* (Waalkes), der *Riese*, **erlaubt** den Gästen gar nichts mehr.

autoroute *f* [otoʀut] *[otorut]* **Autobahn;** Bild: *Otto* (z. B. Waalkes) und *Ruth* (z. B. Moschner) fahren zusammen auf der **Autobahn.**

autre [otʀ] *[otre]* **andere(r, s);** Bild: Entweder ich tu's *oder* **andere**.

avant [avɑ̃] *[avoh]* **vor;** Bild: Die *Avo*n-Beraterin steht **vor** der Tür.

avatar *m* [avataʀ] *[awatar]* **Unglück, Missgeschick, Veränderung;** Bild: Während der Film »*Avatar*« lief, geschah das **Unglück**.

avec [avɛk] *[awäck]* **mit;** Bild: Bin ich beim Bäcker, nehm ich immer *a Weck* (hessisch für: ein Brötchen) **mit.**

avenir *m* [avniʀ] *[avnir] Zukunft;* Bild: In der *Zukunft* kann man *Aff*en*hir*ne transplantieren.

aventure *f* [avãtyr] *[awohntür] Abenteuer;* Bild: Der *Aff' an* der *Tür* wartet auf *Abenteuer.*

averse *f* [avɛʀs] *[awerse] (Regen-) Schauer;* Bild: *A* (Einen) *Vers* über den *Regenschauer* gibt es noch nicht.

aveugle [avœgl] *[avögle] blind;* Bild: Frisst der *Aff' Vög*el, dann wird er *blind.*

avoir [avwaʀ] *[avwahr] haben;* Bild: Dieser *Aff' war* noch zu *haben.* Alle anderen waren schon verheiratet.

axer [akse] *[axe] ausrichten;* Bild: mit der Wasserwaage die *Achse* waagrecht *ausrichten.*

B

baba [baba] *[baba] baff, erstaunt, verblüfft;* Bild: Ali *Baba* sprach die Zauberformel: »Sesam, öffne dich!« – Dann, als er den Schatz sah, war er absolut *erstaunt.*

bac *m* [bab] *[bak] Behälter, (Spül-)Becken, Bottich, Kasten, Fähre;* Bild: Die *Back*mischung ist aus Versehen im *Spülbecken* gelandet.

bacille *m* [basil] *[basile] Bazillus;* Bild: Auf einem *Basil*ikumblatt saß ein *Bazillus.*

baffe *f* [baf] *[baf] Ohrfeige;* Bild: Nach der *Ohrfeige* war ich *baff* (sprachlos).

bagage *m* [bagaʒ] *[bagahsch] Gepäck;* Bild: Ich sitze mit meinen *Arschba*ck*en auf dem *Gepäck.*

bague *f* [bag] *[bage] Ring;* Bild: Ich *back*' einen *Ring*kuchen.

baguette *m* [bagɛt] *[bagät] Stab, Taktstock, Stäbchen (chinesische), Baguette;* Bild: Der Dirigent dirigiert nicht mit einem *Taktstock,* sondern mit einem *Baguette.*

bâiller [baje] *[baie] gähnen;* Bild: Ein *Baye*r muss *gähnen.*

baiser *m* [beze] *[beseh] Kuss, küssen, bumsen;* Bild: Es ist *besse*r, jemanden zu *küssen,* als ihn zu beißen.

baisse *f* [bɛs] *[bäs] Fall, Absturz, Rückgang, Einbuße;* Bild: Sei mir nicht *bös',* aber den Aktien*absturz* konnte niemand vorhersagen.

balai *m* [balɛ] *[balä] Besen, Bürste;* Bild: Die Putzfrau musste das ganze *Palais* mit dem *Besen* durchfegen.

balaine *f* [balɛn] *[balän] Wal;* Bild: auf den *Wal* ballern.

balance *f* [balɑ̃s] *[ballohnse]* **Waage;** Bild: zwei Luft*ballons* auf einer Küchen-**Waage.**

baliverne *f* [balivɛʀn] *[balivärne]* **Unsinn, Albernheit;** Bild: *Bali* ist zu *fern* als Urlaubsort. Das ist wirklich **Unsinn.**

ballast *m* [balast] *[balast]* **Bahndamm, Schotter;** Bild: Auf dem **Bahndamm** liegt ein *Ball* mit *Ast.*

ballon *m* [balɔ̃] *[baloh]* **Ball (groß), Fußball;** Bild: Statt mit einem **Fußball** spielen die Fußballer mit einem Luft*ballon.*

balourd *m* [baluʀ] *[balur]* **Trottel, Tollpatsch;** Bild: Der **Tollpatsch** schießt den *Ball* gegen die *Uhr.*

banc *m* [bɑ̃] *[bo]* **Bank (Sitzbank), Schulbank, Sitzgelegenheit;** Bild: Zur Begrüßung der Erstklässler liegt auf jeder **Schulbank** ein *Bon*bon.

bander [bɑ̃de] *[bahnde]* **verbinden, umwickeln;** Bild: Die ganze Verbrecher*bande* wurde mit einem Klebeband **umwickelt.**

banni(e) *mf* [bani] *[bani]* **Verbannte(r), Ausgestoßene(r);** Bild: Bugs *Bunny* (Trickfilmhase) ist ein **Ausgestoßener** geworden.

bannir [baniʀ] *[banir]* **ausschließen, verweisen;** Bild: Weil er das Schnitzel *panier*t hatte, wurde er des Landes **verwiesen.**

baquet *m* [bakɛ] *[bakä]* **Bottich;** Bild: »*Backe*, backe, Kuchen!« in einem **Bottich.**

bar (1) *m* [baʀ] *[bar]* **Bar;** hört sich im Deutschen ähnlich an.

bar (2) *m* [baʀ] *[bar]* **Seebarsch;** Bild: Der Gast isst seinen **Seebarsch** an der *Bar.*

baraque *f* [baʀak] *[barak]* **Schuppen, Holzbaracke, Bude, Bruchbude;** Bild: *Barack* Obama haust in einer **Bruchbude.**

barbe *f* [baʀb] *[barb]* **Bart;** Bild: Der *Barbi*er konnte auch den **Bart** abrasieren.

barbe à papa *f* [barb a papa] *[barbapapa]* **Zuckerwatte;** Bild: Die *Barbababa*s (Zeichentrickfiguren) essen alle **Zuckerwatte.**

barbouze *f* [baʀbuz] *[barbuse]* **Geheimagent;** Bild: Der **Geheimagent** (007) treibt sich meist mit *barbus*igen Damen herum.

barde *f* [baʀd] *[barde]* **Speckscheibe, Barde;** Bild: Der *Bard*e ist in **Speckscheibe**n eingewickelt.

bardeau *m* [baʀdo] *[bardo]* **Dachschindel, Schindel;** Bild: Brigitte *Bardot* (Schauspielerin) verlegt **Dachschindeln**.

barouf *m* [baʀuf] *[baruf]* **Heidenlärm;** Bild: Die *Paarhuf*er machen mit den *paar Huf*en einen **Heidenlärm**.

barque *f* [barque] *[barke]* **Boot, Kahn, Barke;** Bild: Im *Park* steht ein **Boot**.

barre *f* [baʀ] *[bar]* **Stange, Barren, Holm;** Bild: An der *Bar* ist eine **Stange** angebracht, damit man nicht umfällt, wenn man zu viel getrunken hat.

barrer [baʀe] *[bare]* **versperren, sperren, verriegeln;** Bild: Der *Barre*n **versperrt** den Weg zur Turnhalle.

barrette *f* [baʀɛt] *[barät]* **Haarspange, Anstecknadel;** Bild: An seinem *Barett* steckte eine **Anstecknadel**.

base *f* [baz] *[bas]* **Sockel, Fuß;** Bild: Auf einem **Sockel** steht ein Kontra*bass*.

bataille *f* [bataj] *[bataj]* **Kampf, Schlacht, Schlägerei;** Bild: Auf dem *Partei*tag gab es eine richtige **Schlägerei**.

bâtard *m* [bɑtaʀ] *[batar]* **Stangenbrot (250 g);** Bild: Im **Stangenbrot** war ein *Bart*haar vom Bäcker eingebacken.

bateau *m* [bato] *[bato]* **Schiff, Kahn, Boot;** Bild: Der *Patho*loge zerlegt seine Leichen auf einem **Schiff**.

bâtir [bɑtiʀ] *[batir]* **bauen, erbauen, errichten;** Bild: Weil im Schwimm*bad* ein merkwürdiges *Tier* gesichtet wurde, **baute** man ein neues Bad.

batte *f* [bat] *[bat]* **Schläger;** Bild: Im *Bad* liegt ein Baseball**schläger**.

batterie *f* [batʀi] *[batri]* **Schlagzeug;** Bild: Das **Schlagzeug** wird mit einer *Batt*erie betrieben.

bébé *m* [bebe] *[bebe]* **Baby;** Bild: Das **Baby** wird mit *Bebe*-Creme (Marke) eingecremt.

bêcher [beʃe] *[besche]* **umgraben, graben;** Bild: mit einem *beige*n *Becher* den Garten **umgraben**.

bédé *f* [bede] *[bede]* **Comic, Comicstrip;** Bild: Auf der Titelseite des *Comic*s sieht man Rote *Bete*.

bêler [bele] *[bele]* **meckern, blöken;** Bild: *Pele* (Fußballer) **meckert**e immer wie ein Schaf, wenn er ein Tor schoss.

belle *f* [bɛl] *[bäle]* **Schöne, Freundin;** Bild: Die **Schöne** spielt mit ihren *Bäl*len.

belle-mère *f* [bɛlmɛʀ] *[bälmär]*
Schwiegermutter; Bild: Die **Schwie-
germutter** *bell*t *mehr* als die eigene
Mutter.

berceau *m* [bɛʀso] *[berso]* **Wiege,
Kindheit, Gewölbebogen;** Bild: In der
Baby-**Wiege** liegt eine *Pers*on.

besogne *f* [bəzɔɲ] *[besonje]* **Aufgabe,
Arbeit;** Bild: *Beson*de*re* **Aufgaben** er-
fordern viel Zeit.

bétail *m* [betaj] *[betei]* **Vieh, Rinder;**
Bild: Ins *Bett* des Bauern legt das **Vieh**
regelmäßig *Ei*er. Auch alle **Rinder** sind
an dieser Aktion *betei*ligt.

bête *f* [bɛt] *[bät]* **Tier, Vieh, Dumm-
kopf;** Bild: In meinem *Bett* liegt ein
Tier (oder das **Tier** aus der Muppet
Show).

bêtise *f* [betiz] *[betise]* **Dämlichkeit,
Dummheit, Unsinn, Flause, Quark;**
Bild: *Betty*s **Dummheit** macht mich ra-
send.

bétonner [betɔne] *[betone]* **mauern, be-
tonieren, zubetonieren;** Bild: Weil ich
im *Bett ohne* Schlafanzug (*betone*:
Schlafanzug!) schlief, versuchte man
mich *zu*zu**betonieren**.

bette *f* [bɛt] *[bät]* **Mangold;** Bild: Wäh-
rend Popeye Spinat isst, isst *Bat*man
nur **Mangold**.

betterave *f* [bɛtʀav] *[bätrav]* **Rübe;**
Bild: Im *Bett traf* ich eine **Rübe** an.

beurre *m* [bœʀ] *[bör]* **Butter;** Bild: Echt
fette Geld*börs*e: Du beschmierst deine
Geld*börs*e mit **Butter**.

biais *m* [bjɛ] *[bjä]* **Umweg, Ausweg;**
Bild: Über einen **Umweg** gelangte das
Bier doch noch zu mir.

bible *f* [bibl] *[bible]* **Bibel;** hört sich im
Deutschen ähnlich an.

bicyclette *f* [bisiklɛt] *[bisiklät]* **Fahr-
rad;** Bild: Mountainbiking: Ich fah-
re mit dem **Fahrrad,** *bis i*ch *klett*ern
muss.

bien *m* [bjɛ̃] *[biä]* **Vermögen, das Gut,
das Haben, gut, recht, schön;** Bild:
Das *Bier* schmeckt **gut**.

bienvenue *f* [bjɛ̃vəny] *[bjäweny]* **Will-
kommen;** Bild: Herzlich **wilkommen!**
Du bekommst ein *Bier, wenn*'s dir
(noch nicht) *ü*bel ist (Oktoberfest).

bière (1) *f* [bjɛʀ] *[bjär]* **Bier;** hört sich
im Deutschen ähnlich an.

bière (2) *f* [bjɛʀ] *[bjär]* **Sarg;** Bild: Der
Sarg wird mit *Bier* getauft.

bijou *m* [biʒu] *[bischu]* **Schmuck-
stück;** Bild: Ich kauf mir 'nen *Bi*llig-
*schu*h, dann hab ich noch Geld für 'n
Schmuckstück.

bil *f* [bil] *[bile]* **Galle;** Bild: *Bill* Gates (Unternehmer) speit Gift und (grüne) **Galle**.

biner [bine] *[bine]* **hacken, durchhacken, auflockern;** Bild: Als ich den Erdboden **auflockerte, hackte** ich auf eine *Biene*.

bique *f* [bik] *[bike]* **Ziege;** Bild: Alle *Ziege*n haben Schnäbel (Mutationen) und *pick*en Körner auf.

biscotte *f* [biskɔt] *[biskot]* **Zwieback;** Bild: Als ich den **Zwieback** zwischen den Zähnen hatte, war es mir, als *biss* ich in *Kot*.

biscuit *m* [biskˑi] *[biskui]* **Biskuit, Keks;** französisches Wort, das man im Deutschen auch benutzt.

bise *f* [biz] *[bise]* **Küsschen;** Bild: Sie *biss* in ein Ferrero **Küsschen** (Marke).

bitte *f* [bit] *[bite]* **Penis, Schwanz, Poller;** Bild: *bitt*e nicht über den **Penis** reden.

blague *f* [blag] *[blag]* **Witz;** Bild: *Plag* dich nicht so beim *Witz*eerzählen.

blaguer [blage] *[blage]* **Witze machen, Witze reißen, Spaß machen;** Bild: *Witze machen* ist mir eine *Plage*.

blasé(e) [blaze] *[blase]* **blasiert, dünkelhaft, arrogant, angeberisch, eingebildet;** Bild: Tu doch nicht so *einge-*

bildet. Deine *Blase* am Fuß muss doch wehtun!

blatte *f* [blat] *[blat]* **Schabe, Küchenschabe, Kakerlake;** Bild: Die **Küchenschabe** habe ich mit einem saftig grünen *Blatt* angelockt.

bled *m* [blɛd] *[blähd]* **Kaff, Nest, Hinterland;** Bild: In dem **Kaff** sind alle aufge*bläht* (rülpsen) und/oder *bläd* (bayerisch für blöd).

blême [blɛm] *[bläm]* **bleich, leichenblass;** Bild: Nach dem Schlag auf den Kopf war sie nicht nur **bleich**, sondern fühlte sich auch ein wenig *plem*plem.

blesser [blese] *[blese]* **verletzen, verwunden;** Bild: Durchs Autoge*bläse* kamen kleine Teile geflogen und **verletzten** mein Auge so sehr, dass es blutete.

blette *f* [blɛt] *[blät]* **Mangold;** Bild: Ein paar *Blätt*er **Mangold** sind noch kein Blattgold!

bleu *m* [blø] *[blö]* **Blau, blau;** Bild: **Blau** (sein) ist ganz schön *blö*d.

bloc *m* [blɔk] *[blok] Block, Klotz, Bunker;* Bild: Ein *Block* liegt auf einem Hack*klotz* und wird gleich zerhackt.

blocage *m* [blɔkaʒ] *[blokasche] Blockade, Versperren;* Bild: Der Beton*block* diente als *Blockade.* Einer saß mit seinem nackten *Arsch* noch drauf.

blouse *f* [bluz] *[bluse] Bluse, Arbeitskittel;* Bild: Während sie mit ihm den *Blues* tanzte, zog sie seinen *Arbeitskittel* aus.

bocal *m* [bɔkal] *[bokal] Glas, Glasbehälter, Einmachglas;* Bild: In einem *Einmachglas* steht ein *Pokal.*

bock *m* [bɔk] *[bok] Bierglas, Glas (kleines);* Bild: Der Ziegen*bock* säuft aus einem *Bierglas.*

boiter [bwate] *[bwate] hinken, humpeln;* Bild: Alle *humpeln* nach der Watteschlacht, obwohl sie nur mit *b*auschiger *Watte* werfen.

bol *m* [bɔl] *[bol] Schale, Frühstücksschale, Trinkschale;* Bild: Aus der *Frühstücksschale* kann man auch mal die Früchte-*Bowl*e trinken.

bomber [bɔ̃be] *[bombe] sprayen, sprühen, aufsprühen, besprühen;* Bild: Auf die *Bombe* hat jemand ein Peace-Zeichen (Graffiti) *aufgesprüht.* Bild: Auf dem *Bomber* sind Graffitis *aufgesprüht.*

bond *m* [bɔ̃] *[bo] Sprung, Satz;* Bild: *Bo* Derek (Schauspielerin) macht Weit*sprung.* Bild: James *Bond* macht *Dreisprung* im Anzug.

bonne *f* [bɔn] *[bone] Dienstmädchen;* Bild: In *Bonn* hatten alle Regierungsbeamte ein *Dienstmädchen.*

bonnet *m* [bɔnɛ] *[bonä] Mütze, Häubchen, Kappe;* Bild: Sie transportiert die *Bohne*n in einer *Mütze.*

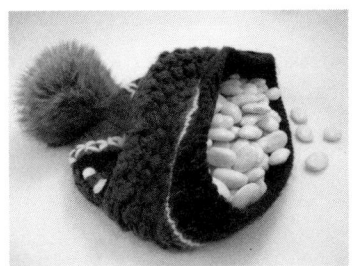

bord *m* [bɔR] *[bor] Rand, Kante, Ufer, Küste;* Bild: mit einem *Bohr*er ein Loch in die Tisch*kante* bohren. Bild: Von *Bor*d aus sieht man die *Küste.*

bosse *f* [bɔs] *[bos]* **Beule, Höcker, Buckel;** Bild: Trotz *Boss*-Anzug (Marke) sieht man dennoch seinen **Buckel.**

bosser [bɔse] *[bose]* **schuften, büffeln, rackern, malochen;** Bild: Alle *Bosse* sollten auch mal **schuften** wie die Mitarbeiter.

botte *f* [bɔt] *[bot]* **Stiefel, Bündel, Ballen;** Bild: Im *Boot* befinden sich zusammenge**bündel**te Ähren, ein Heu**ballen** und ein paar **Stiefel.**

bouc *m* [buk] *[buk]* **Ziegenbock;** Bild: Am *Bug* des Schiffes stand ein **Ziegenbock.**

bouche *f* [buʃ] *[busch]* **Mund, Maul;** Bild: Aus dem **Mund** wächst ein *Busch.*

boucher [buʃe] *[busche]* **zumachen, zukorken, zuschütten, zuschmieren;** Bild: Hinter dem *Busche* **korkte** er die Flasche wieder *zu.*

boucle *f* [bukl] *[bukle]* **Schließe, Schnalle, Öse;** Bild: Um die **Schnalle**n am Skischuh zu schließen, muss man

einen *Buckel* (krummer Rücken) machen.

bouder [bude] *[bude]* **schmollen, maulen, trotzen;** Bild: Sie sitzt in der Imbiss*bude* und **schmollt.**

boudin *m* [budɛ̃] *[buda]* **Blutwurst, Wulst, Fettwanst, Fleischberg;** Bild: Dem dicken *Buddha* legt man eine **Blutwurst** als Opfergabe zu Füßen.

boue *f* [bu] *[bu]* **Schlamm, Dreck, Bodensatz;** Bild: Das Gespenst macht »*bu*h« und schmeißt mit **Schlamm** um sich.

bouffe *f* [buf] *[bufe]* **Essen, Nahrung;** Bild: Das **Essen** bestand lediglich aus Kartoffel*puffer.*

bouffer [bufe] *[bufe]* **fressen, essen, futtern, mampfen;** Bild: Alle **essen** Kartoffel*puffer.*

bouge *m* [buʒ] *[busche]* **Spelunke, elendes Loch;** Bild: George W. *Bush* (amerikanischer Präsident) hielt sich meistens in **Spelunke**n auf.

bougie *f* [buʒi] *[buschi]* **Kerze;** Bild: *Bushi*do (Rapper) zündet eine **Kerze** an.

boule *f* [bul] *[bul]* **Kugel, Ball;** Bild: Statt Christbaum**kugel**n kann man alternativ Red-*Bull*- (Marke) Dosen an den Baum hängen.

bouleverser *f* [bulvɛʀse] *[bulwärsee]* **erschüttern, aufwühlen, bestürzen, völlig durcheinanderbringen;** Bild: Er war völlig **aufgewühlt** (wühlte in den Kissen), als er den *Pulversee* (See mit Wasch- oder Schießpulver) zum ersten Mal sah.

boulot *m* [bulo] *[bulo]* **Arbeit;** Bild: Immer wenn er zur **Arbeit** geht, zieht er seinen karierten *Pullo*ver an. Bild: Sandra *Bullo*ck (Schauspielerin) hat mir eine **Arbeit** verschafft.

boum *f* [bum] *[bum]* **Fete;** Bild: Auf der **Fete** hat jeder einen *Bum*erang.

bourge *mf* [buʀʒ] *[bursch]* **Spießer(in);** Bild: Der freche *Bursch*e von einst ist heute ein langweiliger **Spießer.**

bourgeois(e) [buʀʒwa, -waz] *[burschwa, -was]* **bürgerlich;** Bild: Der *Bursch* war **bürgerlich.**

bourreau *m* [buʀo] *[buro]* **Henker, Peiniger, Scharfrichter;** Bild: Tom *Buhrow* (Journalist) hat sich als **Henker** (Henkersmütze) verkleidet.

bousculer [buskyle] *[busküle]* **anstoßen, umwerfen, umstoßen, drängeln;** Bild: An der Bushaltestelle wurde ein Schüler **umgestoßen**. Er landete direkt vor dem *Bus-Kühle*r.

bouse *f* [buz] *[bus]* **Kuhfladen;** Bild: Der *Bus* fährt über einen **Kuhfladen**.

bout *m* [bu] *[bu]* **Spitze, Ende, Kuppe, Zipfel;** Bild: Der *Bu* (fränkisch für Bub/ Junge) ist auf die **Spitze** des Kirchturms geklettert.

boutique *fm* [butik] *[butike]* **Laden (f), Boutique (m);** französisches Wort, das man im Deutschen auch benutzt.

brader [bʀade] *[brade]* **verschleudern, verscherbeln, verramschen;** Bild: Am Ende der Feier wurde der restliche Schweine*brate*n zu Schleuderpreisen **verscherbelt**.

braille *m* [bʀɑj] *[braj]* **Blindenschrift;** Bild: Auch der Gries*brei* ist mit **Blindenschrift** versehen.

branche *f* [bʀɑ̃ʃ] *[brohsche]* **Branche;** französisches Wort, das man im Deutschen auch benutzt.

bras *m* [bʀa] *[bra]* **Arm;** Bild: Den Wonder*bra* kann man auch an den **Arm** knoten.

brasser [bʀase] *[brase]* **durchkneten, mischen;** Bild: eine *Brasse* (Fisch) **durchkneten.**

brave [bʀav] *[brave]* **mutig, tapfer, anständig, gut;** Bild: Obwohl sie sehr **mutig** war, wirkte sie immer *brav.*

bravo [bʀavo] *[brawo]* **bravo;** hört sich im Deutschen ähnlich an.

brèche *f* [bʀɛʃ] *[bresch]* **Loch, Öffnung, Bresche;** Bild: Leonid *Bresch*new (Sowjetunion) ist vorge*presch*t, um als Erster am Wasser*loch* zu sein.

bretzel *m* [bʀɛtsɛl] *[brezäl]* **Brezel;** deutsches Wort, das in Frankreich bekannt ist.

bricoler [bʀikɔle] *[brikole]* **basteln, tüfteln, herumwerkeln;** Bild: Aus *Bri*ketts und *Kohle* kann man sich schöne Sachen **basteln.**

bride [bʀide] *[bride]* **zügeln, bremsen, kurzhalten;** Bild: Der *Brite* (aus England) kann sich nicht **zügeln** (hat Pferdezügel).

bridge *m* [bʀidʒ] *[bridsch]* **Brücke, Bridge (Kartenspiel);** Bild: Eine *Prit*sch*e* (Bett) dient als **Brücke.**

briefer [bʀife] *[brife]* **instruieren, informieren;** Bild: Regelmäßig bekomme ich Info-Briefe, die mich **informieren.**

brimer [bʀime] *[brime]* **schikanieren, benachteiligen;** Bild: Sie wurde so lange **schikaniert,** bis sie einging wie eine *Primel.*

brique *f* [bʀik] *[brike]* **Ziegelstein;** Bild: statt *Brik*etts **Ziegelsteine** verheizen.

briser [bʀize] *[brise]* **zerbrechen, brechen, kaputt machen, in Scherben gehen;** Bild: Eine leichte *Brise* war dafür verantwortlich, dass das Geschirr **in Scherben ging.**

brochet *m* [bʀɔʃɛ] *[broschä]* **Hecht;** Bild: eine *Brosche* mit **Hecht**kopf.

broder [bʀɔde] *[brode]* **sticken, besticken;** Bild: Die *Brote* werden mit Wurst **bestickt.**

brûle *m* [bʀyle] *[brüle]* **Angebranntes, Verbranntes;** Bild: Der Koch sagt: »Immer wenn ich *brülle,* gibt's was **Angebranntes.**«

brûler [bʀyle] *[brühle]* **brennen, verbrennen, anbrennen, abbrennen;** Bild: Wenn der Löwe sich bei einem Buschbrand die Mähne **verbrennt,** fängt er an zu *brülle*n.

brume *f* [bʀym] *[brüme]* **Nebel, Dunst;** Bild: Der **Nebel** von London ist berühmt.

brun(e) [bʀyn] *[brün]* **braun, dunkel;** Bild: *Brün*ette sind nette Frauen mit **braun**en Haaren.

brut(e) [bʀyt] *[brüt]* **roh, ungeschliffen, unbearbeitet, ungebildet;** Bild: Das *roh*e Ei wird noch ausge*brüt*et.

bûcher (1) [byʃe] *[büsche]* **lernen, pauken;** Bild: Jemand versteckt sich hinter den *Büsche*n/Büchern und **lernt**.

bûcher (2) *m* [byʃe] *[büsche]* **Scheiterhaufen, Holzschuppen;** Bild: Die *Bücher* werden auf dem **Scheiterhaufen** verbrannt.

budget *m* [bydʒɛ] *[büdschä]* **Budget;** französisches Wort, das man im Deutschen auch benutzt.

buffet *m* [byfɛ] *[büfä]* **Büfett;** französisches Wort, das man im Deutschen auch benutzt.

buffle *m* [byfl] *[büfle]* **Büffel;** Bild: Ich *büffle* Literatur über den **Büffel**.

bulle *f* [byl] *[bül]* **Blase, Sprechblase;** Bild: ein Zucht*bulle* mit **Sprechblase**. Bild: *Bül*ent Ceylan kann nicht mehr sprechen. Daher tritt er mit einer **Sprechblase** auf.

bureau *m* [byro] *[büro]* **Büro, Schreibtisch, Abteilung;** Bild: Zwei Möbelpacker tragen den **Schreibtisch** aus meinem *Büro* in eine andere **Abteilung**.

buse (1) *f* [byz] *[büs]* **Bussard;** Bild: Ein **Bussard** hat sich einen *Büs*tenhalter angeschnallt. Der **Bussard** hat einen *Buse*n.

buse (2) *f* [byz] *[büs]* **Düse;** Bild: Der *Büs*tenhalter der Stewardess hat sich im **Düse**ntriebwerk verfangen. Daher gibt es eine Notlandung.

but *m* [by(t)] *[bü(t)]* **Tor, Fußballtor, Treffer, Ziel, Zweck;** Bild: Im **Fußballtor** hält der Tormann eine *Bütt*enrede.

butte *f* [byt] *[büte]* **Anhöhe, Erdhügel;** Bild: Die »*Bütt*« (Büttenrede) findet auf einem **Erdhügel** statt.

C

cabane *f* [kaban] *[kabane]* **Hütte, Bude, Häuschen, Knast, Kittchen;** Bild: An der Bratwurst**bude** gibt's jetzt auch *Cabano*ssi (pikante Rohwurst).

cabas *m* [kabɑ] *[kaba]* **Einkaufstasche, Einkaufskorb;** Bild: In der **Einkaufstasche** sind nur *Kaba*-Tüten (Instant-Kakaogetränk).

cabinet *m* [kabinɛ] *[kabinä]* **Klo, Toilette;** Bild: In jeder Umkleide*kabine* befindet sich ein **Klo.**

cabri *m* [kabʀi] *[kabri]* **Zicklein;** Bild: Das **Zicklein** trinkt eine *Capri*-Sonne (Marke) oder fährt im *Cabrio*(let) mit.

cadeau *m* [kado] *[kado]* **Geschenk;** Bild: Von den *Katho*liken bekommt man immer ein **Geschenk.**

café *m* [kafe] *[kafe]* **Kaffee, Bar;** Bild: Ich trinke meinen **Kaffee** immer im *Café.*

cage *f* [kaʒ] *[kasch]* **Käfig, Zwinger;** Bild: Die *Kasch*mirziege wird in einem **Käfig** gehalten.

cahier *m* [kaje] *[kaje]* **Heft, Schulheft;** Bild: Die (Schriftsteller-)*Karri*ere begann mit einem kleinen Aufsatz im **Schulheft**. Bild: Ein gemeiner Mitschüler hat ins **Schulheft** *Caye*nnepfeffer gestreut.

cahoter [kaɔte] *[caote]* **holpern, rumpeln;** Bild: Die *Chaote*n **rumpeln** in den Saal.

caille *f* [kaj] *[kaj]* **Wachtel;** Bild: *Kai* (z. B. Pflaume) isst eine **Wachtel** oder **Wachtel**eier.

Caire *m* [kɛʀ] *[kär]* **Kairo;** Bild: mit dem *Kehr*besen in **Kairo** (weil alles so sandig ist).

caisse *f* [kɛs] *[käs]* **Kiste, Kasten;** Bild: Der *Käs* ist in der **Kiste,** damit er nicht so stinkt.

cal *m* [kal] *[kal]* **Schwiele;** Bild: *Karl* (z. B. Dall) hat an Händen und Füßen **Schwiele**n.

calcul *m* [kalkyl] *[kalkül]* **Berechnung, Kalkül;** Bild: Sein Kopf war *kahl* und *kühl*. Das waren die besten Voraussetzungen zur **Berechnung** der Aufgabe.

calculer [kalkyle] *[kalküle]* **kalkulieren, rechnen (mit Geld), rechnen;** Bild: Der *Kahl*kopf muss ge*kühl*t werden, damit er besser **rechnen** kann.

caleçon *m* [kalsɔ̃] *[kalsoh]* **Unterhose, Boxershorts;** Bild: *Kar*lsson vom Dach (Kinderbuch-Romanfigur) hat **Boxershorts** an.

caler [kale] *[kale]* **abwürgen (Motor), feststellen, blockieren;** Bild: *Kalle* (z. B. Wirsch) **würgt** den Motor **ab.**

calme [kalm] *[kalm]* **ruhig, windstill, still, besonnen;** Bild: Es ist **windstill** und der *Qualm* zieht senkrecht nach oben ab.

calmer [kalme] *[kalme]* **beruhigen, entschärfen, lindern, dämpfen;** Bild: Eine Zigarre zu *qualme*n **beruhigt** manchmal.

camarade *mf* [kamaʀad] *[kamarad]* **Kamerad(in);** hört sich im Deutschen ähnlich an.

cambrioler [kɑbʀijɔle] *[kambriole]* **einbrechen;** Bild: In ein *Cabriolet* kann man sehr einfach **einbrechen.**

came *f* [kam] *[kam]* **Stoff (Droge), Dope;** Bild: Am *Kamm* konnte man noch Spuren der **Droge** nachweisen.

cane *f* [kan] *[kane]* **Entenweibchen;** Bild: Oliver *Kahn* (Torwart) jagt ein **Entenweibchen** (sind nicht so bunt wie die Männchen) auf dem Rasen.

caneton *m* [kantɔ̃] *[kantoh]* **Entenküken;** Bild: Im Schweizer *Kanton* (z. B. Wallis) werden die **Entenküken** zu Ostern eingefärbt.

canine *f* [kanin] *[kanin]* **Eckzahn;** Bild: Das *Kanin*chen hat **Eckzähn**e wie ein Vampir.

canne *f* [kan] *[kan]* **Stock, Spazierstock;** Bild: Er *kann* nur noch am **Spazierstock** laufen. Bild: Der **Spazierstock** steht in einer Milch*kanne.*

cape *f* [kap] *[kape]* **Umhang, Cape;** Bild: Am **Umhang** ist ein *Kap*pe angenäht.

capote *f* [kapɔt] *[kapot]* **Kapuzenmantel, Verdeck, Pariser (Kondom);** Bild: Der **Kapuzenmantel** ist *kaputt.* Bild: Das **Kondom** (**Verdeck** vom Caprio) ist *kaputt* (unterm *Carport*).

caprice *m* [kapʀis] *[kapris]* **Laune, Liebschaft;** Bild: *Ka* (keine) *Bris*e verdirbt ihr die **Laune.**

car (1) *m* [kaʀ] *[kar]* **Bus;** Bild: Mit dem Kett*car* fährt er dem **Bus** hinterher.

car (2) [kaʀ] *[kar]* **denn;** Bild: Das Kind rast mit dem Kett*car* im »*denn*'s«-Biomarkt herum.

carnet *m* [kaʀnɛ] *[karnä]* **Heft, Notizbuch;** Bild: Zum *Karne*vall werden **Hefte** ausgeteilt.

carré *m* [kaʀe] *[kare]* **Quadrat;** Bild: Schub*karre*nrennen im **Quadrat.**

carreau *m* [kaʀo] *[karo]* **Fenster, Fliese, Kachel, Platte;** Bild: Neben der **Fliese** liegt der *Caro*- (Marke) Kaffee (Kaffee-Ersatz).

carrefour *m* [kaʀfur] *[karfuhr]* **Kreuzung;** Bild: Die *Karre fuhr* mir an dieser **Kreuzung** in die Seite.

carrousel *m* [kaʀuzɛl] *[karusäl]* **Förderband (kreisförmiges);** Bild: Anstelle der **kreisförmig**en **Förderbänd**er am Flughafen hat man *Karussell*e aufgestellt, um die Wartezeiten zu verkürzen.

cas *m* [kɑ] *[ka]* **Fall, Kasus;** Bild: Der **Fall** *K.* (Kennedy) beschäftigt noch heute die Juristen.

case *f* [kaz] *[kase]* **Feld (beim Formular/Gesellschaftsspiel);** Bild: Der Leber*kas* steht auf dem Ereignis*feld* beim Monopoly-Spiel.

casser [kase] *[kase]* **zerbrechen, kaputt machen, abbrechen, brechen;** Bild: Die *Kasse* fällt auf den Boden und **zerbricht.**

castor *m* [kastɔʀ] *[kastor]* **Biber;** Bild: Der *Castor*-Transport wird unterbrochen, weil sich ein **Biber** auf die Bahngleise gelegt hat.

causette *f* [kozɛt] *[kosätt]* **Plauderei, Schwatz;** Bild: Während sie ihr *Korsett* zuschnürte, entwickelte sich eine **Plauderei.**

cavaler [kavale] *[kavale]* **nachlaufen (jemandem), Gas geben;** Bild: Für einen *Kavali*er schickt es sich nicht, **jemandem nachzulaufen.**

cave *f* [kav] *[kawe]* **Keller;** Bild: Ich wohne in einem Kuh-*Kaff* in einem **Keller** und trinke dort *Kaff*ee.

céder [sede] *[sede]* **abbrechen, klein beigeben, übertragen, überlassen;** Bild: den Brennvorgang beim *CD*-Brennen **abbrechen.**

ceinture *f* [sɛ̃tyʀ] *[säntür]* **Gürtel, Gurt, Taille;** Bild: An einer *Sand-Tür* hängt ein **Gürtel.**

cent [sɑ̃] *[so]* **hundert, einhundert;** Bild: **Hundert** Cent sind *so* viel. Bild: Der *So*hn bekommt **hundert** Euro Taschengeld.

centaine *m* [sɑ̃tɛn] *[sohntän]* **Hunderter;** Bild: Auf dem neuen **Hunderter** (100-Euro-Schein) ist die erste deutsche Weltraum*sonde* abgebildet.

cèpe *m* [sɛp] *[säp]* **Steinpilz;** Bild: *Sepp* (z. B. Maier, Blatter) sammelt im Wald **Steinpilze.**

céréale *f* [seʀeal] *[sereal]* **Getreide, Korn, Müsli;** Bild: Ich bin zwar noch müde, aber das **Müsli** zum Frühstück ist *sehr real.*

cerise *f* [s(ə)riz] *[serise]* **Kirsche;** Bild: Das T-Shirt mit der **Kirsche** hab' ich *zerisse*n.

cerner [sɛʀne] *[särne]* **einkreisen, umzingeln, umstellen;** Bild: Das Megafon plärrt: »Johannes B. *Kerner,* das Haus ist *umzingelt*. Ergeben Sie sich, das wäre *sehr ne*tt!«

cerveau *m* [sɛʁvo] *[särwo]* **Gehirn, Kopf, Verstand, kluger Kopf, großer Geist;** Bild: Derjenige, der die *Servo*lenkung erfunden hat, war ein **kluger Geist** und hat sehr viel **Gehirn**schmalz investiert.

cesser [sese] *[sese]* **aufhören, einstellen, aufgeben;** Bild: Ich muss damit **aufhören,** immer im *Sesse*l einzuschlafen.

chaîne *f* [ʃɛn] *[schöne]* **Kette;** Bild: Das ist aber eine *schön*e Fahrrad**kette**.

chaire *f* [ʃɛʁ] *[schär]* **Rednerpult, Lehrstuhl;** Bild: In dem **Rednerpult** steckt eine *Scher*e.

chaise *f* [ʃɛz] *[schäs]* **Stuhl;** Bild: *Scheiß* **Stuhl**.

chaleur *f* [ʃalœʁ] *[schalör]* **Wärme, Hitze;** Bild: Wenn man einen *Schal* sehr schnell durch ein Nadel*öhr* zieht, entsteht eine enorme **Hitze**, sodass die Nadel zu glühen beginnt.

chamarré(e) [ʃamaʁe] *[schamare]* **geschmückt (mit Orden), überladen;** Bild: Die *Schamhaare* sind **mit Orden geschmückt**.

champ *m* [ʃɑ̃] *[schoh]* **Feld, Acker;** Bild: *Shau*n das Schaf (animierte Fernsehserie) befindet sich auf dem **Feld**.

champignon *m* [ʃɑ̃piɲɔ̃] *[schapingjoh]* **Pilz;** Bild: In Frankreich ist jeder **Pilz** ein *Champignon*.

chance *f* [ʃɑ̃s] *[schohs]* **Glück;** Bild: Ich habe **Glück,** auf deinem *Schoß* sitzen zu dürfen.

chandelle *f* [ʃɑ̃dɛl] *[schohndäle]* **Kerze;** Bild: »Du ver*schandel*st die **Kerze** total, wenn du ständig daran rumspielst.«

changer [ʃɑ̃ʒe] *[schosche]* **verändern, ändern;** Bild: Es ist *scho*n *schö*n, wenn sich hin und wieder mal etwas **verändert**.

chanter [ʃɑ̃te] *[schante]* **singen;** Bild: Es ist keine *Schande,* wenn man nicht **singen** kann.

chapeau *m* [ʃapo] *[schapo]* **Hut;** Bild: *Chapp*i im **Hut**. Bild: Sein *Schlapp*ohr versteckt er immer unter dem **Hut**.

chaque [ʃak] *[schak]* **jede, jeder, jedes;** Bild: In Frankreich trägt *jeder* ein *Ja*ck*ett*.

charité *f* [ʃarite] *[scharite]* **Nächstenliebe, Wohltätigkeit;** Bild: Die *Charité* in Berlin ist ein berühmtes Krankenhaus, in dem die **Nächstenliebe** eine Rolle spielt.

charme *m* [ʃaʁm] *[scharm]* **Charme, Zauber;** Bild: Dank seines **Charme**s konnte das *Scharm*ützel vorzeitig beendet werden.

charrette *f* [ʃaʀɛt] *[scharett]* **Karren;** Bild: Kommet her und *scharet* euch um den Schub**karren.**

chasse *f* [ʃas] *[schase]* **Jagd, Fang;** Bild: Der Jäger wurde nach der **Jagd** ge*schass*t, weil er nichts erlegt hatte. Er gab den Tieren eine *Chance* und zielte bewusst daneben.

chat *mf* [ʃa] *[scha]* **Katze, Kater;** Bild: Der *Schah* von Persien hat eine Perser**katze.**

château *m* [ʃɑto] *[schato]* **Schloss;** Bild: Das **Schloss** wirft einen großen *Schatt*en.

chatte *f* [ʃat] *[schate]* **Katze;** Bild: Die **Katze** spielt mit ihrem *Schatt*en.

chausser [ʃose] *[schose]* **anziehen;** Bild: **Anziehen** – das ist meine *Schose* (Angelegenheit).

chef *mf* [ʃɛf] *[schäf]* **Chef(in);** hört sich im Deutschen ähnlich an.

cheik *m* [ʃɛk] *[schäk]* **Scheich;** Bild: Der **Scheich** überreicht einen *Scheck.*

chemin *m* [ʃ(ə)mɛ̃] *[schemä]* **Weg, Straße, Pfad;** Bild: Etwas *schimmer*t auf der **Straße.**

chemise *f* [ʃ(ə)miz] *[schmiss]* **Hemd;** Bild: Er *schmiss* sein **Hemd** in die Waschtrommel.

chèque *m* [ʃɛk] *[scheck]* **Scheck;** hört sich im Deutschen ähnlich an.

cher, chère [ʃɛʀ] *[schär]* **teuer, lieb;** Bild: Der *Scher*z kam ihm **teuer** zu stehen.

chéri(e) *mf* [ʃeʀi] *[scheri]* **Liebling, Schatz, geliebt;** Bild: Meinem **Schatz** schenk ich immer mal einen *Sherry* (Likörwein).

cheval *m* [ʃ(ə)val] *[schewall]* **Pferd;** Bild: Das **Pferd** versuchte, etwas von dem *Schwall* Wasser zu trinken.

cheveu *m* [ʃəvø] *[schevö]* **Haar, Kopfhaar;** Bild: Der *Schöffe* (ehrenamtlicher Richter) schüttelt sein Haupt**haar.**

chèvre *f* [ʃɛvʀ] *[schäfre]* **Ziege, Geiß, Ziegenkäse;** Bild: Der *Ziege*n*schäf*er hütet die **Ziegen.**

chevreau *m* [ʃəvʀo] *[schewro]* **Zicklein, Ziegenleder;** Bild: Am Steuer des *Chevro*let (Marke) sitzt ein **Zicklein** und hat den *Chef* über*roll*t.

chiasse *f* [ʃjas] *[schjas]* **Durchfall, Dünnschiss;** Bild: Das *Ski-Ass* musste während der Abfahrt die Piste verlassen, da es **Durchfall** hatte.

chicaner [ʃikane] *[schikane]* **streiten (wegen etwas), herumnörgeln;** Bild: Die Skifahrer **streiten** sich **wegen** ein paar *Ski* und einer Thermos*kanne.*

chien *m* [ʃjɛ̃] *[schiä]* **Hund;** Bild: Ein **Hund** fährt auf *Skier*n.

chiffre *m* [ʃifʀ] *[schifre]* **Zahl, Ziffer;** Bild: Das *Reh* auf dem *Schiff* trägt eine **Zahl** als Erkennung auf seinem Fell.

chimie *f* [ʃimi] *[schimi]* **Chemie;** Bild: *Jimmi* Hendrix macht ein Experiment im **Chemie**unterricht.

chiper [ʃipe] *[schipe]* **klauen, mopsen, stehlen;** Bild: Man hat mir die Schnee*schippe* **geklaut.**

chips *f* [ʃips] *[schips]* **Chips, Kartoffelchips;** Bild: *Schieb's* einfach in den Mund – die **Chips.**

chique *f* [ʃik] *[schik]* **Kautabak;** Bild: Es ist *schick* geworden, **Kautabak** zu kauen.

choix *m* [ʃwa] *[schwa]* **Wahl, Auswahl, Wahlmöglichkeit;** Bild: Der *Schwa*n hat die **Wahl** und wählt sich eine Schwänin aus.

chok *m* [ʃɔk] *[schok]* **Schock;** hört sich im Deutschen ähnlich an.

choquer [ʃɔke] *[schoke]* **schockieren, Aufsehen erregen;** Bild: Ich *jogge* durch den Park und **schockiere** die Spaziergänger.

chose *f* [ʃoz] *[schose]* **Sache, Ding;** Bild: Das Kind hat die Spiel*sache*n auf dem *Schoß*.

chou *m* [ʃu] *[schu]* **Kohl;** Bild: In den *Schuh* vor der Tür steckt der Nikolaus einen **Kohl.**

chouchou *m* [ʃuʃu] *[schuschu]* **Haargummi;** Bild: *Schuh* an *Schuh* – mit einem **Haargummi** zusammengebunden.

chouette (1) *f* [ʃwɛt] *[schwät]* **Eule;** Bild: Zwei **Eule**n *schwätz*en in der Schule.

chouette (2) *f* [ʃwɛt] *[schwät]* **klasse, toll, prima;** Bild: In der Schule *schwätz*en, das ist **klasse.**

chuchoter [ʃyʃɔte] *[schüschote]* **flüstern;** Bild: Der *schü*chterne *Schotte* (mit Schottenrock) **flüstert** mir etwas ins Ohr.

chute *f* [ʃyt] *[schüt]* **Fall, Sturz, Neigung;** Bild: Der Wasser*fall schüt*tet das Wasser ins Tal.

cidre *m* [sidʀ] *[sidre]* **Cidre;** französisches Wort, das man im Deutschen auch benutzt. Bild: Beim Kauf eines *Citroe*n (Automarke) bekommt man eine Flasche Apfel*cidre* geschenkt.

ciel *m* [sjɛl] *[själl]* **Himmel;** Bild: Der **Himmel** ist *seh*r *h*ell.

cierge *m* [sjɛʀʒ] *[siärsch]* **Kerze;** Bild: *Sie ers*tickt an einer **Kerze.**

cil *m* [sil] *[sil]* **Wimper;** Bild: *sil*berne Augen*wimper*n.

ciment *m* [simɑ̃] *[simo]* **Zement;** Bild: *Simo*n Petrus macht einen Sack **Zement** auf.

cinq *m* [sɛ̃k] *[sänk]* **fünf, Fünf;** Bild: Weil ich einen *Senk*- und Spreizfuß habe, sind meine **fünf** Zehen immer geschwollen.

cirer *[siʀe] [sire]* **polieren, bohnern;** Bild: Immer wenn man das Auto **poliert,** geht die *Sire*ne los.

cité *f* [site] *[site]* **Stadt, Siedlung;** Bild: In der **Stadt** gibt es nur noch verrohte *Sitte*n.

citerne *f* [sitɛʀn] *[sitärn]* **Tank, Zisterne;** Bild: Als er den Wasser*tank* hochhob, fingen seine Beine an zu *zittern.*

citron *m* [sitʀɔ̃] *[sitroh]* **Zitrone;** Bild: Die **Zitrone** *sieht ro*h besser aus als gekocht.

clair(e) [klɛʀ] *[klär]* **klar, hell;** Bild: Die *Klär*anlage macht verdrecktes Wasser wieder **klar.**

claque *f* [klak] *[klak]* **Ohrfeige;** Bild: Bei der letzten **Ohrfeige** hat es »*klack*« gemacht. Seitdem kann ich nicht mehr hören.

claquer [klake] *[klake]* **knallen, verpulvern, fertigmachen, schlagen;** Bild: Der Anwalt reicht eine *Klage* ein, weil sein Mandant **fertiggemacht** wurde.

classe *f* [klas] *[klas]* **Klasse, Schulklasse;** Bild: Die ganze Schul**klasse** läuft über *Glas*scherben.

classique [klasik] *[klasik]* **klassisch, typisch, herkömmlich;** Bild: Immer wenn sie **klassische** Musik hört, bekommt sie *glasig*e Augen.

clavier *m* [klavje] *[klavje]* **Tastatur;** Bild: Auf einer Computer**tastatur** kann man auch *Klavie*r spielen.

clé *f* [kle] *[kle]* **Schlüssel;** Bild: Es gibt *Klee*blätter als **Schlüssel**anhänger.

clébard *m* [klebaʀ] *[klebar]* **Köter;** Bild: Der **Köter** frisst *Kleber,* daher *kleb*t auch sein *Bart.*

clerc *m* [klɛʀ] *[klär]* **Geistlicher, Kleriker, Schreiber;** Bild: In der *Klär*anlage arbeiten nur **Geistliche** (Kloster?).

cloche *f* [klɔʃ] *[klosch]* **Glocke;** Bild: Eine **Glocke** hängt in der *Klosch*üssel.

clope *f* [klɔp] *[klop]* **Kippe, Glimmstängel;** Bild: Jürgen *Klopp* (Fußballtrainer) hat eine **Kippe** im Mundwinkel.

cloper [klɔpe] *[klope]* **rauchen, qualmen, paffen;** Bild: Weil wir heimlich **rauchen**, bekommen wir auch regelmäßig *Kloppe* (= Schläge).

cloque *f* [klɔk] *[klok]* **Blase;** Bild: Wenn ich *Clog*s (Holzschuhe) trage, bekomme ich immer eine **Blase** am Fuß.

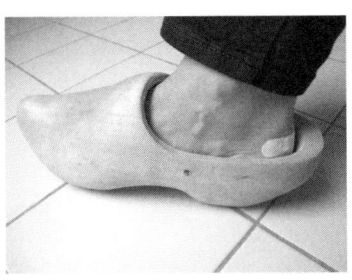

clore *f* [klɔʀ] *[klor]* **schließen, beenden, abschließen;** Bild: Weil im Schwimmbad zu viel *Chlor* war, musste es **geschlossen** werden.

clos *m* [klo] *[klo]* **Weinberg (eingefriedet), eingezäuntes Grundstück;** Bild: Ein *Klo* steht im **Weinberg.**

clos(e) [klo, kloz] *[klo, klos]* **geschlossen;** Bild: Das *Klo* ist **geschlossen.**

clôture *f* [klotyʀ] *[klotür]* **Zaun, Hecke, (Umfassungs-)Mauer;** Bild: statt einer *Klo-Tür*e ein **Zaun.**

clown *m* [klun] *[klun]* **Clown;** Bild: George *Cloon*ey (Schauspieler) spielt in einem Film einen **Clown.**

cœur *m* [kœʀ] *[köhr]* **Herz;** Bild: Zu viel Li*kör* ist schlecht fürs **Herz.**

coiffer [kwafe] *[kuafe]* **frisieren, aufsetzen (Hut);** Bild: Immer wenn ich *frisiert* werde, bewachen mich eine *Kuh* und ein *Affe.*

coin *m* [kwɛ] *[kwäh]* **Ecke, Winkel;** Bild: Ich gehe *quer* durch den Raum von einer **Ecke** zur anderen.

col *m* [kɔl] *[kol]* **Kragen;** Bild: ein *Kohl* mit einem **Kragen** herum.

collage *m* [kɔlaʒ] *[kolasch]* **Aufkleben, Ankleben, Collage;** Bild: den *Kohl* am *A*rsch **ankleben.**

colle *f* [kɔl] *[kole]* **Klebstoff, Kleister, Leim;** Bild: zwei *Kohl*hälften wieder mit **Klebstoff** zusammenkleben.

coller [kɔle] *[koleh]* **kleben, aufkleben, ankleben;** Bild: auf *Kohle*-Briketts einen Zettel mit Klebstoff **ankleben**.

collet *f* [kɔlɛ] *[kole]* **Schlinge;** Bild: die **Schlinge** um die *Kohle*.

colline *f* [kɔlin] *[kolin]* **Hügel;** Bild: Phil *Collin*s (Sänger) steht auf einem Ameisen*hügel*.

Cologne *f* [kɔlɔɲ] *[kolonje]* **Köln;** Bild: Am **Köln**er Dom fährt eine Panzer-*Kolonne* vorbei.

colonne *f* [kɔlɔn] *[kolon]* **Säule, Litfaßsäule, Spalte (Text), Kolonne;** Bild: Eine Lkw-*Kolonn*e transportiert **Litfaßsäule**n.

combat *m* [kɔ̃ba] *[komba]* **Kampf;** Bild: mit dem *Kompa*ss beim Box**kampf**. (Achtung: Die Linke kommt aus Westen.)

comique *m* [kɔmik] *[komike]* **lustig, komisch, Komik;** Bild: *Komm ike* (aus Berlin), dann wird es doch noch **lustig**.

comme [kɔm] *[kom]* **wie, als, weil;** Bild: Ich *komm*e, **weil** ich kommen muss.

commencer [kɔmɑ̃se] *[komanse]* **anfangen (mit etw.), anfangen;** Bild: *Komm an* den *See* (Comer See), dann können wir **anfangen** zu lernen.

compact *m* [kɔ̃pakt] *[kohmpakt]* **CD;** Bild: »*Komm*t, *packt* eure *CD*s ein, wir wollen bei mir Musik hören.«

compas *m* [kɔ̃pa] *[kompa]* **Kompass, Zirkel;** Bild: Am *Kompa*ss hängt ein **Zirkel**.

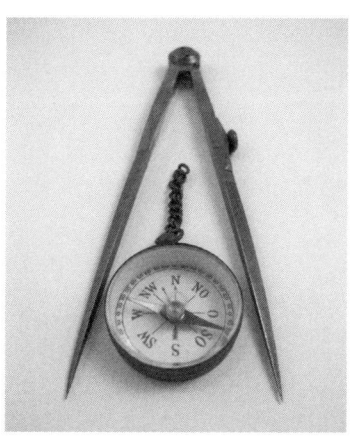

compte *mf* [kɔ̃t] *[komte]* **Zählung, Auszählung, Rechnung, Konto;** Bild: Mein **Konto**auszug *kommt* aus dem Schlitz des Bankomaten.

comte *m* [kɔ̃t] *[komte]* **Graf;** Bild: Der **Graf** (von Unheilig) *kommt* zu Fuß.

comtesse *f* [kɔ̃tɛ] *[komtäs]* **Gräfin;** Bild: Der **Gräfin** *kommt es* merkwürdig vor.

concorde *f* [kɔ̃kɔʀd] *[konkord]* **Eintracht;** Bild: Beim Absturz der *Concorde* (Passagier-Überschallflugzeug) war die komplette Fußballmanschaft von **Eintracht** Frankfurt an Bord.

concours *m* [kɔ̃kuʀ] *[kohkur]* **Wettbewerb, Wettkampf, Preisausschreiben;** Bild: Weil er den **Wettkampf** verlor, musste er *Konkur*s anmelden.

conseil *m* [kɔ̃sɛj] *[kohsej]* **Ratschlag, Rat;** Bild: »*Kann sein*« ist aber kein guter **Ratschlag**. Bild: Mein *Co*usin gibt mir einen Ratschlag.

contrat *m* [kɔ̃tʀa] *[kontra]* **Vertrag;** Bild: Wir diskutieren Pro und *Kontra* des **Vertrags**.

chômeur, -euse *mf* [ʃomœʀ, -øz] *[schomör, -ös]* **Arbeitslose(r);** Bild: Der **Arbeitslose** gibt sich *scho*n mal als *Charmeur*.

copie *f* [kɔpi] *[kopi]* **Kopie;** hört sich im Deutschen ähnlich an.

copine *mf* [kɔpin] *[kopin]* **Freund(in);** Bild: Mein(e) **Freund(in)** macht immer zu viele *Kopien*.

coq *m* [kɔk] *[kok]* **Hahn;** Bild: Ulla *Kock* am Brink (Fernsehmoderatorin) unterhält sich mit einem **Hahn**.

cor *m* [kɔʀ] *[kor]* **Horn (Musikinstrument);** Bild: Am Ende der Aufführung bliesen alle Sänger des *Chor*s in ein **Horn**.

corbeau *m* [kɔʀbo] *[korbo]* **Rabe;** Bild: Der **Rabe** sitzt auf dem *Korb* obendrauf.

corde *f* [kɔʀd] *[kord]* **Strick, Seil;** Bild: Eine *Cord*hose hängt am **Strick**.

cordon-bleu *mf* [kɔʀdɔ̃blœ] *[kordonblö]* **fabelhafter Koch, fabelhafte Köchin;** Bild: Die **fabelhafte Köchin** machte uns leckere *Cordons bleu*s (Schnitzel mit Schinken und Käse gefüllt).

corne *f* [kɔʀn] *[korn]* **Horn (vom Tier);** Bild: einen *Korn* (Schnaps) aus einem Stier**horn** tinken.

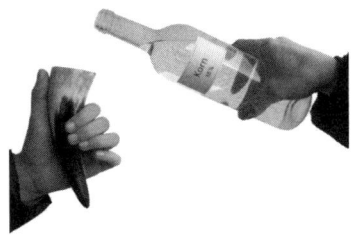

corps *m* [kɔʀ] *[kohr]* **Körper;** Bild: Der ganze *Chor* zittert am **Körper**.

côte *f* [kot] *[kot]* **Küste;** Bild: Die gesamte **Küste** ist voll mit *Kot*.

cou *m* [ku] *[ku]* **Hals;** Bild: Eine *Ku*h beißt mir in den **Hals.**

coucher [kuʃe] *[kusche]* **schlafen;** Bild: Bevor wir **schlafen**, können wir noch ein bisschen *kusche*ln.

coule [kule] *[kule]* **fließen, rinnen, strömen;** Bild: In die *Kuhle fließt* Wasser.

couleur *f* [kulœR] *[kulör]* **Farbe;** Bild: Die *Kuller*tränen haben **Farbe**.

coulisse *f* [kulis] *[kulis]* **Kulisse;** Bild: Die **Kulisse** besteht aus *Kulis* (Kugelschreibern).

couloir *m* [kulwaR] *[kulwar]* **Gang, Diele, Flur;** Bild: Als er den **Gang** hinunterging, war mir klar, dass er total *cool war.*

coup *m* [ku] *[ku]* **Schlag, Stoß, Hieb;** Bild: Mit einem **Hieb** war die *Ku*h zur Strecke gebracht.

coupelle *f* [kupɛl] *[kupäl]* **Schälchen, Näpfchen;** Bild: Ein Obst**schälchen** sieht aus wie eine umgedrehte *Kuppel.*

couple *m* [kupl] *[kuple]* **Paar, Ehepaar, Liebespaar;** Bild: Das **Liebespaar** hatte man schon vor Jahren ver*kuppel*t.

cour *f* [kuR] *[kur]* **Hof;** Bild: Schönheits*kur* (mit Gurkenmaske) im **Hof**.

courage *m* [kuRaʒ] *[kurasch]* **Mut;** Bild: Nachdem mich der **Mut** verlassen hatte, war die Schlankheits*kur* für'n *Arsch.*

courant *m* [kuRɑ̃] *[kuroh]* **Strom, Strömung, Lauf;** Bild: Die *Kuh ra*nnte weg, nachdem sie einen **Strom**schlag bekommen hatte.

courbe *f* [kuRb] *[kurb]* **gebogen, gekrümmt, Biegung, Kurve;** Bild: Eine **gebogen**e Kurbel kann man schlecht wieder gerade biegen.

courge *f* [kuRʒ] *[kursch]* **Kürbis;** Bild: Der *Kursch*atten wollte mir einen **Kürbis** aufdrängen.

courir [kuRiR] *[kurir]* **rennen, laufen;** Bild: Der *Kurier* fängt zu **rennen** an.

courrier *m* [kuRje] *[kurie]* **Post, Briefpost, das Schreiben;** Bild: Die gesamte *Kurie* (Verwaltungsorgan des Heiligen Stuhls) darf keine **Post** mehr empfangen.

course *f* [kuRs] *[kurs]* **Lauf, Rennen, Fahrt;** Bild: Gehst du zum VHS-*Kurs* oder zum Formel-1-**Rennen**?

court(e) [kuR, kuRt] *[kur, kurt]* **kurz;** Bild: Die Schlankheits*kur* war aber sehr **kurz**.

courtage *m* [kuʀtaʒ] *[kurtasch]* **Maklergeschäft, Maklergebühr;** Bild: Die **Maklergebühr** befand sich in ihrer *Kur-Tasch*e.

courtois(e) [kuʀtwa, -waz] *[kurtwa, -was]* **höflich;** Bild: *Kurt war* (z. B. Cobain, Beck) **höflich** (auf dem Hof).

coussin *m* [kusɛ] *[kusäh]* **Kissen, Polster;** Bild: Ich mache mit meinem *Cousin* eine **Kissen**schlacht.

coussinet *m* [kusinɛ] *[kusinä]* **kleines Kissen;** Bild: Meine *Cousine* bekommt bei der Kissenschlacht nur die **kleinen Kissen** ab.

coût *m* [ku] *[kuh]* **Preis, Kosten, Kostenpunkt;** Bild: Der **Preis** für die *Kuh* (Kuh mit Preisschild) ist hoch.

couteau *m* [kuto] *[kuto]* **Messer;** Bild: Mit dem **Messer** stach er die *Kuh* tot.

coûter [kute] *[kute]* **kosten;** Bild: Was **kostet** die *Kutte*?

couture *f* [kutyʀ] *[kutür]* **Schneidern, Nähen, Näharbeit;** Bild: Die Mönchs-*kutt*e an der *Tür* ist eine schöne **Näharbeit.** (Nadel mit Faden steckt noch drin.)

couvée *f* [kuve] *[kuve]* **Gelege, Brut;** Bild: Mit einer Schlittschuh*kufe* zerstörte er die ganze **Brut.**

couver [kuve] *[kuwe]* **schwelen, sich zusammenbrauen, umhegen;** Bild: Unter der (Schlittschuh-)*Kufe* **schwelt** immer noch ein Feuer.

couvert (1) *m* [kuvɛʀ] *[kuwähr]* **Besteck, Gedeck;** Bild: In einem *Kuvert* steckt das Ess**besteck.**

couvert (2) [kuvɛʀ] *[kuwähr]* **bedeckt, bewölkt;** Bild: Das *Kuvert* ist **bewölkt** (mit vielen Wölkchen bedruckt).

couverture *f* [kuvɛʀtyʀ] *[kuvärtür]* **Decke, Bettdecke;** Bild: Statt mit *Kuvertür*e den Kuchen zu bestreichen, lege ich eine **Decke** darüber.

couvrir [kuvʀiʀ] *[kuvrihr]* **abdecken, zudecken, überdachen;** Bild: Wenn die *Kuh frier*t, dann wird sie **zugedeckt.**

crabe *m* [kʀab] *[krab]* **Taschenkrebs;** Bild: Der **Taschenkrebs** krabbelt ins *Grab.*

craie *f* [kʀɛ] *[krä]* **Kreide;** Bild: Die *Kräh*e frisst **Kreide,** damit ihre Stimme nicht mehr so sehr krächzt.

crâne *m* [kʀɑn] *[krane]* **Schädel;** Bild: Der *Kran* hebt den **Schädel** hoch.

crâner [kʀɑne] *[krane]* **eine Schau abziehen, den starken Mann spielen;** Bild: Unter den *Krän*en wird *eine* riesige (Moden-)**Schau abgezogen.**

crâneur, -euse *m* [kʀɑnœʀ, -œz] *[kranör, -ös]* **Angeber(in), angeberisch;** Bild: Der **Angeber** behauptet, dass er einen *Kran* durch ein Nadel*öhr* bekommt.

craqueler [kʀakle] *[krakle]* **rissig werden lassen;** Bild: Ich *krakle* meine Unterschrift auf das Formular und *lasse* es dann **rissig werden,** damit es älter aussieht.

craquer [kʀake] *[krake]* **brechen, knacken, bersten, knarren;** Bild: Dem *Kraken* die Arme zu **brechen** ist ziemlich schwierig.

crasse *f* [kʀas] *[krass]* **Dreck, Schmutz;** Bild: Voll *krass*: Der Typ is' voll mit **Dreck** und *Gras.*

crèche *f* [kʀɛʃ] *[kräsch]* **Krippe;** Bild: Mit der Weihnachts**krippe** macht man einen *Crash*-Test.

créer [kʀee] *[kree]* **gründen, schaffen, kreieren;** Bild: Eine *Krähe* **gründet** eine Firma.

crêpe *f* [kʀɛp] *[kräp]* **Pfannkuchen, Crêpe;** Bild: Sie ist an einem **Pfannkuchen** *krep*iert.

crépir [kʀepiʀ] *[krepier]* **verputzen, bewerfen;** Bild: Nachdem die Wand **verputzt** war, *krepier*ten alle Verputzer jämmerlich.

crête *f* [kʀɛt] *[krät]* **Kamm (vom Berg oder Hahn), Grat, First;** Bild: *Kräht* der Hahn, dann schwillt der **Kamm.**

creuser [kʀøze] *[kröse]* **graben, ausgraben, ausheben, ausbuddeln, bohren;** Bild: Die *Größe* der Schaufel ist beim **Graben** entscheidend.

creux *m* [kʀø] *[krö]* **Höhle, Loch;** Bild: Die *Krö*nung findet in einer **Höhle** statt.

cri *m* [kʀi] *[kri]* **Schrei;** Bild: Im *Krie*g hört man nur noch **Schrei**e.

crible *m* [kʀibl] *[krible]* **Sieb (grobes);** Bild: Wenn man ein **(grobes) Sieb** auf den Bauch legt, dann *kribbe*lt es besonders intensiv.

cric *m* [kʀik] *[krik]* **Winde;** Bild: Das Einzige, was der *Krieg* nicht zerstört hat, war eine Seil*winde.*

crime *m* [kʀim] *[krime]* **Mord, Verbrechen;** Bild: In jedem *Krimi* gibt es mindestens ein **Verbrechen.**

crique *f* [kʀik] *[krike]* **kleine Bucht;** Bild: Der *Krieg* fand in der **kleinen Bucht** statt.

crise *f* [kʀiz] *[krise]* **Krise;** hört sich im Deutschen ähnlich an.

crisser [kʀise] *[krise]* **quietschen, knirschen, kreischen;** Bild: Immer wenn der Lehrer mit der Kreide **quietschte,** bekam ich eine *Krise.*

crochet *m* [kʀɔʃɛ] *[kroschä]* **Haken, Klammer, Häkelnadel, Dietrich;** Bild: Mit der **Häkelnadel** versuchte sie, den *Groschen* unter dem Schrank hervorzuholen.

croquer [kʀɔke] *[kroke]* **knabbern, zerbeißen, knacken, krachen;** Bild: Wenn man *Kroketten* **knabbert,** dann **knacken** die neuerdings.

crotale *m* [kʀɔtal] *[krotal]* **Klapperschlange;** Bild: *Cro* (Sänger) sucht im *großen Tal* eine **Klapperschlange.**

crotte *f* [kʀɔt] *[krot]* **Pferdeapfel, Hundehaufen;** Bild: In der *Grotte* trat ich auf einen **Hundehaufen.**

crotté(e) [kʀɔte] *[krote]* **schmutzig;** Bild: In der *Grotte* ist es **schmutzig.**

cuisine *f* [kᵁizin] *[kuisine]* **Küche, Kochkunst;** Bild: Die *Kusine* steht in der **Küche** und kocht. Bild: Der Koch *küsst in* der **Küche.**

culotte *m* [kylɔt] *[külot]* **Slip, Unterhose;** Bild: Der **Slip** wird an einem *kühlen Ort* aufbewahrt.

culte *m* [kylt] *[kült]* **Kult, Gottesdienst, Religion;** Bild: Beim **Gottesdienst** habe ich mich ver*kühlt.*

culture *f* [kyltyr] *[kültühr]* **Kultur, Bildung, Anbau (von Pflanzen);** Bild: Hinter der *Kühl-Türe* findet frostige **Bildung** statt.

curé *m* [kyʀe] *[küre]* **Pfarrer(in);** Bild: Der **Pfarrer** predigt nicht zu seinen Schäfchen, sondern zu *Küh'* und *Reh.*

D

dalle *f* [dal] *[dale]* **Platte, Steinplatte;** Bild: Karl *Dall* (Comedian) fällt eine Stein*platte* auf den Kopf.

dame *f* [dam] *[dame]* **Dame;** wird im Deutschen genauso geschrieben. Bild: Die (Hof-)**Dame** springt vom Stau*damm.*

damer [dame] *[dame] stampfen, einstapfen, feststampfen;* Bild: eine *Dame* (mit Damebrett) beim W*einstampfen.*

dans [dã] *[doh] auf, bei, in, innerhalb;* Bild: der *Tanz auf* dem Dach. Bild: *Auf* dem Dach sitzt eine *Doh*le.

datte *f* [dat] *[dat] Dattel;* Bild: Wat'n dat? – *Dat* is 'ne *Dattel!*

débarquer [debaʀke] *[debarke] ausladen, ausschiffen, landen, mit dem Schiff ankommen;* Bild: *Die Barke* (Boot ohne Mast) wird *ausgeladen.*

déchirer [deʃiʀe] *[deschire] zerreißen, einreißen, auseinanderreißen;* Bild: *Der Schir*i *reißt* die gelbe und die rote Karte *auseinander.*

décider [deside] *[deside] beschließen, entschließen;* Bild: Ich *beschließe* jetzt, *de*n (Tauch-)*Siede*r wegzuschmeißen.

déclare [deklaʀe] *[deklare] erklären, verkünden, anmelden;* Bild: »Warum auf dem Klo*deck*el Haare sind, musst du mir noch *erklären.*«

décliner [dekline] *[dekline] abwandeln, beugen, zurückweisen;* Bild: *De*r *Klei*ne *beugt* sich übers Französischbuch.

dégât *m* [dega] *[dega] Schaden, Schäden;* Bild: Durch das Säureattentat auf Edgar *Dega*s' (Maler) Bilder entstand ein irreparabler *Schaden.*

dégeler [deʒ(ə)le] *[desch(ö)le] aufwärmen, auftauen, abtauen, entspannen;* Bild: Zum *Aufwärmen* gab es heißen *Tee* und Brote mit Apfel*gelee.*

dégoût *m* [degu] *[degu] Ekel, Abscheu;* Bild: Der *Tee* schmeckt nicht *gut.* Ich trinke ihn mit *Ekel* und *Abscheu.*

déguisé(e) [degize] *[degise] verkleidet, kostümiert;* Bild: Ich habe mich als Gärtner *verkleidet* und *gieße* mit *Tee* (Teekanne) die Zimmerpflanzen.

déjeuner *m* [deʒœne] *[deschöne] Mittagessen;* Bild: mit *de*r Schöne*n mittagessen* gehen.

délai *m* [delɛ] *[delä] Zeit, Zeitspanne, Frist, Termin;* Bild: Auf einem *Teller* liegt ein *Termin*kalender.

délice *m* [delis] *[delis] Genuss;* Bild: Der *Tee* im Ver*lies* war immer ein *Genuss.*

délit *m* [deli] *[deli] Straftat, Delikt, Vergehen;* Bild: In Neu-*Delhi* gibt es die meisten *Straftat*en.

demain [dəmɛ] *[düma] morgen, morgig;* Bild: *Morgen* sind wir alle nicht *dümmer* als heute. Wir sind an Erfahrungen reicher.

demande *f* [dəmãd] *[demohnde] Bitte;* Bild: Eine *Bitte* noch an *de*n *Mond*: Keinen Vollmond heute, sonst werde ich Werwolf.

démarche *f* [demarʃ] *[demarsch]* **Gang, Gangart, Vorgehensweise, Schritt, Methode;** Bild: Die *Tee*beutel *marschi*eren in der gleichen **Gangart**.

démettre [demɛtR] *[demetre]* **verrenken, auskugeln, verdrehen;** Bild: Nachdem ich den Arm **ausgekugelt** hatte, aß ich nur noch *Demeter*- (Marke) Produkte.

démontrer [demɔ̃tRe] *[demontre]* **beweisen;** Bild: Als Wissenschaftler (Einstein) werde ich **beweisen**, dass das *Mondreh Tee* trinkt.

dénicher [deniʃe] *[denische]* **ausfindig machen, auftreiben, aufstöbern;** Bild: Wenn du lange suchst, wirst du auch noch einen *Tee* in der *Nische* **auftreiben**.

dépanner [depane] *[depane]* **reparieren, Panne beheben;** Bild: Wir trinken *Tee* während der Auto*panne,* und der Fahrer **repariert** den Wagen.

départ *m* [depaR] *[depar]* **Abreise, Abfahrt, Abflug, Weggehen;** Bild: Das *Tee-Paar* (zwei Teebeutel) ist bereit zum **Abflug**.

déplacer [deplase] *[deplase]* **umstellen, umsetzen, umsiedeln;** Bild: Weil der Blasentee (*Tee* gegen *Blasen*beschwerden) so fürchterlich riecht, **setzen** sich die anderen immer **um**.

dépotoir *m* [depɔtwaR] *[depotwar]* **Müllhalde;** Bild: Dieses (*de*) *Boot war* damals auf der **Müllhalde**.

déraper [deRape] *[derape]* **ausrutschen, rutschen, ins Schleudern geraten;** Bild: *Der Rappe* (schwarzes Pferd) trägt Unmengen *Tee* und gerät ins **Rutschen**.

derme *m* [dɛRm] *[därme]* **Lederhaut;** Bild: Um die Wurst waren keine *Därme*, sondern **Lederhaut**.

dérober [deRɔbe] *[derobe]* **stehlen, rauben, nehmen, entlocken;** Bild: Der Anwalt hat *Tee* unter seiner *Robe*, den er wohl **gestohlen** hat.

derrick *m* [deRik] *[derik]* **Bohrturm;** Bild: Kommissar Stephan *Derrick* springt in seiner letzten Folge von einem **Bohrturm**.

derrière [dɛRjɛR] *[därjär]* **hinter;** Bild: **Hinter** dem *Terrier* läuft ein Jogger.

désaxer [dezakse] *[desaxe]* **verziehen, schlecht ausgerichtet, schlecht zentriert;** Bild: *Der Sachse* ist **schlecht zentriert** (läuft schief).

désert *m* [dezɛR] *[desär]* **Wüste, Einöde;** Bild: Jemand genießt sein *Dessert* allein in der **Wüste**.

désir *m* [deziR] *[desir]* **Wunsch;** Bild: Was ist dein **Wunsch**? – *Des hier* (ugs. für: das hier)!

désordre *m* [dezɔʀdʀ] *[desordre]* **Chaos, Unordnung;** Bild: Man kann das **Chaos** in der Teeküche vermeiden, wenn man den *Tee sor*tiert.

dessin *m* [desɛ̃] *[desoh]* **Zeichnung, Bild, Entwurf;** Bild: Eine zerrissene **Zeichnung** klebt man am besten mit *Tesa*-Film.

dessoûler [desule] *[desule]* **nüchtern werden, ausnüchtern;** Bild: Um wieder **nüchtern** zu **werden,** musst du dich in *Tee suhle*n.

détacher [detaʃe] *[detasche]* **losbinden, abmachen;** Bild: die *Tee-Tasche* (Einkaufstasche mit Tee) vom Regal **losbinden.**

détente *f* [detɑ̃t] *[detohnte]* **Entspannung, Beruhigung;** Bild: D*ie* Tan*t*e macht **Entspannung**sübungen. Bild: Nach der *Deton*ation machten alle **Ent-spannung**sübungen.

détester [detɛste] *[detäste]* **hassen, nicht mögen, nicht leiden können;** Bild: Ich **hasse** *Tee-Test*er, weil die immer spucken müssen.

détoner [detɔne] *[detone]* **detonieren;** Bild: D*ie* (Müll-)*Tonne* **detoniert.**

dette *f* [dɛt] *[dät]* **Schuld, Schulden;** Bild: *Det*lef hat noch **Schulden** bei mir zu begleichen.

deux *m* [dø] *[dö]* **zwei, Zwei;** Bild: »*Zwei Dö*ner bitte!«

dévisser [devise] *[devise]* **abschrauben, abmontieren, abstützen;** Bild: den *Tee* von der *Wiese* **abschrauben.**

diabète *m* [djabɛt] *[djabät]* **Diabetes, Zuckerkrankheit;** Bild: Ich schaue mir Dias über die **Zuckerkrankheit** vom *Bett* aus an.

dicter [dikte] *[dikte]* **diktieren, vorschreiben, zwingen;** Bild: Während der *dick*e Lehrer den Text **diktierte,** trank er immer seinen *Dick-Tee.*

diesel *m* [djezɛl] *[djesäl]* **Diesel(motor);** deutsches Wort, das in Frankreich bekannt ist.

dieu *m* [djø] *[djö]* **Gott;** Bild: Ich verabschiede mich von **Gott**: A-*dieu.*

différé [difeʀe] *[difere]* **zeitlich versetzt;** Bild: *Die Fähre*n kommen immer **zeitlich versetzt** (nie gleichzeitig).

diffuser [difyze] *[difüse]* **verbreiten, verteilen;** Bild: *Die Füße* **verbreiten** den Fußpilz.

digére [diʒeʀe] *[dischere]* **verdauen;** Bild: *Die Schere* kann man schlecht **verdauen.**

digeste [diʒɛst] *[discheste]* **bekömmlich;** Bild: *Die Geste* zeigt, dass das Essen sehr **bekömmlich** war (kreisende

Bewegung auf dem Bauch). Bild: *Die Schwester* isst immer das, was nicht **bekömmlich** ist.

diktat *m* [diktat] *[diktat]* **Diktat;** deutsches Wort, das in Frankreich bekannt ist.

dîner *m* [dine] *[dine]* **Abendessen, zu Abend essen;** Bild: mit *Tine zu Abend essen.*

dire [diʀ] *[dir]* **sagen, aussagen, ausdrücken, verraten;** Bild: Alle *Tiere sagen dir* ihren Namen (auch *die Reh*e).

disque *m* [disk] *[disk]* **Scheibe, Schallplatte;** Bild: In der *Disc*o legt man **Scheibe**n (Schallplatten) auf.

disserter [disɛʀte] *[disärte]* **auslassen (sich über etwas), ausführlich abhandeln;** Bild: Er konnte **sich über** den Tee stundenlang **auslassen** und begann seine Ausführungen immer mit: »*Dieser Tee …*«

dissimuler [disimyle] *[disimüle]* **verstecken, verbergen;** Bild: *Diese Mühle* eignet sich bestens, wenn man sich **verstecken** will.

dissiper [disipe] *[disipe]* **vergeuden, verschleudern, verschwenden;** Bild: *Die Sippe* ist dafür bekannt, dass sie alles **vergeudet.**

distance *f* [distɑ̃s] *[distohs]* **Entfernung;** Bild: Weil sich viele bei der **Entfernung** verschätzen, erfand man (in Hamburg) *die Stoß*stange.

district *m* [distʀikt] *[distrikt]* **Bezirk, Distrikt, Landkreis;** Bild: *Die strickt* (Frau im Landratsamt) für den ganzen **Landkreis.**

diviser [divize] *[diwise]* **aufteilen, dividieren;** Bild: Die Kühe **teilen** sich *die Wiese **auf.***

donner [dɔne] *[done]* **geben, schenken;** Bild: Der *Donne*r **schenkt** uns Regen.

doré(e) [dɔʀe] *[dore]* **vergoldet, golden;** Bild: Die *Tore* sind **vergoldet.**

doser [doze] *[dose]* **dosieren, abmessen, mischen;** Bild: Ich benutze eine *Dose* als Messbecher. Damit kann ich viel besser **dosieren.** (Jeweils eine Dose Ravioli vor dem Frühstück, vor dem Mittagessen und vor dem Abendessen.)

douche *f* [duʃ] *[dusch]* **Dusche;** Bild: Ich *dusch* mich unter der **Dusche.**

doucher [duʃe] *[dusche]* **abduschen;** Bild: In einer *Dusche* kann man sich **abduschen.**

douphin *m* [dofɛ̃] *[dofäh]* **Delfin;** Bild: Selbst ein *doofer* **Delfin** ist noch intelligent genug.

doute *m* [dut] *[dut]* **Zweifel;** Bild: Er *tut* nur so, als hätte er **Zweifel**.

doux [du] *[du]* **süß, weich, mild, lieblich;** Bild: *Du* schmeckst **süß** (beim Küssen).

draguer [dʀage] *[drage]* **anbandeln, anmachen, sich abschleppen lassen, mit dem Schleppnetz fangen;** Bild: »Ich *trage* dich nach Hause!« – »Eh, willst du mich **anmachen**?«

drame *m* [dʀam] *[dram]* **Drama, Schauspiel;** Bild: In der *Tram*bahn spielte sich das Familien**drama** ab.

drôle [dʀol] *[drole]* **lustig, komisch, merkwürdig;** Bild: Die *Trolle* im Wald sind **lustig**e Wesen.

dune *f* [dyn] *[düne]* **Düne;** Bild: Eine *dünn*e Frau steht auf einer **Düne**.

dupe *f* [dyp] *[düpe]* **Betrogene(r);** Bild: Der *Typ* tut mir irgendwie leid: Immer ist er der **Betrogene**.

durée *f* [dyre] *[düre]* **Dauer;** Bild: Die **Dauer** der *Dürre*(periode) ist nicht vorhersehbar.

durer [dyʀe] *[düre]* **dauern;** Bild: Es **dauert**, um in die *Düre*rausstellung reinzukommen.

E

eau *f* [o] *[o]* **Wasser;** Bild: *O*h, nur **Wasser**!

écart *m* [ekaʀ] *[ekar]* **Abstand, Diskrepanz, Fehlbestand;** Bild: Der **Abstand** zu *Eckar*t von Hirschhausen (Fernsehmoderator, Autor) ist sehr groß geworden (Mundgeruch).

écharde *f* [eʃaʀd] *[eschard]* **Holzsplitter;** Bild: Der Hahn, (*er*) *scharrt* so lange auf dem Grab, bis er einen **Holzsplitter** zwischen seinen Krallen hat.

écho *m* [eko] *[eko]* **Echo;** Bild: Mein *Ego* ist mein **Echo**.

éclair *m* [eklɛʀ] *[eklär]* **Blitz, Eclaire (Süßigkeit);** Bild: Der Lehrer *erklär*t den Schülern an der Tafel, wie ein **Blitz** entsteht.

éclate [eklate] *[eklate]* **explodieren, platzen, bersten;** Bild: Wenn der Luftballon das *Eck* der (Zaun-)*latte* berührt, **platzt** er.

école *f* [ekɔl] *[ekol]* **Schule;** Bild: Am *Eck hol* ich dich nach der **Schule** ab.

écraser [ekʀɑze] *[ekrase]* **zerdrücken, pürieren, ausdrücken (Zigarette), zermalmen, überfahren;** Bild: *Ick rase* (in Berlin) um die *Eck*e und **überfahre** einen Passanten.

ecstasy *f* [ɛkstazi] *[äkstasi]* **Ecstasy;**
Bild: Der *Ex-Stasi*-Mitarbeiter handelt
heute mit **Ecstasy.**

effigie *f* [efiʒi] *[efischi]* **Bildnis;** Bild:
Das **Bildnis** zeigt, wie *Evi Ski* fährt.

église *f* [egliz] *[eglies]* **Kirche;** Bild:
*Ekel is*t für manche nur ein Synonym
für **Kirche** (Pädophilisten).

éléphant *m* [elefɑ̃] *[elefoh]* **Elefant;**
Bild: Der **Elefant** hat ein eigenes Te-
*lefo*n.

élève *mf* [elɛv] *[eläf]* **Schüler(in);** Bild:
Die **Schülerin** ist *elf* Jahre alt.

élever [elve] *[elwe]* **errichten, hoch-
ziehen, erheben, großziehen;** Bild: Die
*Elfe*n haben den *Elfe*nbeinturm in nur
drei Tagen **errichtet.**

elle [ɛl] *[äl]* **sie;** Bild: **Sie** fängt mit »*L*«
an (z. B. Lisa). Bild: Wie groß **sie** ist,
misst sie mit ihrer *Ell*e aus.

embêter [ɑ̃bete] *[ahmbete]* **nerven, be-
lästigen (jemanden), jemandem auf
den Geist gehen;** Bild: Meine Fans *ner-
ven*, wenn sie mich ständig *anbete*n.

emploi *m* [ɑ̃plwa] *[amplwa]* **Stelle, Ar-
beitsplatz, Stellung;** Bild: Die *Ampel
wa*r sein **Arbeitsplatz.** Er hat die Grün-,
Gelb-, Rotlichtschalter gedrückt.

employé(e) *mf* [ɑ̃plwaje] *[amplwaje]*
Angestellte(r); Bild: Eine **Angestellte**
der Stadt vollzog die *Ampe*lweihe (mit
Weihwasser).

enfant *mf* [ɑ̃fɑ̃] *[ohfoh]* **Kind;** Bild:
Das **Kind** mit dem Auto anfahren
(*an'fah'n*). Ich *empfan*d das als **Kind**
gar nicht so schlimm.

enfer *m* [ɑ̃fɛʀ] *[ohfär]* **Hölle, Unter-
welt;** Bild: Der seltsame *Fähr*mann
sagt: »Dort in der **Hölle** geht es sehr
unfair zu!«

engagement *m* [ɑ̃gaʒmɑ̃] *[ohgaschmoh]*
Engagement, Verpflichtung; französi-
sches Wort, das man im Deutschen auch
benutzt.

entier, -ière [ɑ̃tje, -jɛʀ] *[ohntje]* **ganz,
völlig;** Bild: *Antje,* ich will dich **ganz**
haben.

entracte *m* [ɑ̃ʀakt] *[ahntrakt]* **Pause;**
Bild: Das Theaterstück dauerte ewig,
sodass die Zuschauer nach vier Stunden
eine **Pause** be*antragt* haben.

entre [ɑ̃ʀ] *[ohntre]* **zwischen;** Bild: Da
ist noch die *andre* (Geliebte) **zwischen**
uns.

entrée *f* [ɑ̃ʀe] *[ohntre]* **Eingang, Ein-
treten, Eintritt, Einstieg, Flur, Diele;**
Bild: Am **Eingang** steht *André* Rieu
(Geiger) und verlangt **Eintritt.**

entremise *f* [ɑ̃tRəmiz] *[ohntremise] Vermittlung;* Bild: Bei der Partner*vermittlung* ist immer der *andre mies* drauf.

entreprise *f* [ɑ̃tRəpRiz] *[ohntrepries] Betrieb, Unternehmen, Firma;* Bild: In der Kantine der *Firma* versteht jeder etwas *andres* unter einer *Prise* Salz.

enveloppe *f* [ɑ̃vlop] *[ahnvlope] Umschlag, Briefumschlag;* Bild: An einem meiner Flip-*Flop*s (rechter Schuh – Flop) klebt ein *Briefumschlag.*

épais(se) [epɛ, epɛs] *[epä, epäs] dick;* Bild: Der *Eber* (mit Hauer) ist viel zu *dick.*

épée *f* [epe] *[epe] Schwert, Degen;* Bild: Bei *Ebbe* findet man im Watt ein *Schwert.*

épousseter [epuste] *[epuste] abstauben, abklopfen, Staub wischen;* Bild: Er *puste*t lieber den Staub ab, als ihn *ab*zu*klopfen.*

équerre *f* [ekeR] *[ekär] Geodreieck;* Bild: Die *Äcker* des Bauern haben die Form von *Geodreieck*en.

équipe *f* [ekip] *[ekip] Mannschaft, Team, Belegschaft;* Bild: Er *kipp*t gleich vor der Fußball*mannschaft* um (Fotograf).

ermit *m* [ɛRmit] *[ermit] Einsiedler;* Bild: K*ermit,* der Frosch aus der Muppet-Show, ist zum *Einsiedler* geworden.

ermitage *m* [ɛRmitaʒ] *[ermitasch] Einsiedelei;* Bild: *Er mit* seinem *A*rsch wohnt abgeschieden in einer *Einsiedelei.*

errer [eRe] *[ere] umherirren, streunen;* Bild: Der Hund *streunte* im Weizenfeld herum. Daher hatte er eine Weizen*ähre* in seinem Fell hängen.

esbroufe *f* [ɛsbRuf] *[äsbruf] Angeberei, Bluff;* Bild: Die absolute *Angeberei:* »Ich habe das *Ess*en zum *B*eruf gemacht!«

escalope *f* [ɛskalɔp] *[äskalop] Schnitzel;* Bild: Ich *ess* im *Galopp* ein *Schnitzel.*

espace *m* [ɛspas] *[äspase] Platz;* Bild: *Es pass*t, wenn wir uns auf dem *Platz* treffen.

espèce *f* [ɛspɛs] *[äspäs] Art, Sorte;* Bild: *Ess bes*te Apfel*sorte*!

espoir *m* [ɛspwaR] *[äspwar] Hoffnung;* Bild: Die letzte *Hoffnung,* um nicht zu verhungern, waren *essbar*e Beeren.

esprit *m* [ɛspRi] *[äspri] Geist, Verstand;* Bild: *Es sprie*ßt der *Geist* aus meinem Kopf.

essayer [eseje] *[eseje]* **probieren, versuchen, ausprobieren;** Bild: Der Koch sagt: »Ich *esse je*des Mal, indem ich von meinen Zutaten **probiere.**«

est *m* [ɛst] *[äst]* **Osten;** Bild: Die *Äst*e des Baumes zeigen nach **Osten.**

estomac *m* [ɛstɔma] *[ästoma]* **Magen;** Bild: *Iss Toma*ten – das ist gut für deinen **Magen.**

et [e] *[e]* **und;** Bild: *E* **und** t gleich et.

Europe *f* [øRɔp] *[örop]* **Europa;** Bild: Durch die *Erup*tion (Vulkanausbruch) verdunkelte sich Gesamt*europa.*

exact(e) [ɛgzakt] *[äxakt]* **exakt, genau;** hört sich im Deutschen ähnlich an.

excès *m* [ɛksɛ] *[äksä]* **Exzess, Ausschreitung, Zügellosigkeit;** Bild: Die *Echse* lebte in absoluter **Zügellosigkeit** (man lässt die Zügel los).

excuser [ɛkskyze] *[äksküse]* **entschuldigen;** Bild: Ich **entschuldige** mich auch immer dafür, wenn ich meine(n) *Ex küsse.*

exprimer [ɛkspRime] *[äksprime]* **ausdrücken, zum Ausdruck bringen;** Bild: Ich wollte meine Liebe **zum Ausdruck bringen,** indem ich meiner *Ex Prime*ln schenkte.

extra [ɛkstRa] *[äkstra]* **erstklassig, super, toll, stark;** Bild: Als ich meine(n) *Ex tra*f, bemerkte ich, wie **toll** sie/er eigentlich war.

F

fabrique *f* [fabRik] *[fabrike]* **Fabrik;** hört sich im Deutschen ähnlich an.

face *f* [fas] *[fas]* **Gesicht;** Bild: Auf das Wein*fass* hat man ein **Gesicht** geschnitzt.

façon *f* [fasɔ̃] *[fasoh]* **Art (und Weise);** Bild: Er (Bürgermeister von München) sticht auf seine eigene **Art und Weise** das *Fass oh (an).*

façonner [fasɔne] *[fasone]* **bearbeiten, gestalten, umformen, modellieren, schnitzen;** Bild: Das *Fass ohne* Boden wird **bearbeitet.**

fada *m* [fada] *[fada]* **verrückt, Spinner;** Bild: Der *verrückt*e Geisterfahrer denkt sich: »Ich *fahr' da*!« (Auf der anderen Straßenseite).

fade [fad] *[fad]* **fad(e);** hört sich im Deutschen ähnlich an.

faissele *m* [fɛsɛl] *[fäsäl]* **Quark;** Bild: Er versuchte, mit Mager**quark** die *Fessel*n aufzubekommen.

fâite *m* [fɛt] *[fät]* **Gipfel, (Dach)first;** Bild: Sie war zu *fett,* um den **Gipfel** zu erklimmen.

familier, -iére [familje, -jɛʀ] *[familje, jär]* **vertraut, familiär;** Bild: In einer *Famili*e sind die Familienmitglieder untereinander **vertraut.**

faner [fane] *[fanne]* **verwelken, verblühen, verbleichen;** Bild: Eine Blume **verwelkt** umso schneller, wenn man sie in einer P*fanne* anbrät.

fanfare *f* [fɑ̃faʀ] *[fofahr]* **Blaskapelle;** Bild: Ein *Vorfahr*e von mir spielte in einer **Blaskapelle.** Alle in der **Blaskapelle** spielen die *Fanfare.*

fard *m* [faʀ] *[far]* **Schminke;** Bild: *Fahr'* nie ohne **Schminke** in den Urlaub.

farine *f* [faʀin] *[farin]* **Mehl;** Bild: Die *Fahrrin*ne (Schifffahrt) wurde mit **Mehl** aufgefüllt.

fart *m* [faʀt] *[fart]* **Skiwachs;** Bild: Wenn man **Skiwachs** auf die Skier tut, kommt man so richtig in *Fahrt.*

fatigant(e) [fatigɑ̃ -ɑ̃t] *[fatigoh, -ot]* **ermüdend, anstrengend, lästig;** Bild: Eine Führung durch den *Vatika*n zu machen ist ganz schön **anstrengend.**

faute *f* [fot] *[fot]* **Fehler;** Bild: *Fot*o ohne »o« am Ende ist ein **Fehler.**

faux, fausse [fo, fos] *[fo, fos]* **falsch, unecht, gefälscht;** Bild: Ich bin auf die **falsch**e *FOS* (Fachoberschule) gegangen.

favoris *m* [favɔʀi] *[favori]* **Backenbart, Koteletten;** Bild: Manche Männer *favori*sieren **Koteletten.**

fécule *f* [fekyl] *[feküle]* **Speisestärke, Stärke;** Bild: Wenn man sich *verküh*lt hat, soll man zwei Teelöffel **Speisestärke** essen.

fédérer [fedeʀe] *[federe]* **verbünden, vereinigen, zu einem Bund zusammenschließen;** Bild: Roger *Federe*r (Tennisspieler) hat alle Weltranglisten-Ersten **zu einem Bund zusammengeschlossen.**

fée *f* [fe] *[fe]* **Fee;** hört sich im Deutschen ähnlich an.

fêlé(e) [fele] *[fele]* **gesprungen, angebrochen, brüchig;** Bild: Die Gläser sind *fehler*haft. Sie sind **gesprungen.**

félin *m* [felɛ̃] *[feläh]* **Raubkatze;** Bild: Eine **Raubkatze** streicht *Fehle*r in den Schulheften ihrer Raubkatzenkinder an.

femme *f* [fam] *[fam]* **Frau;** Bild: Die **Frau** möchte lieber eine *Fami*lie gründen.

fente *f* [fɑ̃t] *[fant]* **Spalt, Riss, Schlitz, Geldeinwurf;** Bild: Man *fand* ihn in einem Gletscher**spalt.**

ferme *f* [fɛʀm] *[färme]* **Bauernhaus, Bauernhof, Farm, Gehöft;** Bild: Die *Wärme* erzeugt der **Bauernhof** selbst.

fermer [fɛʀme] *[färme]* **schließen, zumachen;** Bild: Damit die *Wärme* in den Zimmern bleibt, sollte man die Fenster **schließen.**

féroce [feʀɔs] *[feros]* **wild, unbarmherzig;** Bild: Im *Wild*en Westen war alles *verros*tet.

ferraille *f* [fɛʀaj] *[färaj]* **Schrott;** Bild: Unser *Verei*n sammelt **Schrott** (für die Welt).

ferry *m* [feʀi] *[feri]* **Fähre;** Bild: In den *Feri*en fahr ich auf einer **Fähre.**

fesse *f* [fɛs] *[fäs]* **Hinterbacke, Pobacke, Arschbacke;** Bild: Alle sitzen mit ihren **Arschbacken** auf alten Bier*fäs*sern.

festoyer [fɛstwaje] *[fästwaje]* **schlemmen, festlich speisen;** Bild: Beim *Fest* der Jugend*weihe* (DDR) konnte man immer ohne Ende **schlemmen.**

fête *f* [fɛt] *[fät]* **Party, Fest;** Bild: Auf der **Party** war das Essen total *fett*.

fêter [fete] *[fete]* **feiern;** Bild: Wir *feiern* auf der *Fete*.

feu *m* [fø] *[fö]* **Feuer, Brand;** Bild: Der *Fö*n fängt **Feuer.**

février *m* [fevʀije] *[fewrije]* **Februar;** Bild: Im **Februar** zur Karnevalszeit gibt's immer p*feffri*ge Speisen (Pfeffermühle).

fibre *f* [fibʀ] *[fibre]* **Faser;** Bild: Am *Fieber*thermometer waren noch Textil*faser*n dran.

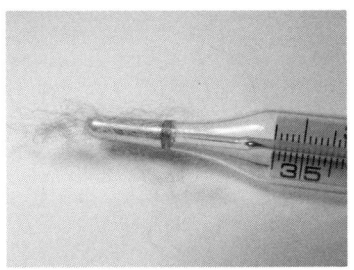

ficelle *f* [fisɛl] *[fisäl]* **Schnur, Bindfaden;** Bild: Versuchen, den **Bindfaden** durchs Nadelöhr zu *fiesel*n.

fiche *f* [fiʃ] *[fische]* **Karteikarte, Zettel;** Bild: Auf jeder der **Karteikarten** ist ein *Fisch* zu sehen.

ficher (1) [fiʃe] *[fische]* **treiben, etwas machen (tun), einrammen, einschlagen;** Bild: die *Fische* als Heringe beim Zelten in den Boden **einrammen.**

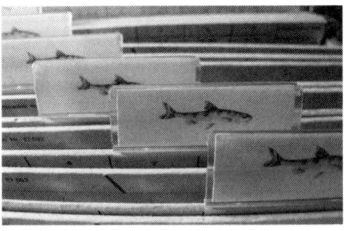

ficher (2) [fiʃe] *[fische]* **registrieren;**
Bild: Die *Fische* lassen sich alle ***registrieren*** (ins Register).

fidèle [fidɛl] *[fidäle]* **treu, getreu, zuverlässig;** Bild: Er blieb seiner *Fidel* **treu**, obwohl er eine Stradivari hätte spielen können.

fier, fière [fjɛʀ] *[fjär]* **stolz, hochmütig, überheblich;** Bild: Der Vater ist **stolz** auf seine *vier* Kinder.

fierté *f* [fjɛʀte] *[fiärte]* **Stolz;** Bild: Der Bauer ist voller **Stolz** auf seine *Vieh-Herde*.

figer [fiʃe] *[fische]* **fest werden, dick werden, gerinnen, erstarren;** Bild: Die *Fische* können nicht mehr schwimmen, weil das Wasser **dick wird**.

figue *f* [fig] *[fige]* **Feige;** Bild: Eine *Figur* aus *Feige*n (nicht aus Zwetschgen).

fil *m* [fil] *[fil]* **Faden, Faser;** Bild: *Phil* Collins (Musiker) fädelt einen **Faden** ein.

file *f* [fil] *[fil]* **Reihe, Schlange;** Bild: *Phil* Collins (Musiker) steht in der Warte**schlange**.

filer [file] *[file]* **flitzen, sausen, laufen, rennen;** Bild: *Viele* **rennen** gleichzeitig los.

filet *m* [filɛ] *[filä]* **Netz, Filet;** Bild: *Viele* Fische gehen ins **Netz**.

film *m* [film] *[film]* **Film;** hört sich im Deutschen ähnlich an.

fils *m* [fis] *[fis]* **Sohn;** Bild: Der **Sohn** ist zum Vater immer *fies* (und macht einen *Wiss*).

fine (1) *f* [fin] *[fin]* **Weinbrand (feiner);** Bild: Huckleberry *Finn* trinkt einen **Weinbrand** (brennender Wein).

flanquer [flɑ̃ke] *[flohnke]* **schubsen, einen Schlag verpassen, schmeißen;** Bild: Bevor die *Flanke* des Außenverteidigers den Stürmer erreichte, wurde der von einem Gegenspieler **geschubst**.

flaque *f* [flak] *[flak]* **Pfütze, Lache;** Bild: Die Deutschland*flagg*e liegt in einer **Pfütze**.

flash *m* [flaʃ] *[flasch]* **Blitz;** Bild: Der **Blitz** schlägt in eine *Flasch*e ein.

flasher [fla∫e] *[flasche]* **geblitzt werden, abfahren (auf jemanden);** Bild: mit einer Bier*flasche* am Steuer **geblitzt werden** (Foto).

flatter [flate] *[flate]* **schmeicheln, betätscheln, schöntun, verwöhnen;** Bild: Die Fahne *flatt*ert im Wind, während sich alle **verwöhnen** lassen.

flatterie *f* [flatʀi] *[flatri]* **Schmeichelei;** Bild: Die *Flatt*erie (B*att*erie mit Schmetterlingsflügeln) *flatt*ert zu meinem Ohr und flüstert mir **Schmeichelei**en zu.

flèche *f* [flɛ∫] *[flesch]* **Pfeil, Turmspitze, spitze Bemerkung;** Bild: Der **Pfeil** durchbohrte das *Fleisch*.

fleur *f* [flœʀ] *[flöhr]* **Blume, Blüte;** Bild: Zwei *Flöh*e sitzen auf einer **Blüte.**

flic *m* [flik] *[flik]* **Polizist;** Bild: Der *Polizist flick*t seine Uniform.

fliquer [flike] *[flike]* **überwachen (polizeilich);** Bild: Der *Flick*enteppich wird **polizeilich überwacht.**

flot *m* [flo] *[flo]* **Flut, Strom;** Bild: Der *Floh* springt in die **Flut.**

flotte (1) *f* [flɔt] *[flot]* **Flotte;** Bild: Die **Flotte** bewegt sich *flott*.

flotte (2) *f* [flɔt] *[flot]* **Wasser, Regen;** Bild: Die Raumfahr*flott*e gerät in den **Regen**/braucht kein **Wasser.**

flotter [flɔte] *[flote]* **schwimmen;** Bild: Mit der Schiffs*flotte* zu **schwimmen** ist nicht ganz ungefährlich.

flouter [flute] *[flute]* **unkenntlich machen, verpixeln;** Bild: das Foto vom Decken*flut*er **unkenntlich machen.**

flouze *m* [fluz] *[fluhs]* **Knete, Kohle (Geld);** Bild: Auf der Flucht haben die Bankräuber die ganze **Kohle** im *Fluss* versenkt.

flux *m* [fly] *[flü]* **Flut;** Bild: Die **Flut** verdeckt den *Flü*gel (Musikinstrument).

focale *f* [fɔkal] *[fokal]* **Brennweite;** Bild: Das Wort »**Brennweite**« (die Weide brennt) hat vier *Vokal*e.

folie *f* [fɔli] *[foli]* **Wahnsinn, Verrücktheit, Wahnwitz;** Bild: Der *Voll*idiot zeichnete sich durch kompletten **Wahnsinn** aus.

folle *f* [fɔl] *[fol] Närrin, Tunte;* Bild: Die **Tunte** reitet auf einem *Fohl*en.

follement [fɔlmɑ̃] *[folmoh] wahnsinnig, irrsinnig, unsterblich;* Bild: Wenn man den *Vollmo*nd ansieht, wird man **wahnsinnig.**

fond *m* [fɔ̃] *[foh] Boden, Grund;* Bild: Der Soßen*fon*d bleibt nach dem Köcheln am **Boden** des Kochtopfs.

force *f* [fɔʀs] *[forse] Kraft, Gewalt, Stärke;* Bild: *Vor*sichtig muss man sein, denn die **Kraft,** die auf einen wirkt, ist enorm.

forêt *f* [fɔʀɛ] *[forä] Wald, Unmenge;* Bild: Im **Wald** sind **Unmenge**n *Vorrä*te versteckt.

forger [fɔʀʒe] *[forscheh] schmieden;* Bild: Ich er*forsche*, wie man richtig **schmiedet.**

forme *f* [fɔrm] *[forme] Form, Gestalt;* hört sich im Deutschen ähnlich an.

fort(e) [fɔr, fɔrt] *[for, fort] stark, kräftig, kraftvoll, groß, heftig;* Bild: Der *Ford* (Marke) hat einen **stark**en Motor.

forteresse *f* [fɔrtəʀɛs] *[forteräs] Festung, Feste, Bollwerk;* Bild: Die **Festung** hat nur noch ein *vorderes* Teil. Das hintere Teil ist total zerstört.

four *m* [fuʀ] *[fur] Backofen;* Bild: Auf dem leeren *Fuhr*park steht nur ein **Backofen.**

fracture *f* [fʀaktyʀ] *[fraktür] (Knochen-)Bruch;* Bild: Er hat sich einen **Knochenbruch** zugezogen, weil er mit seinem *Frack* an der *Tür* hängen blieb und hinfiel.

fragile [fʀaʒil] *[fraschil] zerbrechlich, anfällig, empfindlich, schwach;* Bild: Die *Fra* (fränkisch für Frau) *schiel*t und reagiert sehr **empfindlich**, wenn man sie darauf anspricht.

fragilité *f* [fʀaʒilite] *[fraschilite] Zerbrechlichkeit, Anfälligkeit;* Bild: Die *Fra* (fränkisch für Frau) trinkt *Chili-Tee*, um die Schnupfen**anfälligkeit** zu mindern.

fragment *f* [fʀagmɑ̃] *[fragmoh] Teilchen, Bruchstück, Fragment;* Bild: Praktikanten des Archäologen unterhalten sich: »*Frag' ma*l, zu welchem Dino das **Teilchen** gehört!«

fraise *f* [fʀɛz] *[fräse] Erdbeere;* Bild: Ich *fress* die **Erdbeere**n aus dem *Fress*napf.

français(e) [fʀɑ̃sɛ, fʀɑ̃sɛz] *[frohsä, frohsäs] französisch;* Bild: Immer wenn ich den *französisch*en *Fraß seh,* wird es mir schlecht.

France *f* [fʀɑ̃s] *[frohns] Frankreich;* Bild: In *Frankreich* gibt es den besten *Fraß.* Bild: *Frankreich ist reich an Froh*sinn.

frange *f* [fʀɑ̃ʒ] *[frohsch] Rand, Randgruppe;* Bild: Der *Frosch* springt vom Becken*rand* in eine *Gruppe* von planschenden Kindern.

fraude *f* [fʀod] *[frode] Betrug;* Bild: *Betrug: Frod*o Beutlin hat den falschen Ring (Dichtungsring) vernichtet.

frauder [fʀode] *[frode] betrügen, täuschen;* Bild: Man hat uns mit den *Frottee*-Handtüchern *betrogen.* Das ist ein ganz anderes Material.

fredonner [fʀədɔne] *[fredone] summen, brummen;* Bild: *Fred* (Feuerstein) *ohne* Bienenkorb muss selber *summen.*

freezer *m* [fʀizœʀ] *[frisör] Gefrierfach;* Bild: Der *Friseur* holt aus dem *Gefrierfach* die coolste Perücke aller Zeiten.

frère *m* [fʀɛʀ] *[frere] Bruder;* Bild: Ich habe den *Bruder* vorm Er*friere*n bewahrt.

frérot *m* [fʀeʀo] *[frero] Brüderchen;* Bild: Mein *Brüderchen* bekommt ein *Fe*r*rero* Küsschen (Marke).

friche *f* [fʀiʃ] *[frisch] Brachland (unbebautes Gelände);* Bild: Auf dem *Brachland* machen sich alle *frisch.*

frire [fʀiʀ] *[frir] backen, braten, frittieren;* Bild: Wenn ich zu viel ge*braten* habe, dann *friere* ich es ein.

frisé(e) *f* [fʀize] *[frise] gelockt, kraus, gekräuselt;* Bild: Der Ostfriese (z. B. Otto Walkes) hat *gelockt*es Haar.

frissonner [fʀisɔne] *[frisone] beben, zittern, frösteln;* Bild: »*Friss Sonne* auf! – Dann *fröstelt* es dich nicht mehr.«

frites (des) *f* [fʀits] *[frits] Pommes frites;* Bild: Die *Pommes* sind vom *Fritz* eingeführt worden

froc *m* [fʀɔk] *[frok] Hose;* Bild: »Wie geht denn deine *Hose*ntüre auf?« »*Frog* mi net.« (Bayerisch für: Frag mich nicht.)

fromage *m* [fʀɔmaʒ] *[fromahsch] Käse;* Bild: Der *Käse* ist *vom Arsch,* daher riecht er auch immer etwas streng.

fronde *f* [fʀɔ̃d] *[frond] Schleuder, Steinschleuder;* Bild: An der Kriegs*front* wurden auch *Steinschleuder*n benutzt.

fusée *f* [fyze] *[füse]* **Rakete;** Bild: Die **Rakete** fällt mir auf die *Füße.*

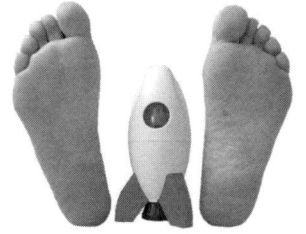

fusil *m* [fyzi] *[füsi]* **Gewehr, Flinte, Büchse;** Bild: Der *Physi*klehrer bedroht die Schüler mit einem **Gewehr.**

G

gabelle *f* [gabɛl] *[gabäle]* **Salzsteuer;** Bild: Wer seine **Salzsteuer** nicht zahlen konnte, wurde mit einer *Gabel* gepiekst.

gaffe *f* [gaf] *[gaf]* **Schnitzer, Patzer;** Bild: Immer wenn ich einen **Patzer** mache, *gaff*en mich alle an.

gai(e) [ge, gɛ] *[ge, gä]* **fröhlich, heiter, lustig;** Bild: *Geh* weiter und bleib **fröhlich.**

gaiement [gemɑ̃] *[gemoh]* **lustig, fröhlich;** Bild: Ich *geh' ma*l **fröhlich** nach Hause.

gaillard *m* [gajaʀ] *[gaiar]* **Kerl, Mordskerl;** Bild: Der **Kerl** hat mit einem riesigen *Geier* gekämpft.

gaine *f* [gɛn] *[gän]* **Hüfthalter, Halfter;** Bild: Der **Hüfthalter** ist zum *Gähn*en langweilig.

gaire *f* [glɛʀ] *[glär]* **Eiweiß, Schleim;** Bild: Bei der *Klär*anlage kann man **Eiweiß** abgeben.

galaxie *f* [galaksi] *[galaxi]* **Galaxie;** hört sich im Deutschen ähnlich an.

galérer [galeʀe] *[galere]* **herumsuchen, herumprobieren, sich abstrampeln;** Bild: Die *Galeere*nsträflinge müssen **sich abstrampeln** (Pedale), um am Leben bleiben zu dürfen.

gamelle *f* [gamɛl] *[gammäl]* **Essgeschirr, Blechnapf, Campingtopf;** Bild: *Gammel*fleisch gibt's heute aus dem **Blechnapf.**

garage *m* [gaʀaʒ] *[garasche]* **Garage;** französisches Wort, das man im Deutschen auch benutzt.

garce *f* [gaʀs] *[gars]* **Luder (durchtriebenes);** Bild: das *garst*ige **Luder.**

garder [gaʀde] *[garde]* **bewachen, aufpassen, hüten;** Bild: Die Schweizer*garde* **bewacht** den Papst.

gare *f* [gaʀ] *[gare]* **Bahnhof;** Bild: Am **Bahnhof** gibt es neuerdings eine asiatische *Gar*-Küche.

garer [gaʀe] *[gare]* **parken, abstellen;** Bild: Wo soll ich nur meine *Karre* **parken?**

garni(e) [gaʀni] *[garni]* **mit Beilage;** Bild: Es steht zwar auf der Speisekarte »**mit Beilage**«, aber eigentlich kriegt man *gar ni*x.

gars *m* [ga] *[ga]* **Kerl, Bursche, Junge;** Bild: Er ist ein *gar garst*iger **Junge.**

gâter [gate] *[gate]* **verwöhnen, schlecht werden, faulen;** Bild: Mein *Gatte* **verwöhnt** mich immer sehr.

gauche *f* [goʃ] *[gosche]* **links, linke/r, die Linke (polit.);** Bild: Der Boxer haut mit seiner **Linke**n dem Gegner auf die *Gosch*e.

gauloise [golwa, -was] *[golwa, -was]* **derb, gallisch;** Bild: Die *Gauloises* (Zigarettenmarke) sind typisch **gallisch** (Asterix der Gallier) und sehr **derb** im Geschmack.

gavroche *m* [gavʀɔʃ] *[gavrosch]* **Straßenjunge;** Bild: Der **Straßenjunge** *gar*t einen *Frosch* in einem Wasserkessel, weil er Hunger hat.

gaz *m* [gaz] *[gas]* **Gas;** hört sich im Deutschen ähnlich an.

gel *m* [ʒɛl] *[schäll]* **Frost, Eiseskälte, Einfrieren;** Bild: Die *Shell*-Tankstelle ist wegen **Frost** geschlossen.

gelé(e) [ʒ(ə)le] *[schöle]* **erfroren, (hart) gefroren;** Bild: Ich *schäle* einen **eingefroren**en Apfel.

gêner [ʒene] *[schene]* **stören, behindern, verlegen machen;** Bild: Die *schöne* Frau darf mich ruhig **stören.**

gerber [ʒeʀbe] *[scherbe]* **stapeln, aufeinanderschichten, kotzen, reihern;** Bild: *Scherbe* auf *Scherbe* **stapeln.**

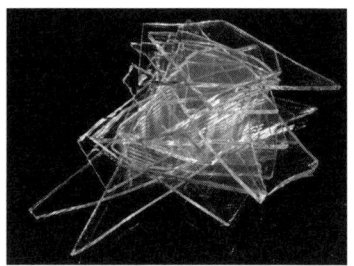

gérer [ʒeʀe] *[schere]* **leiten, führen;** Bild: Der Chef **führt** das Unternehmen und hat dabei immer eine *Schere* in der Hand.

gilet *m* [ʒilɛ] *[schilä]* **Weste, Strickweste;** Bild: Der *Skile*hrer (aus *Chile*) trägt eine **Strickweste.**

gîte *m* [ʒit] *[schite]* **Unterkunft, Herberge, Lager, Schlafstelle;** Bild: Die **Unterkunft** ist echt *shit.*

glaçage *m* [glasaʒ] *[glasasch]* **Torten-guss, Zuckerguss, Glanzgebung;** Bild: Auf den *Glas-Arsch* kommt ein *Zu-ckerguss*.

glace *f* [glas] *[glass]* **Eis, Spiegel, Scheibe;** Bild: *Eis*würfel im *Glas*.

globe *m* [glɔb] *[glob]* **Globus, Kugel;** Bild: Jürgen *Klopp* (Fußballtrainer) spielt Fußball mit einem *Globus*.

godiche [gɔdiʃ] *[godisch]* **dämlich, doof, dumm;** Bild: *Gothisch*e Kunst find' ich *doof*.

gore [gɔʀ] *[gor]* **Horror-;** Bild: Al *Gor*e (US-amerikanischer Vizeprä-sident und Friedensnobelpreisträger) spielt in einem *Horror*film mit.

gosse *mf* [gɔs] *[gos]* **Bengel, Göre, Kerlchen, Pimpf;** Bild: Der *Bengel* *goss* die Zimmerpflanzen mit Jauche.

gouine *f* [gwin] *[gwin]* **Lesbe;** Bild: Der Hauptg*'winn* (-gewinn) ist ein roman-tischer Abend mit der *Lesbe*.

gourde *f* [guʀd] *[gurde]* **Trinkflasche, Tollpatsch, Trottel;** Bild: auch die *Trinkflasche* immer beim Autofahren mit dem *Gurt* befestigen.

goure [guʀe] *[gure]* **sich vertun, sich täuschen, falschliegen;** Bild: Die Tau-be *liegt falsch*. Eigentlich sollte sie *gurre*n und nicht bellen.

gousse *f* [gus] *[gus]* **Schote, Hülse;** Bild: Die Vanille*schote* bekommt einen Schoko*guss*.

goûter [gute] *[gute]* **probieren, genießen;** Bild: nur das *Gute* **probieren.**

goutte *f* [gut] *[gut]* **Tropfen, Schlückchen, Schnäpschen;** Bild: Das **Schnäpschen** schmeckt *gut.*

gouverner [guvɛrne] *[guwärne]* **regieren, beherrschen;** Bild: Wir werden von einer *Kuh* aus der *Ferne* **regiert.**

grâce *f* [grɑs] *[gras]* **Anmut, Grazie;** Bild: Wenn sie *Gras* raucht, fehlt ihr die **Grazie.** (Sie sollte sich lieber *Mut* **an**trinken.)

graisser [grɛse] *[gräse]* **schmieren, anfetten, einfetten;** Bild: die Brunnen*kresse* schön mit dem Pinsel **einfetten.**

gramme *m* [gram] *[gramme]* **Gramm;** hört sich im Deutschen ähnlich an.

Grand prix *m* [grɑ̃pri] *[grohpri]* **Grand Prix, Großer Preis;** französisches Wort, das man im Deutschen auch benutzt.

gras(se) [grɑ, grɑs] *[gra, grase]* **fett, fettig, speckig, wohlgenährt;** Bild: Günter *Grass* (Schriftsteller) ist ganz schön **fett** geworden.

gratis [gratis] *[gratis]* **gratis, kostenlos;** hört sich im Deutschen ähnlich an.

grave [grav] *[grav]* **ernst, schwer(wiegend), ernsthaft;** Bild: Der *Graf* (Sänger) singt **ernsthaft**e Lieder.

greffe *f* [grɛf] *[gräff]* **Transplantation, Verpflanzung;** Bild: Die *Gräf*in (die Frau vom »unheiligen« Graf) nimmt eine Haar**transplantation** vor.

grêle *f* [grɛl] *[gräle]* **Hagel;** Bild: Vor dem *grell*en Licht konnte man den **Hagel** besonders gut sehen.

grès *m* [grɛ] *[grä]* **Sandstein, Steingut;** Bild: Die *Krä*he sitzt auf einem **Sandstein.**

griffe *f* [grif] *[griff]* **Kralle;** Bild: Als Tür*griff* war eine Tiger**kralle** angebracht.

griffer [grife] *[grife]* **kratzen, zerkratzen;** Bild: Der Lack hinter den Auto*griffe*n ist immer **zerkratzt.**

grille *f* [gʀij] *[grij] Gitter, Raster, Rost, Tabelle;* Bild: *Kri*eg *i*ch dich, dann kommst du hinter **Gitter**. Bild: Die *Gri*lle wird auf dem **Rost** gegrillt.

grimer [gʀime] *[grime] schminken;* Bild: Sie bekam den *Grimme*-Preis (Fernsehauszeichnung), weil sie so gut **schminken** konnte.

grimoire *m* [gʀimwaʀ] *[grimwar] Zauberbuch;* Bild: *Grimm war* nicht nur ein Märchenschreiber (Grimms Märchen), sondern auch der Verfasser eines **Zauberbuches**.

grimper [gʀɛ̃pe] *[grämpe] klettern, hinaufklettern, hinaufsteigen;* Bild: Das Kind **klettert** am Vater hoch und hält sich an der Hut*krempe* fest.

gripper [gʀipe] *[gripe] festsitzen, festbeißen;* Bild: Der *Grippe*virus hat sich **festgebissen**.

gris(e) [gʀi, gʀiz] *[gri, gris] grau, trüb;* Bild: Der *Grieß*brei ist **grau**.

griser [gʀize] *[grise] betäuben, berauschen, betrunken machen, die Sinne benebeln;* Bild: Wenn man **jemanden betrunken macht**, bekommt er eine Sinn*krise*.

groom *m* [gʀum] *[grume] Hoteljunge, Page;* Bild: Der **Hoteljunge** geht *krumm*, weil er so viele Koffer schleppen muss.

gros(se) [gʀo, gʀos] *[gro, gros] dick, fett, groß, umfangreich;* Bild: Er ist nicht nur *groß*, sondern auch **fett**.

grossesse *f* [gʀosɛs] *[grosäs] Schwangerschaft;* Bild: Man erwartet zwar 'was Kleines, aber eine **Schwangerschaft** ist etwas *Großes*.

grossir [gʀosiʀ] *[grosihr] zunehmen, dicker werden, größer werden, dick machen;* Bild: Die sind alle so *groß hier*. Ich glaube, hier **werde** ich auch *dicker*.

grouper [gʀupe] *[grupe] gruppieren, einteilen, zusammenstellen;* Bild: Die *Gruppe* wird in Klein*gruppe*n **eingeteilt**.

guère [gɛʀ] *[gär] kaum;* Bild: Es *gär*t **kaum** noch (Weinherstellung).

guerre *f* [gɛʀ] *[gär] Krieg;* Bild: Die *Ger*manen hatten für den **Krieg** nur den *Ger* (Speer).

H

habile [abil] *[abil] geschickt, gewandt, fingerfertig;* Bild: Die *Abbil*dung wurde **geschickt** gefälscht.

habit *m* [abi] *[abi] Frack, Kleidung, Kleider;* Bild: Zum *Abi*-Ball ziehe ich einen **Frack** an.

habiter [abite] *[abite]* **wohnen, bewohnen;** Bild: Wenn man ein *Abi* hat, kann man *Tee* zubereiten. Dann ist man auch in der Lage, selbstständig zu **wohnen.**

hache *f* [aʃ] *[asche]* **Axt;** Bild: Die **Axt** spaltet den *Arsch.*

haché(e) [aʃe] *[asche]* **klein gehackt;** Bild: Zu den **klein gehackt**en Zwiebeln kommt noch eine Prise *Asche* aus dem Kamin.

hacher [ʾaʃe] *[asche]* **zerkleinern, klein hacken;** Bild: die Petersilie **klein hacken** und dann mit der *Asche* vermengen.

haie *f* [ʾɛ] *[ä]* **Hecke, Hürde;** Bild: Bei jeder Hürde stöhnt der **Hürde**nläufer »*äh*«. Bild: Die *Haie* wohnen in einer **Hecke.**

hâlé(e) [ʾale] *[ale]* **sonnengebräunt;** Bild: *Alle* sind **sonnengebräunt.** Nur ich bin noch käseweiß.

hâler [ʾɑle] *[ale]* **bräunen;** Bild: *Alle* aalen sich in der Sonne, wenn sie sich **bräunen.**

halte *f* [ʾalt] *[alte]* **Halt, Pause;** Bild: Türsteher: »**Halt**, du kommst hier nicht rein. Du bist zu *alt*!«

haltère *m* [altɛʀ] *[altär]* **Hantel;** Bild: Selbst im hohen *Alter* von 101 stemmte er noch die **Hantel.**

hamster *m* [ʾamstɛʀ] *[amstär]* **Hamster;** Bild: Die **Hamster** kommen aus *Amster*dam.

handball *m* [ʾɑ̃dbal] *[ohndbal]* **Handball;** deutsches Wort, das in Frankreich bekannt ist.

haut(e) *m* [ʾo, ʾot] *[o, ot]* **Höhe, Hoch-, Ober-, hoch;** Bild: Oh, wie **hoch** der Heißluftballon fährt. (Er sieht aus wie ein »O«). Bild: Auf meiner *Haut* stellen sich die Haare **hoch.**

héler [ʾele] *[ele]* **herbeirufen, heranrufen, winken;** Bild: einen *Ele*fanten **herbeirufen** (indisches Taxi).

herbe *f* [ɛʀb] *[ärbe]* **Gras;** Bild: Das gesamte *Erbe* bestand lediglich aus einem Büschel **Gras.**

heure *f* [œʀ] *[öhr]* **Stunde, Uhr, Zeit;** Bild: Die **Uhr** ist so klein, die passt sogar durch ein Nadel*öhr.*

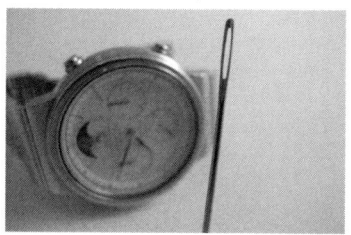

heureux, -euse [øʀø, -øz] *[örö, -ös]* **froh, glücklich;** Bild: Benjamin Blümchen trompetet: »T*ör*öh, ich bin **glücklich**!«

heurt *m* ['œʀ] *[ör] Aufprall, Zusammenstoß, Zusammenprall;* Bild: Nach dem **Zusammenstoß** passte das Auto durch ein Nadel*öhr*.

heurter ['œʀte] *[örte] aufeinanderprallen, gegeneinanderstoßen, zusammenstoßen;* Bild: Nachdem der Schüler seine Er*örte*rung abgegeben hatte, **prallte** er mit dem Lehrer **zusammen**.

hier [jɛʀ] *[iär] gestern;* Bild: Seit **gestern** ist die Untat ver*jähr*t.

histoire *f* [istwar] *[istwar] Geschichte;* Bild: Die **Geschichte** *ist wahr*.

hiver *m* [ivɛʀ] *[iwär] Winter;* Bild: *I*(ch) *wär* im **Winter** lieber in der Karibik.

hobby *m* ['ɔbi] *[obi] Hobby;* Bild: Die Idee des Firmennamens *OBI* geht auf die französische Aussprache des Wortes **Hobby** zurück.

hockey *m* ['ɔkɛ] *[okä] Hockey;* Bild: Die Schläger der Eis**hockey**mannschaft sind *ocker*farben.

Hollande *f* ['ɔllɑ̃d] *[ollohnde] Holland;* Bild: Der französische Staatspräsident François *Hollande* kommt aus **Holland**.

homme *m* [ɔm] *[ome] Mann, Mensch;* Bild: Ein **Mann** meditiert im Schneidersitz und singt »*OM*«.

hôpital *m* [ɔpital] *[opital] Krankenhaus;* Bild: Der *Opi* aus dem *Tal* kommt ins **Krankenhaus**.

horrible [ɔʀibl] *[orible] abscheulich, grauenhaft, schrecklich;* Bild: Wenn ich dir am *Ohr ribbl*e, dann siehst du mit deinen roten Ohren **grauenhaft** aus.

hors ['ɔʀ] *[or] außer(halb);* Bild: Das Außen*ohr* befindet sich **außerhalb** des Kopfes.

huile *f* [ɥil] *[wuile] Öl;* Bild: Ich *will* **Öl**.

I

idée *f* [ide] *[ide] Idee;* hört sich im Deutschen ähnlich an.

idiot(e) *mf* [idjo, idjɔt] *[idjo, idjot] Idiot;* hört sich im Deutschen ähnlich an.

idole *f* [idɔl] *[idol] Idol;* hört sich im Deutschen ähnlich an.

igloo *m* [iglu] *[iglu] Iglu;* hört sich im Deutschen ähnlich an.

image *f* [imaʒ] *[imasch] Bild;* Bild: das **Bild** *im Arsch*.

imaginer [imaʒine] *[imaschine] vorstellen;* Bild: *Im Maschine*nraum des Schiffes müssen sich beim Bewerbungsgespräch die Matrosen **vorstellen**.

immense [immɑ̃s] *[immohs]* **immens, enorm, unermesslich groß;** Bild: Trinkt man das Bier *im Maß*krug, ist der Rausch **enorm**.

impôt *m* [ɛ̃po] *[ahmpo]* **Steuer;** Bild: *Am Po* klebt der **Steuer**bescheid.

inerte [inɛʀt] *[inärt]* **leblos;** Bild: Wenn man *in* der *Erde* liegt, ist man meist schon **leblos**.

instant *m* [ɛ̃stɑ̃] *[asto]* **Augenblick, Moment;** Bild: Einen **Augenblick** (Wimpernschlag) lang konnte ich die *Aster* sehen.

ivresse *f* [ivʀɛs] *[ivräss]* **Trunkenheit, Rausch;** Bild: *I*(ch) *fress'* noch was, wenn ich einen **Rausch** hab', dann kann ich besser kotzen.

J

jade *mf* [ʒad] *[schade]* **Jade;** Bild: *Schade*! Es ist kein wertvoller Stein, sondern nur **Jade**.

jambon *m* [ʒɑ̃bɔ̃] *[schamboh]* **Schinken;** Bild: die Haare mit einem **Schinken** waschen statt mit *Shampoo*.

janvier *m* [ʒɑ̃vje] *[schohnvjä]* **Januar;** Bild: Im **Januar** ist *schon vier* Grad minus noch warm.

jaquette *f* [ʒakɛt] *[schakät]* **Schutzumschlag, Buchhülle;** Bild: In der Tasche des *Jacket*s steckt ein **Schutzumschlag**.

jardin *m* [ʒaʀdɛ̃] *[schardäh]* **Garten;** Bild: Ver*scharr den* Toten im **Garten**!

jargon *m* [ʒaʀgɔ̃] *[schargoh]* **Jargon, Kauderwelsch;** französisches Wort, das man im Deutschen auch benutzt.

jaune *m* [ʒon] *[schone]* **Gelb, gelb;** Bild: Die Knie*schone*r sind **gelb**.

jaunir [ʒoniʀ] *[schonir]* **vergilben, gelb werden;** Bild: Das *Scha*r*nier* ist total **vergilbt**.

jeu *m* [ʒø] *[schö]* **Spiel;** Bild: Das **Spiel** ist sehr *schö*n.

jeune *mf* [ʒœn] *[schön]* **jung, klein, jugendlich, Jugendliche(r);** Bild: **jung** und *schö*n.

joie *f* [ʒwa] *[schwa]* **Freude, Fröhlichkeit;** Bild: Vor lauter **Freude** wurde er *schwa*rz im Gesicht.

joli(e) [ʒɔli] *[scholi]* **hübsch, nett, angenehm;** Bild: Angelina *Jolie* (Schauspielerin) ist **hübsch**.

joue *f* [ʒu] *[schu]* **Backe, Wange;** Bild: Der hat 'nen *Schuh* an der **Backe**.

jouer [ʒwe] *[schwe]* **aufspielen, aufführen, abspielen, auswirken;** Bild: Es ist *schwe*r, das Theaterstück **auf**zu**führen**.

jouet *m* [ʒwɛ] *[schwä]* **Spielzeug;** Bild: Die Kiste mit dem **Spielzeug** ist *schwe*r.

joueur *f* [ʒwœʀ] *[schwör]* **Spieler, Zocker;** Bild: Der **Zocker** *schwör*t, nicht zu schummeln.

jouir [ʒwiʀ] *[schwir]* **genießen (etwas), einen Orgasmus haben;** Bild: Es ist manchmal *schwier*ig, etwas zu **genießen,** wenn alle um einen herum*schwir*ren.

jour *m* [ʒuʀ] *[schuhr]* **Tag;** Bild: Das Schaf muss jeden **Tag** zur *Schur*.

journée *f* [ʒuʀne] *[schurne]* **Tag;** Bild: jeden **Tag** auf T*our*nee! Da braucht man öfter mal neue *Schuh*'. Bild: Jeden **Tag** eine Schur. Da sagt das Schaf: »*Schur*? *Nee*!«

jumelle *f* [ʒymɛl] *[schümäl]* **Zwilling;** Bild: Einer der beiden **Zwilling**e setzt *Schimmel* an.

jumelles *f* [ʒymɛl] *[schümäl]* **Fernglas;** Bild: Ich guck mir den *Schimmel* vom Brot durchs **Fernglas** an.

juteux, -euse [ʒytø, -øs] *[schütö, -ös]* **saftig;** Bild: *Schütte* die **saftig**en Früchte in den Entsafter und du bekommst ein leckeres Getränk.

K

kaiser *m* [kɛjzɛʀ] *[käjsär]* **Kaiser;** deutsches Wort, das in Frankreich bekannt ist.

khôl *m* [kol] *[kol]* **Kajalstift;** Bild: Helmut *Kohl* schminkt seine Augen mit einem **Kajal**stift.

kiwi *m* [kiwi] *[kiwi]* **Kiwi;** hört sich im Deutschen ähnlich an.

kobold *m* [kobold] *[kobold]* **Kobold;** deutsches Wort, das in Frankreich bekannt ist.

L

label *m* [labɛl] *[labäl]* **Schutzmarke;** Bild: *Labell*o Lippenpflege ist eine **Schutzmarke.**

lâcher [laʃe] *[lasche]* **loslassen, fallen lassen, fliegen lassen;** Bild: den Briefumschlag an der *Lasche* festhalten und dann **loslassen.**

laine *f* [lɛn] *[läne]* **Wolle;** Bild: Ich *lehn* mich an das **Woll**geschäft und bestaune die Auslage im Schaufenster.

laisser [lese] *[lese]* **lassen, stehen lassen, übrig lassen;** Bild: Ich *lese* nicht. Ich **lasse** die Bücher **stehen.**

lame *f* [lam] *[lame]* **Klinge, Rasierklinge;** Bild: Das *Lamm* wird mit der **Rasierklinge** geschoren.

lance *f* [lãs] *[lahnse]* **Lanze, Spritzdüse;** Bild: Markus *Lanz* (Fernsehmoderator) kommt mit einer **Lanze** auf die Bühne.

land *m* [lãd] *[lohnd]* **Land (Bundesland);** deutsches Wort, das in Frankreich bekannt ist.

lapin *m* [lapɛ̃] *[lapöh]* **Kaninchen;** Bild: Das **Kaninchen** sitzt immer auf einem *Lappen.*

larme *f* [laʀm] *[larme]* **Träne;** Bild: Immer wenn der *Alarm* losgeht, bekommt der Feuerwehrmann Freuden*tränen.*

lasso *m* [laso] *[laso]* **Lasso;** hört sich im Deutschen ähnlich an.

lavabo *m* [lavabo] *[lavabo]* **Waschbecken;** Bild: Nachdem die Chili verdaut war, kam *Lava* aus dem *Po.* Es blieb ihm nichts anderes übrig, als sich auf das **Waschbecken** zu setzen.

laver [lave] *[lave]* **waschen, spülen, abwaschen;** Bild: Johann *Lafer* (Koch) wird in Zukunft nur noch Geschirr **spülen.**

lave-vaisselle *m* [lavvɛsɛl] *[lavväsäl]* **Geschirrspülmaschine;** Bild: Vor lauter *Love* (Liebe) hatte er sie an die **Geschirrspülmaschine** ge*fessel*t.

laxiste [laksist] *[laxist]* **locker, lax;** Bild: Wer *Lachs isst,* bleibt immer **locker.**

léche *f* [lɛʃ] *[läsch]* **kriechen (vor jemandem);** Bild: Während ich *vor* ihm *kriech*e, bleibt Harald *Lesch* (Physiker) *leg*er stehen und schaut auf mich herab.

lecture *f* [lɛktyʀ] *[läktür]* **Lesen;** Bild: Vor der Bibliothek *leck*en alle an der *Tür*, weil das **Lesen** so sinnlich ist.

léguer [lege] *[lege]* **vererben, vermachen, hinterlassen;** Bild: Mein bester Freund hat mir seine *Lege*henne (die Henne legt ständig Eier) **vererbt.**

léser [leze] *[lese]* **benachteiligen;** Bild: Wer nicht *lese*n kann, ist **benachteiligt.**

lester [lɛste] *[läste]* **Ballast laden, beschweren;** Bild: Ich *läste*r über das Geschenk: Ein Briefbeschwerer zum **Beschweren** von Briefen ist totaler Quatsch.

libeller [libele] *[libele]* **aufsetzen, ausfertigen, formulieren;** Bild: Als sie den Vertrag **aufsetzen** wollte, flog eine *Libelle* durch das Zimmer.

libérer [libeʀe] *[libereh]* **freilassen, entlassen;** Bild: Ich würde *lieber* das *Reh* **freilassen** als den Hirschen.

liberté *f* [libɛʀte] *[libärteh]* **Freiheit;** Bild: »Kaffee? – Oder *lieber Tee*?« Die **Freiheit** gönn ich mir.

lieu (1) *m* [ljø] *[ljö] Ort;* Bild: Fährt man in den *Ort* rein, jodeln alle: »Hollerö du*jö*!«

lieu (2) *m* [ljø] *[ljö] Seelachs;* Bild: Der *Seelachs* auf dem Teller jodelt: »Hollerö du*jö*!«

ligue [lige] *[lige] zusammenschließen, verbünden, verschwören;* Bild: Sie liegen alle auf ihren *Liege*stühlen am Pool und *verschwören* sich gegen den Angeber.

lila [lila] *[lila] lila(farben);* hört sich im Deutschen ähnlich an.

limer [lime] *[lime] feilen;* Bild: Die Römer stehen auf dem *Lime*s (Grenzwall) und *feilen Lime*tten glatt.

lingot *m* [lɛ̃go] *[lähgo] Barren (Gold-), Block;* Bild: ein *Lego*stein als Gold*barren*.

lire [lir] *[lire] lesen;* Bild: Die Schrift auf dem alten *Lire*-Scheinen kann man nicht mehr *lesen*.

lis *m* [lis] *[lis] Lilie;* Bild: *Liz* Taylor pflückt eine *Lilie*.

lisser [lise] *[lise] glätten, glatt streichen;* Bild: Tante *Lise streicht* die Tischdecke *glatt*.

lit *m* [li] *[li] Bett;* Bild: Man *li*egt im *Bett*.

livre *m* [livʀ] *[lihvre] Buch;* Bild: Heute kommt die *Buch-Liefer*ung.

lobe *m* [lɔb] *[lob] Ohrläppchen;* Bild: ein *Lob* über ihre *Ohrläppchen*.

longue *f* [lɔ̃g] *[lohnge] Zunge;* Bild: Sie hat eine *lang*e *Zunge*.

loque *f* [lɔk] *[lok] Lumpen, Fetzen;* Bild: Die *Lok* fährt über *Fetzen*.

loquet *m* [lɔkɛ] *[lokä] Riegel, Schnappschloss;* Bild: Er riss sich eine *Locke* vom Kopf, weil sich seine Haare an dem *Riegel* verhedderten.

loucher [luʃe] *[lusche] schielen;* Bild: Die *Lusche schielt* die ganze Zeit über.

louper [lupe] *[lupe] verfehlen, verpatzen, danebengehen;* Bild: Er konnte nicht glauben, dass er das Ziel *verfehlt hatte*. Daher sah er mit einer *Lupe* nach.

loustic *m* [lustik] *[lustik] Witzbold, Spaßmacher;* Bild: Der *Spaßmacher* ist *lustig*.

louve ƒ [luv] *[luve]* **Wölfin;** Bild: Eine **Wölfin** steht *luv*wärts (gegen den Wind) an Deck eines Schiffes und hat den Wind im Gesicht. Bild: Die **Wölfin** wird mit einem *Luf*tgewehr erschossen.

lover [lɔve] *[love]* **einrollen;** Bild: Der *Love*r (engl. für Geliebter) hat sich **eingerollt** wie eine Schlange.

lune ƒ [lyn] *[lün]* **Mond;** Bild: Nachdem man ihn ge*lyn*cht hatte, schoss man den Leichnam zum **Mond.**

lutte ƒ [lyt] *[lüt]* **Kampf, Bekämpfung, Wettkampf;** Bild: Nach dem (Box-) **kampf** war er ganz *lütt* (plattdeutsch für »klein«).

M

macérer [maseʀe] *[masere]* **einlegen, einweichen, einwässern;** Bild: Das *Reh* mit *Maser*n (*Maser*n-*Re*h) kann man noch in Rotwein **einlegen.**

mâcher [mɑʃe] *[masche]* **kauen;** Bild: Sie **kaute** Kaugummi und hatte eine Lauf*masche*. Bild: Die Frau mit der Lauf*masche* **kaut** Kaugummi.

machine ƒ [maʃin] *[maschine]* **Maschine, Dings;** Bild: Ich sag zu der *Maschin*e einfach nur **Dings,** weil ich den Namen nicht aussprechen kann.

magasin *m* [magazɛ̃] *[magasoh]* **Geschäft, Laden, Einkaufsmarkt;** Bild: In jedem **Geschäft** gibt es eine *Mager*-*Zo*ne mit kalorienreduzierten Lebensmitteln.

mage *m* [maʒ] *[masche]* **Magier;** Bild: Der **Magier** verwandelt Margarine in *Marsh*mallows.

mai *m* [mɛ] *[mä]* **Mai;** Bild: Ein **Mai**käfer *mä*ht den Rasen.

maille ƒ [mɑj] *[mai]* **Masche, Glied;** Bild: Der *Mai*käfer läuft entlang der Lauf**masche.**

maillet *m* [majɛ] *[maiä]* **Holzhammer;** Bild: Sepp *Maier* (Fußballlegende) steht mit einem **Holzhammer** im Tor.

maillot *m* [majo] *[majo]* **Badeanzug;** Bild: Damit man in den **Badeanzug** passt, kann man ein bisschen *Mayo*nnaise zum Einfetten nehmen.

main ƒ [mɛ̃] *[mäh]* **Hand;** Bild: Sie hat sich beim *Mäh*en die **Hand** fast abgetrennt. Bild: Ich wasche mir im *Main* die **Hand.**

maire *m* [mɛr] *[mär]* **Bürgermeister;** Bild: Der **Bürgermeister** geht ins *Meer.*

mairie ƒ [meʀi] *[meri]* **Rathaus, Stadtverwaltung;** Bild: *Mary* (z. B. Poppins) arbeitet im **Rathaus.**

mais [mɛ] *[mä]* **aber, sondern;** Bild: *Mäh* (mit dem Rasenmäher), **aber** sei vorsichtig! Bild: Reis schmeckt gut, **aber** *Mais* schmeckt besser.

maison *f* [mɛzɔ̃] *[mäsoh]* **Haus;** Bild: mit einem *Messer* ein **Haus** schnitzen. Bild: Das erste **Haus** wurde in *Meso*potamien gebaut.

maître *m* [mɛtʀ] *[mähtre]* **Meister, Lehrer;** Bild: Nur der **Lehrer** darf den *Mähdre*scher benutzen.

mal *f* [mal] *[mal]* **schlecht, böse, Böse;** Bild: *Mal* das **Böse** (Teufel).

malade [malad] *[malad]* **krank;** Bild: Die Mar*malad*e (englische Orangenmarmelade) macht mich **krank.**

mâle *m* [mɑl] *[male]* **männlich, Männchen;** Bild: Du erkennst es am Mutter*mal*, ob es ein **Männchen** ist.

malheur *m* [malœʀ] *[malöhr]* **Unglück;** Bild: Dem *Maler* ist ein **Unglück** passiert: Er hat mit der falschen Farbe das Zimmer gestrichen.

malt *m* [malt] *[malt]* **Malz;** Bild: Immer wenn sie *malt*, lutscht sie einen **Malz**bonbon. Immer wenn er *malt*, trinkt er **Malz**bier.

maltraiter [maltʀete] *[maltrete]* **misshandeln, heruntermachen;** Bild: *Mal* tut er mich *trete*n und mal schlagen

(schlecht deutsch). Er **misshandelt** mich.

mamie *f* [mami] *[mami]* **Oma;** Bild: Komplizierte Familienverhältnisse: Meine **Oma** ist auch gleichzeitig meine *Mami.*

manège *m* [manɛʒ] *[manäsch]* **Karussell;** Bild: In der Zirkus*manege* steht ein **Karussell.**

manger [mɑ̃ʒe] *[mohnsche]* **essen, fressen;** Bild: beim **Essen** mit den Speisen *mantsche*n.

manie *f* [mani] *[mani]* **Tick, Fimmel, Manie;** Bild: *Manni* hat einen **Tick** mit seinem Opel Manta (Marke).

manoir *m* [manwaʀ] *[manwar]* **Landsitz, Gutshaus;** Bild: Der *Mann war* im **Gutshaus**. Jetzt steht er davor.

manuelle [manɥɛl] *[manuel]* **handwerklich, manuell;** Bild: *Manuel* Neuer (Torwart) ist auch **handwerklich** begabt. Er baut sich sein Tor immer selber.

maquiller [makije] *[makije]* **schminken, fälschen, verdrehen, entstellen;** Bild: Wenn ich mich **schminke**, *markiere* ich die Augen und die Lippen. Bild: Ich *mag je*de, die sich **schminkt.**

marcel *m* [maʀsɛl] *[marsäl]* **Muscleshirt;** Bild: *Marcel* Reich-Ranicki trägt ein **Muscleshirt.**

marche *f* [maʀʃ] *[marsch]* **Marsch, Lauf, Gang, Fahrt;** hört sich im Deutschen ähnlich an.

marché *m* [maʀʃe] *[marscheh]* **Markt;** Bild: Die Demonstranten *marsch*ieren über den **Markt**. Bild: Der *Marsch* endet auf dem **Markt**.

mardi *m* [maʀdi] *[mardi]* **Dienstag;** Bild: *Martin* (z. B. Luther) kam an einem **Dienstag** zur Welt.

marge *f* [maʀʒ] *[marsche]* **Rand, Spielraum, Gewinn;** Bild: Der *Marsch* (der Ameisen) endete am Teller*rand*.

mari *m* [maʀi] *[mari]* **Ehemann;** Bild: Mein **Ehemann** war bei den Tanz*ma*rie*chen aktiv.

mariage *m* [maʀjaʒ] *[marjasch]* **Ehe;** Bild: *Mari*as *Arsch* wurde etwas zu groß. Das hatte Einfluss auf ihre **Ehe**.

maronner [maʀɔne] *[marone]* **maulen, knurren, murren;** Bild: Die *Marone*n schmecken lecker. Da kann man nicht **maulen**.

marque *f* [maʀk] *[marke]* **Spur, Fleck, Mal, Zeichen, Marke;** Bild: Das Mutter*mal* in ihrem Gesicht war so groß wie ein Fünf-*Mark*-Stück.

marquer [maʀke] *[marke]* **kennzeichnen, markieren;** Bild: die Polizei*mar*ke mit einem Marker **markieren**.

mars *m* [maʀs] *[mars]* **März;** Bild: Auf dem *Mars* fand man **März**becher (Blume).

masquer [maske] *[maske]* **verdecken, tarnen, verheimlichen;** Bild: Henry *Maske* (Boxer) **verdeckt** seine geschwollenen Augen.

massage *m* [masaʒ] *[masahsche]* **Massage;** Bild: Der *massige Arsch* wird durch **Massage** auch nicht kleiner.

masser [mase] *[mase]* **massieren;** Bild: die Teig*masse* ein**massieren**. So macht Backen Spaß.

match *m* [matʃ] *[matsch]* **Spiel;** Bild: Das **Spiel** fand im *Matsch* statt.

mater (1) [mate] *[mate]* **zur Vernunft bringen, bezwingen;** Bild: Mit *Mate*-Tee versuchte man, sie **zur Vernunft** zu **bringen**.

mater (2) [mate] *[mate]* **anglotzen;** Bild: Die *Made* im Apfel **glotzt** mich **an**.

matin *m* [matɛ̃] *[matä]* **Morgen, Vormittag;** Bild: Jeden **Morgen** treibe ich Gymnastik auf einer Turn*matte*.

matou *m* [matu] *[matu]* **Kater;** Bild: *Matu*la (Serienheld) hat sich einen **Kater** angeschafft.

mec *m* [mɛk] *[mäk]* **Typ, Kerl;** Bild: Der **Typ** geht immer zu *Mc*Donald's (Marke).

mêle *f* [mele] *[mele]* **vermischen, mischen, untermischen;** Bild: Anweisung: Nachdem alle Zutaten **vermischt** sind, die Kuchenform ein*mehle*n und den Teig einfüllen.

mémé *f* [meme] *[meme]* **Oma;** Bild: **Oma** ist keine *Memme.*

ménage *m* [menaʒ] *[menasche]* **Haushalt;** Bild: Die Frau beschwert sich: »Im ganzen **Haushalt** hilft kein *Män*ner Arsch mit.«

mentir [mɑ̃tiʀ] *[montir]* **lügen, schwindeln;** Bild: Ich **lüge**, wenn ich sage, dass ich die Reifen selber *montiere.*

mer *f* [mɛʀ] *[mär]* **Meer;** hört sich im Deutschen ähnlich an.

merci [mɛʀsi] *[märsi]* **danke;** Bild: Immer wenn ich **Danke** sagen möchte, verschenke ich eine *Merci*-Schokolade (Marke).

merde *f* [mɛʀd] *[märde]* **Scheiße;** Bild: Der *Mörde*r hat große **Scheiße** gebaut.

merder [mɛʀde] *[märde]* **Mist machen, schieflaufen;** Bild: Ich trinke immer dann, wenn etwas **schiefläuft,** *mehr Tee.*

mère *f* [mɛʀ] *[mär]* **Mutter;** Bild: **Mutter** schwimmt im *Meer.*

mériter [meʀite] *[merite]* **verdienen;** Bild: Wenn ich mal viel **verdiene,** dann trinke ich mit *Mary Tee.*

merle *m* [mɛʀl] *[märle]* **Amsel;** Bild: Der Zauberer *Merl*in hat sich selbst in eine **Amsel** verzaubert.

messie *m* [mesi] *[mesi]* **Messias;** Bild: Hat der **Messias** das *Messi*-Syndrom?

métier *m* [metje] *[metje]* **Beruf, Gewerbe, Handwerk, Metier;** Bild: In dem *Metier* kenn ich mich aus und hab es zum **Beruf** gemacht.

métre *m* [mɛtʀ] *[mätre]* **Meter;** Bild: Der *Mähdre*scher ist einen **Meter** breit.

métro *m* [metʀo] *[metro]* **U-Bahn;** Bild: In der **U-Bahn** steht jemand mit einem *Metro*nom.

mets *m* [mɛ] *[mä]* **Speise, Essen, Gericht;** Bild: Immer wenn ich den Rasen *mäh,* gibt's Götter**speise.**

mettre [mɛtʀ] *[mätre]* **tun, legen, stellen, setzen;** Bild: Den *Mähdr*escher kann man **legen, stellen** und **setzen.**

meuf *f* [mœf] *[möf]* **Tussi;** Bild: Die **Tussi** füttert eine *Möw*e.

miche *m* [miʃ] *[misch]* **Laib (Brotlaib), Hintern, Po;** Bild: Dieser **Laib** ist ein sehr gutes *Misch*brot.

midi (1) *m* [midi] *[midi]* **Mittag;** Bild: Der **Mittag** liegt *mitti*g im Tag.

midi (2) *m* [midi] *[midi]* **Süden;** Bild: Das war schön: im **Süden** *mit di*r.

miel *m* [mjɛl] *[mjäl]* **Honig;** Bild: Beim Backen kommt manchmal auch **Honig** ins *Mehl.*

milieu *m* [miljø] *[miljö]* **Mitte, Milieu;** Bild: Wenn du genau in die **Mitte** (Zielscheibe) triffst, gewinnst du ein *Milli-ö*nchen.

miner [mine] *[mine]* **angreifen, aufzehren, aushöhlen;** Bild: Die Gold*mine* wird von Räubern **angegriffen.**

minet *m* [minɛ] *[minä]* **Katze, Mieze(katze), Lackaffe;** Bild: Der *Minne*sänger (z. B. Walther von der Vogelweide) hatte immer eine **Miezekatze** bei sich.

ministre *mf* [ministʀ] *[ministre]* **Minister(in);** Bild: Alle **Minister** sind *Mini-Stre*ber.

mirage *m* [miʀaʒ] *[mirasch]* **Fata Morgana;** Bild: Die **Fata Morgana** geht *mir* am *A*rsch vorbei.

miroir *m* [miʀwaʀ] *[mirwar]* **Spiegel;** Bild: *Mir war* so, als hätte ich mich nicht im **Spiegel** gesehen.

mise *f* [miz] *[mise]* **Einsatz, Einlage, Anbringung;** Bild: Der hohe **Einsatz** hat sich nicht gelohnt. Er hatte nur *Mies*e gemacht. (Miese machen in der Krise)

mite *f* [mit] *[mite]* **Motte;** Bild: *Mitt*en im Zimmer fliegt eine **Motte.**

mi-temps *f* [mitɑ̃] *[mita]* **Halbzeit;** Bild: *Mitta*g ist **Halbzeit.**

mitonner [mitɔne] *[mitone]* **zubereiten, sorgfältig vorbereiten, ausklügeln;** Bild: Das Essen kann man *mit* oder *ohne* Zucker **zubereiten.**

moche [mɔʃ] *[mosch]* **hässlich, scheußlich;** Bild: Die *Mosch*ee war **hässlich.**

modeste [mɔdɛst] *[modest]* **bescheiden, sittsam;** Bild: Wer in der *M*itte des Sieger*podest*s steht, braucht ausnahmsweise nicht **bescheiden zu** sein. Bild: Der *Mode-S*tar ist privat sehr **bescheiden.**

moi [mwa] *[mwa]* **ich;** Bild: *Ich* versinke im *Moo*r.

moine *m* [mwan] *[mwan]* **Mönch;** Bild: In jedem **Mönch** steckt ein *Mann.*

mois *m* [mwa] *[mwa]* **Monat;** Bild: Am **Monat**sende gehe ich ins *Moor,* weil ich kein Geld mehr habe.

moite [mwat] *[mwat]* **feucht;** Bild: I*m Watt* ist es **feucht.**

moitié *f* [mwatje] *[mwatje]* **Hälfte;** Bild: Ich kann nur eine **Hälfte** vom *Matje*s-Hering essen.

monastère *m* [mɔnastɛʀ] *[monastähr]* **Kloster;** Bild: Im **Kloster**garten wachsen *Mohn* und *Aster*n.

monde *m* [mɔ̃d] *[mohd]* **Welt;** Bild: Vom *Mond* aus gesehen, sieht die **Welt** ziemlich klein aus.

monnaie *f* [mɔnɛ] *[monä]* **Geld, Währung, Münze;** Bild: Das Porte*monnaie* ist ein Tor zum **Geld.**

monteau *m* [mɑ̃to] *[mohnto]* **Mantel;** Bild: Auf der *Mond*oberfläche fanden die Astronauten einen **Mantel.**

montée *f* [mɔ̃te] *[mohnte]* **Aufstieg, Anstieg, Anwachsen;** Bild: Der **Aufstieg** (auf den Berg) erwies sich als sehr schwierig. Doch wir belohnten uns mit einem Tee im Mondschein (*Mond-Tee*).

monter [mɔ̃te] *[mohnte]* **hinaufsteigen, heraufsteigen, aufsteigen;** Bild: Wenn man mit einer Leiter zum Mond **hinaufsteigt,** kann man auf dem *Mond* Tee trinken.

montre *f* [mɔ̃tʀ] *[mohntre]* **Uhr, Armbanduhr, Taschenuhr;** Bild: Der *Mond* mit einem *Reh* als Zeiger ist eine *Mond-Reh-***Uhr.**

montrer *f* [mɔ̃tʀe] *[mohntre]* **beweisen, aufzeigen, erkennen lassen;** Bild: Du musst erst einmal **beweisen,** dass es auf dem *Mond* ein *Reh* gibt.

monture *f* [mɔ̃tyʀ] *[montür]* **Gestell, Reittier;** Bild: Die *Tür* auf dem *Mond* (*Mond-Tür*) ist durch ein **Gestell** blockiert.

morceau *m* [mɔʀso] *[morso]* **Stück;** Bild: mit drei **Stück** Kuchen ein »O« *mors*en (lang – lang – lang = drei Stücke Kuchen).

mordre [mɔʀdʀ] *[mordre]* **beißen, anbeißen, ködern lassen;** Bild: in das er*mord*ete *Reh* **beißen.**

morgue *f* [mɔʀg] *[morg]* **Leichenschauhaus;** Bild: Der Friedhofsgärtner kommt jeden *Morg*en ins **Leichenschauhaus** und sagt: »*Morg*enstund hat Gold im Mund.«

morse (1) *m* [mɔʀs] *[morse]* **Walross;** Bild: Ein **Walross** *mors*t mit seinen Stoßzähnen SOS.

morse (2) *m* [mɔʀs] *[morse]* **Morsezeichen;** Bild: **Morsezeichen** kann man *mors*en.

mort *f* [mɔʀ] *[mor]* **Tod;** Bild: Der **Tod** kommt aus dem *Moor.*

mort(e) [mɔʀ, mɔʀt] *[mor, mort]* **tot, erledigt sein, erloschen, ausgestorben sein;** Bild: Nach dem *Mord* war er **tot**.

morve *f* [mɔʀv] *[morwe]* **Rotz, Nasenschleim;** Bild: Als sie *Morph*ium bekam, floss aus ihrer Nase der **Nasenschleim**.

Moscou [mɔsku] *[mosku]* **Moskau;** Bild: Auf dem Roten Platz in **Moskau** frisst eine *Kuh Moos* (*Moos-Kuh*).

mou *m* [mu] *[mu]* **Weichling, Waschlappen;** Bild: Nicht nur die Kuh, sondern auch der **Weichling** macht »*Muh*«.

mouche *f* [muʃ] *[musche]* **Fliege;** Bild: Auf der *Musch*el oder *Musch*i (Katze) sitzt eine **Fliege**.

moucher [muʃe] *[musche]* **sich schnäuzen;** Bild: sich mit einer *Musch*el **schnäuzen**.

mouchoir *m* [muʃwaʀ] *[muschwar]* **Taschentuch;** Bild: Die *Musch*el *war* in ein **Taschentuch** eingewickelt.

moue *f* [mu] *[mu]* **schiefes Gesicht, Schnute;** Bild: Die Kuh macht »*muh*« und hat dabei ein **schiefes Gesicht**.

moufle *f* [mufl] *[mufle]* **Fausthandschuh, Fäustling;** Bild: Die **Fäustling**e fangen schon an zu *muff*eln. Man sollte sie mal waschen.

moule (1) *m* [mul] *[mule]* **Form, Kuchenform;** Bild: In der **Kuchenform** liegt eine *Mull*binde.

moule (2) *m* [mul] *[mule]* **Miesmuschel;** Bild: Die **Miesmuschel** ist mit einer *Mull*binde zusammengebunden.

mousse *f* [mus] *[mus]* **Schaum;** Bild: Auf das Apfel*mus* kommt noch ein bisschen Rasier**schaum**.

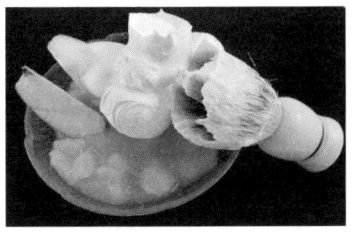

mousser [muse] *[muse]* **schäumen;**
Bild: Im *Muse*um wird Milch für den
Cappuccino auf**geschäumt.**

moustique *m* [mustik] *[mustik]* **Stech-**
mücke, Moskito; Bild: Das Apfel*mus*
macht die **Stechmücke** *dick.*

mouton *m* [mutɔ] *[mutoh]* **Schaf;**
Bild: Die *Mutter* legt ihr Baby auf ein
Schafsfell. Bild: Das **Schaf** trinkt sich
Mut oh (fränkisch für: »Mut an«).

muesli *m* [mysli] *[müsli]* **Müsli;** hört
sich im Deutschen ähnlich an.

muguet *m* [mygɛ] *[mügä]* **Maiglöck-**
chen; Bild: Eine *Mücke* sitzt auf einem
Maiglöckchen.

mule (1) *f* [myl] *[mül]* **Pantoffel, Haus-**
schuh; Bild: Der **Pantoffel** liegt im
*Müll*eimer.

mule (2) *f* [myl] *[mül]* **Mauleselin;**
Bild: Die **Mauleselin** frisst aus dem
*Müll*eimer.

mur *m* [myʀ] *[mür]* **Mauer, Wand;**
Bild: Den *Mür*bteig muss man an die
Wand klatschen.

musée *m* [myze] *[müse]* **Museum;**
Bild: Es ist *mühse*lig im **Museum**, weil
alle reingehen *müsse*n.

musique *f* [myzik] *[müsik]* **Musik;**
Bild: Es ist *müßig*, sich die **Musik** an-
zuhören.

N

nager [naʒe] *[nasche]* **schwimmen;**
Bild: Alle *nasche*n, wenn sie **schwim-**
men. Bild: Alle *Nager* können **schwim-**
men.

naguère [nagɛʀ] *[nagär]* **einst, un-**
längst; Bild: **Einst** hatten die *Nager*
(Nagetiere) riesige Schneidezähne (hat
*Einst*ein bewiesen).

nappe *f* [nap] *[nap]* **Tischtuch;** Bild:
ein **Tischtuch** aus *Nap*paleder.

nase [naz] *[nas]* **kaputt, k. o., fix und**
fertig; Bild: Das Streichholz ist **kaputt**,
wenn es *nass* ist. Bild: Nachdem er ihn
auf die *Nas*e geschlagen hatte, war er
k. o.

natte *f* [nat] *[nate]* **Zopf;** Bild: Nein, es war kein **Zopf**. Es war eine Ringel*natt*er.

naviguer [navige] *[nawige]* **navigieren, fahren, fliegen, viel auf Reisen sein;** Bild: »*Na, wie ge*ht's?« – »Prima, ich **bin viel auf Reisen** (mit Navi).«

net(te) [nɛt] *[nät]* **sauber, ordentlich, klar;** Bild: Das ist *nett* von dir, dass du mein Zimmer so **ordentlich** aufgeräumt hast.

nettement [nɛtmɑ̃] *[nätmoh]* **deutlich, unmissverständlich, eindeutig;** Bild: **deutlich** sagen, dass man ein *nett*er *Mo* (süddt. für Mann) ist.

neveu *m* [nəvø] *[nevö]* **Neffe;** Bild: Mein **Neffe** ist sehr *ne*r*vö*s.

nez *m* [ne] *[ne]* **Nase;** Bild: *Ne*e, die **Nase** gefällt mir nicht!

Nice [nis] *[nis]* **Nizza;** Bild: Ich *nies* immer erst einmal, wenn ich in **Nizza** ankomme (Heuschnupfen).

nicher [niʃe] *[nische]* **nisten, hausen;** Bild: Die Vögel **nisten** in der *Nische*.

nid *m* [ni] *[ni]* **Nest;** Bild: »Du hast noch *nie* ein **Nest** gesehen?«

niveau *mf* [nivo] *[niwo]* **Niveau, Höhe (f), -stand (m);** französisches Wort, das man im Deutschen auch benutzt.

Noël *m* [nɔɛl] *[noel]* **Weihnachten;** Bild: Zu **Weihnachten** wird am meisten herumge*nöl*t (genörgelt).

note *f* [nɔt] *[not]* **Note, Notiz, Anmerkung;** Bild: Die *Not*rufnummer sollte man als **Notiz** aufschreiben.

noter [nɔte] *[note]* **aufschreiben;** Bild: eine Musik*note* **aufschreiben.**

O

obéir [ɔbeiʀ] *[obe'ir]* **gehorchen, folgen (jemandem);** Bild: *Ob er ihr gehorchen* wird, wird sich zeigen.

œil *m* [œj, jø] *[öj, jö]* **Auge;** Bild: *Jö*rg (z. B. Pilawa) hat eins aufs **Auge** bekommen. Bild: Der Alm-*Öhi* (aus »Heidi«) bekommt vom Ziegenpeter eins aufs **Auge.**

œuf *m* [œf, ø] *[öf, ö]* **Ei;** Bild: mit dem Dosenöffner ein **Ei** *öff*nen.

oie *f* [wa] *[wa]* **Gans;** Bild: Kein Traum, es *war wahr*! – Die (Weihnachts)**gans** *war* ganz.

ongle *m* [ɔ̃gl] *[ongle]* **Nagel (Fuß-, Finger-);** Bild: Mein *Onkel* kaut an seinem Finger**nagel.**

or *f* [ɔʀ] *[or]* **Gold, golden;** Bild: Sie hat ein *Ohr* aus **Gold.**

orage *m* [ɔʀaʒ] *[orahsche]* **Gewitter;** Bild: Nach dem **Gewitter** regnete es *Orang*en.

organe *m* [ɔʀgan] *[organe]* **Organ;** hört sich im Deutschen ähnlich an.

P

page *f* [paʒ] *[pasche]* **Seite;** Bild: Auf einer Buch**seite** liegt ein Würfel*pasch*.

panier *m* [panje] *[panje]* **Korb;** Bild: In einem **Korb** liegen *panie*rte Schnitzel.

panique *f* [panik] *[panik]* **Panik;** hört sich im Deutschen ähnlich an.

panne *f* [pan] *[pan]* **Panne;** Bild: Fahr mit der *Bahn*, dann hast du keine **Panne**.

pantalon *m* [pɑ̃talɔ̃] *[pohtaloh]* **Hose;** Bild: Die **Hose** verdeckt die *Po-Tei*-*lung*. Bild: Ich ziehe lieber die **Hose** an, sonst sieht man im *Po-Tal* das »*o*«.

papi *m* [papi] *[papi]* **Opa;** Bild: Papis *Papi* ist der **Opa.**

papillon *m* [papijɔ̃] *[papijoh]* **Schmetterling;** Bild: Einst flog ein Papier-**Schmetterling** durch *Babylon* (um den Turm).

Pâques *f* [pɑk] *[pack]* **Ostern;** Bild: Ich *pack* zu **Ostern** meinen Koffer.

paquet *m* [pakɛ] *[pakä]* **Paket;** Bild: Ich *packe* das **Paket** aus.

paradis *m* [paradi] *[paradi]* **Paradies;** Bild: Im **Paradies** gibt es keine Wörter mit »S«. Dann eben nur: *Paradi*!

parc *m* [paʀk] *[park]* **Park(anlage);** hört sich im Deutschen ähnlich an.

parler [paʀle] *[parle]* **sprechen;** Bild: Ein *Paar le*bt, wenn es **spricht**.

parole *f* [paʀɔl] *[parole]* **Sprechen, Sprache, Wort, Rede;** Bild: Das Braut*paar roll*t das »R« beim **Sprechen**.

parquer [paʀke] *[parke]* **parken, einpferchen, zusammenpferchen;** Bild: Ich kann nicht **parken**: Ich parke *quer*!

part *f* [paʀ] *[paar]* **Teil, Stück;** Bild: Ein *Paar* besteht aus zwei **Teil**en.

partage *m* [partaʒ] *[partasch]* **Aufteilung, Teilung, Verteilung;** Bild: Folgende **Aufteilung,** um den *Bart-Arsch* zu rasieren: du links, ich rechts.

parti *m* [paʀti] *[parti]* **Partei;** Bild: Die **Partei** feiert eine wilde *Party.*

partie *f* [paʀti] *[parti]* **Teil, Partie (Spiel);** Bild: Einen **Teil** der Kosten für die *Party* übernehme ich.

partir [paʀtiʀ] *[partir]* **gehen (wegge-hen), abfliegen, aufbrechen;** Bild: Ein *Bart-Tier* (Tier mit langem Bart) **geht weg.**

partouze *f* [paʀtuz] *[partuhs]* **Orgie, Sexorgie;** Bild: Das *Paar tut*'s und nimmt an der **Orgie** teil.

passoire *f* [paswaʀ] *[passwahr]* **Sieb;** Bild: Lange gesucht! Der (Reise-)*Pass war* im **Sieb.**

pâtée *f* [pɑte] *[pate]* **Futter;** Bild: Der *Pate*nonkel kauft **Futter** im Zoo.

patrie *f* [patʀi] *[patri]* **Heimat;** Bild: Die *Batt*erie kommt aus der **Heimat.**

patron(ne) *mf* [patʀõ, ɔn] *[patroh, -on]* **Chef(in);** Bild: Die **Chefin** hat einen *Patron*engurt um.

patte *f* [pat] *[pat]* **Bein;** Bild: Er legte sein **Bein** aufs Schachbrett, um ein *Patt* zu vermeiden.

pause *f* [poz] *[pose]* **Pause;** Bild: In der **Pause** stellen sich alle in *Pos*e. Schreibt man wie im Deutschen.

pause-café *f* [pozkafe] *[poskafe]* **Kaffeepause;** Bild: In der **Kaffeepause** kann man auch mit dem *Boss Kaffee* trinken.

pauvre *mf* [povʀ] *[povr]* **arm, ärmlich, der/die Arme;** Bild: **Der Arme** muss *Puffr*eis essen.

paysage *m* [peizaʒ] *[peisasch]* **Landschaft;** Bild: Mitten in der **Landschaft** *beiß*t mir jemand in den *Arsch.*

peau *f* [po] *[po]* **Haut, Fell, Schale;** Bild: Der *Po* hat eine **Haut** wie **Fell.**

peine *f* [pɛn] *[pän]* **Kummer, Leid, Mühsal, Mühe;** Bild: Der *Pen*ner hat großen **Kummer.**

peiner [pene] *[pene]* **traurig, beküm-mert, betrübt;** Bild: Der *Penne*r ist **traurig.**

pelle *f* [pɛl] *[päle]* **Schaufel, Spaten;** Bild: Gärtnerhockey: Man spielt sich mit einem **Spaten** die *Bälle* zu. Bild: mit einer **Schaufel** die *Pelle* einer Kartoffel entfernen.

pelouse *f* [p(ə)luz] *[p(ö)lus]* **Rasen, Liegewiese;** Bild: Auf der **Liegewiese** ziehen alle ihre *Blus*en aus und machen *Plus*-Aufgaben.

pencher [pɑʃe] *[pohsche]* **neigen, sich biegen, Schlagseite haben;** Bild: Um in den *Porsche* zu kommen, muss ich **mich biegen.**

pensée *f* [pɑ̃se] *[pohse]* **Gedanke;** Bild: Wenn ich deinen *Po seh*, dann habe ich andere **Gedanke**n.

perdu(e) [pɛʀdy] *[pärdü]* **verloren, aussichtslos, herrenlos, durcheinan-der;** Bild: Nachdem es **aussichtslos** schien, waren wir *per Du*. Bild: Der *Bär* auf der *Dü*ne ist **herrenlos**.

père *m* [pɛʀ] *[pähre]* **Vater, Pater, Senior;** Bild: *Peer* Steinbrück (Politiker) ist **Vater** von drei Kindern.

persil *m* [pɛʀsi] *[pärsi]* **Petersilie;** Bild: Seitdem ich mit ihr wieder *per Sie* bin, schenkt sie mir immer einen Bund **Petersilie**. Bild: mit **Petersilie**n-*Persi*l (Marke) Wäsche waschen.

pester [pɛste] *[peste]* **schimpfen, schelten;** Bild: Das *Beste* ist, man kann mit ihm auch **schimpfen**.

péter [pete] *[pete]* **furzen, platzen, explodieren;** Bild: Immer wenn man Rote *Bete* isst, muss man unglaublich **furzen**. Bild: *Peter* (z. B. Maffay) muss auf der Bühne ständig **furzen**.

peton *m* [pətɔ̃] *[petoh]* **Füßchen;** Bild: Mit den kleinen **Füßchen** des Babys hatte man einen Abdruck im *Beton* gemacht.

phare *m* [faʀ] *[fahre]* **Scheinwerfer;** Bild: *Fahr* nie ohne **Scheinwerfer** bei Nacht.

philtre *m* [filtʀ] *[filtre]* **Liebestrank, Zaubertrank;** Bild: Ich *filtre* (filtriere) den **Liebestrank**, damit keine Rückstände mehr drin sind.

photo *f* [fɔto] *[foto]* **Foto, Bild, Aufnahme;** hört sich im Deutschen ähnlich an.

piaf *m* [pjaf] *[pjaf]* **Spatz;** Bild: Edith *Piaf* (1,47 m kleine Sängerin) war der »kleine **Spatz**« von Paris.

pianiste *mf* [pjanist] *[pjaniste]* **Pianist;** hört sich im Deutschen ähnlich an.

piano *m* [pjano] *[pjano]* **Klavier, Piano;** hört sich im Deutschen ähnlich an.

pic *m* [pik] *[pik]* **Bergspitze, Gipfel;** Bild: Der *Gipfel* war so spitz, dass sich der Bergsteiger daran ge*piek*st hat.

pierre *f* [pjɛʀ] *[piähr]* **Stein;** Bild: *Pierre* Brice (Winnetou-Darsteller) wurde mit einem **Stein** erschlagen.

pile (1) *f* [pil] *[pile]* **Stapel, Haufen, Pfeiler, Säule;** Bild: Auf dem Zeitungs**stapel** liegen die *Pille*n.

pile (2) [pil] *[pile]* **pünktlich, gerade richtig;** Bild: Du musst **pünktlich** deine *Pille*n nehmen.

pile (3) *f* [pil] *[pile]* **Münzvorderseite;** Bild: Auf der **Münzvorderseite** liegt eine *Pille* (zum Größenvergleich).

piscine *f* [pisin] *[pisin]* **Schwimmbad, Swimmingpool;** Bild: Ein **Schwimmbad** ist kein Drive-in, sondern ein *Pisin*.

piste *f* [pist] *[pist]* **Spur, Fährte, Piste;** schreibt man wie im Deutschen; Bild: Auf der Ski*piste* steht ein Skifahrer und *pisst.*

pizza *f* [pidza] *[pizza]* **Pizza;** hört sich im Deutschen ähnlich an.

place *f* [plas] *[plas]* **Platz, Ort, Stelle;** Bild: Auf einem großen **Platz** steht jemand, der ganz *blass* ist.

placide *f* [plasid] *[plasid]* **ruhig, sanft;** Bild: *Placid*o Domingo (Opernsänger) war ein *sanft*er Typ (deshalb hat er sich in einer Sänfte tragen lassen).

plaie *f* [plɛ] *[plä]* **Wunde, Plage;** Bild: Die **Wunde** heilt am besten, wenn man ein *Plä*tzchen drauflegt.

plaire [plɛʀ] *[plär]* **gefallen (jemandem);** Bild: Tony *Blair* (britischer Politiker) hat sich redlich bemüht, allen zu **gefallen.**

planche *f* [plɑ̃ʃ] *[plohsch]* **Brett;** Bild: Ein **Brett** schwimmt im *Plantsch*becken.

planer [plane] *[plane]* **schweben, gleiten;** Bild: Der *Plane*t **schwebt** im Weltraum.

planète *f* [planɛt] *[planät]* **Planet;** hört sich im Deutschen ähnlich an.

plante *f* [plɑ̃t] *[plohnte]* **Pflanze;** Bild: Der Architekt *plant*e die **Pflanze**n mit ein. Bild: Sie wird mit einer Zimmer-*pflanze* belohnt.

plaque *f* [plak] *[plak]* **Schild, Plakette, Platte;** Bild: Die TÜV-*Plak*ette klebt auf einem Schutz*schild*.

plaquer [plake] *[plake]* **hinschmeißen, aufgeben, sitzen lassen, an den Nagel hängen;** Bild: den Kampf gegen die Heuschrecken*plage* **aufgeben.**

plastique *m* [plastik] *[plastik]* **Plastik, Kunststoff;** hört sich im Deutschen ähnlich an.

plateau *m* [plato] *[plato]* **Tablett, Präsentierteller, Spielbrett, (Hoch)plateau;** Bild: Die *Plateau*schuhe werden auf dem **Tablett** serviert.

plume *f* [plym] *[plüm]* **Feder;** Bild: ein Strauß aus Gänse*blüm*chen und **Feder**n.

poche (1) *f* [pɔʃ] *[posch]* **Tasche;** Bild: Zu jedem Heimwerkergerät gibt's jetzt auch noch eine *Bosch*-**Tasche.**

poche (2) *f* [pɔʃ] *[posch]* **Taschenbuch;** Bild: *Bosch* (Marke) verlegt neuerdings **Taschenbüch**er.

pochoir *m* [pɔʃwaʀ] *[poschwar]* **Schablone;** Bild: Das Unternehmen *Bosch war* früher ein Hersteller für **Schablone**n.

poids *m* [pwɑ] *[pwua]* **Gewicht, Körpergewicht;** Bild: »*Pwua*! (Ausdruck der Verwunderung), unglaublich, sein **Körpergewicht.**«

pois *m* [pwa] *[pua]* **Erbse;** Bild: Die **Erbse**n mag ich am liebsten *pur* aus der Dose.

poisson *m* [pwasɔ̃] *[puason]* **Fisch;** Bild: Der *Bua* (bayerisch für Junge), der den großen **Fisch** gefangen hat, ist mein *Sohn.*

polar *m* [pɔlaʀ] *[polar]* **Krimi;** Bild: Die Mitglieder der *Polar*expedition schauten sich alle einen **Krimi** an.

politesse *f* [pɔlitɛs] *[politäs]* **Höflichkeit;** Bild: Die *Politess*e war die **Höflichkeit** in Person. Gerne hab' ich mein Bußgeld bezahlt.

pommade *f* [pɔmad] *[pomade]* **Salbe;** Bild: *Pomade* brauch' ich keine mehr. Jetzt nehm' ich die **Salbe** gegen Sonnenbrand.

pomme *f* [pɔm] *[pome]* **Apfel;** Bild: Selbst zum **Apfel** gibt's *Pomm*es.

pomper [pɔ̃pe] *[pohmpe]* **pumpen;** Bild: eine *Bombe* auf**pumpen**.

porc *m* [pɔʀ] *[por]* **Schwein, Schweinefleisch;** Bild: Ein **Schwein** fährt *Por*sche (Marke).

porte *f* [pɔʀt] *[porte]* **Tor, Tür;** Bild: Direkt hinter der **Tür** befindet sich das teure *Por(t)*zellan.

porter [pɔʀte] *[porte]* **tragen;** Bild: Der Zusteller **trägt** die Kartons bis zur *Pforte.*

portier, -ière *mf* [pɔʀtje, -jɛʀ] *[portje, -jär]* **Portier, Portiersfrau;** französisches Wort, das man im Deutschen auch benutzt.

portrait *m* [pɔʀtʀɛ] *[porträ]* **Porträt;** französisches Wort, das man im Deutschen auch benutzt.

pose *f* [poz] *[pos]* **Pose, Körperhaltung, Belichtung;** Bild: Schon an seiner **Körperhaltung** kann man erkennen, wer hier der *Boss* ist.

poster *m* [pɔstɛʀ] *[postär]* **Poster;** hört sich im Deutschen ähnlich an.

postiche *m* [pɔstiʃ] *[postisch]* **falsch, Toupet;** Bild: Der *Boss* auf dem *Tisch* nimmt seine **falsch**en Haare (**Toupet**) ab.

pot *m* [po] *[po]* **Topf, Pot, Kanne;** Bild: Mit dem *Po* setzt man sich auf den **Topf**.

potage *m* [pɔtaʒ] *[potasche]* **Suppe;** Bild: Manche **Suppe**n werden mit *Pottasch*e abgeschmeckt.

pote *m* [pɔt] *[pot]* **Kumpel;** Bild: Mit meinem **Kumpel** trinke ich einen *Pott* Kaffee.

pouce *m* [pus] *[puse]* **Daumen, großer Zeh;** Bild: Ein *Bus* ist über meinen **großen Zeh** gefahren.

poudre *f* [pudʀ] *[pudr]* **Pulver;** Bild: sich mit Schieß**pulver** das Gesicht *pudern*.

poule *f* [pul] *[pul]* **Huhn, Henne;** Bild: Das **Huhn** sonnt sich am *Pool*.

poulet *m* [pulɛ] *[pulä]* **Huhn, Hähnchen;** Bild: Das **Huhn** macht einen kräftigen Schluck aus der *Pulle* (Flasche).

poupée *f* [pupe] *[pupe]* **Puppe;** hört sich im Deutschen ähnlich an.

pour [puʀ] *[pur]* **für;** Bild: **Für** ein *Pur*- (Deutschrockband) Konzert kann man viel Geld ausgeben.

pourquoi *m* [puʀkwa] *[purkwa]* **warum, das Warum/der Grund;** Bild: Der *Burgwart* fragt, **warum** die Banane krumm ist.

pousser [puse] *[puse]* **schieben, drängeln;** Bild: In den *Bussen* sind **Schieben** und **Drängeln** an der Tagesordnung.

poussière *f* [pusjɛʀ] *[pusjär]* **Staub;** Bild: Weil der *Bus* nur einmal *jähr*lich kommt, wirbelt er ziemlich viel **Staub** auf.

pouvoir (1) *m* [puvwaʀ] *[puvwar]* **Macht, Kraft, Herrschaft;** Bild: Bevor er im *Puff war*, konnte der Politiker noch seine **Macht** ausüben.

pouvoir (2) *m* [puvwaʀ] *[puvwar]* **können, dürfen;** Bild: Er **kann (darf)** nicht mehr, weil er im Puff war.

pré *m* [pʀe] *[pre]* **Wiese, Aue, Weide;** Bild: Die *Pre*digt findet auf der **Wiese** statt.

présent(e) [pʀezɑ̃, -ɑ̃t] *[preso, - ot]* **anwesend;** Bild: Alle, die **anwesend** sind, bekommen einen *Bresso*-Frischkäse (Marke).

presser (1) [pʀese] *[prese]* **auspressen, ausdrücken;** Bild: In der Saft*presse* werden die Früchte **ausgedrückt**.

presser (2) [pʀese] *[prese]* **beschleunigen, unterstützen, vorantreiben;** Bild: Der Skandal wird noch von *Presse*artikeln **beschleunigt**.

prestige *m* [pʀestiʒ] *[prästische]* **Prestige, Ansehen;** französisches Wort, das man im Deutschen auch benutzt.

printemps *m* [pʀɛ̃tɑ̃] *[prähtäh]* **Frühling;** Bild: Im **Frühling** werden die *Bretter* draußen gestrichen.

priser [pʀize] *[prise]* **schnupfen;** Bild: eine *Prise* Schnupftabak **schnupfen.**

privé(e) [pʀive] *[prive]* **privat;** Bild: **Privat** schrieben sie sich ständig *Briefe.*

prochain(e) *mf* [pʀoʃɛ̃, -ɛn] *[proschäh]* **nächste, nächster, nächstes, die/der/ das Nächste;** Bild: »Die **nächste** *Brosche* wird nicht so teuer sein, Schatzilein!«

prodigue [pʀodig] *[prodig]* **verschwenderisch;** Bild: aufs *Brot* dick die Butter streichen. Ist das schon **verschwenderisch?**

profit *m* [pʀofi] *[profi]* **Profit, Gewinn;** Bild: Nur der *Profi* macht **Gewinn.**

prout *m* [pʀut] *[prut]* **Pups;** Bild: Der **Pups** gehört zum *Brut*verhalten der Henne.

Prusse *f* [pʀys] *[prüs]* **Preußen;** Bild: In *Brüss*el (Europäisches Parlament) werden die **Preußen** nicht wahrgenommen.

pub *m* [pœb] *[pöb]* **Pub;** Bild: In dem **Pub** wird man nur ange*pöb*elt.

pureté *f* [pyʀte] *[pürte]* **Reinheit, Makellosigkeit;** Bild: Der Anspruch auf **Makellosigkeit** ist eine *Bürde.*

Q

quartier *m* [kaʀtje] *[kartje]* **Ortsteil, Viertel, Stadtbezirk;** Bild: In unserem **Ortsteil** gibt es ein Geschäft, das *Cartier-* (Marke) Uhren verkauft.

quatre *m* [katʀ(ə)] *[katre]* **vier, Vier;** Bild: Katzen haben neun Leben, aber der *Kat*er nur **vier.**

quel(le) [kɛl] *[käl]* **welche, welcher, welches, was für ein(e);** Bild: **Welcher** *Ker*l passt zu mir? Bild: **Welche** *Quelle* ist nicht vergiftet?

quelque chose [kɛlkəʃoz] *[kälkeschos]* **etwas, was;** Bild: **Etwas** hat auf meine *Kehl'* geschoss*en!*

quelquefois [kɛlkəfwa] *[kälköfwa]* **manchmal, zeitweise;** Bild: Sein *Kehlk(ö)*opf *wa*r **manchmal** (aber nicht immer) entzündet vom vielen Reden.

quinze *f* [kɛ̃z] *[käs]* **fünfzehn, Fünfzehn;** Bild: Drei mal fünf *Käs'* sind **fünfzehn** Käs'.

quoique [kwakə] *[kwake]* **obwohl;** Bild: **Obwohl** das *Quake*n der Frösche uns um den Schlaf brachte, war es dennoch ein gelungener Campingurlaub.

R

rab *m* [ʀab] *[rab]* **Nachschlag;** Bild: Stefan *Raab* (Entertainer) holt sich noch einen **Nachschlag** am Büffett.

rabais *m* [ʀabɛ] *[rabä]* **Rabatt;** Bild: Der *Rabe* klebt **Rabatt**marken ins Sammelbuch.

racketter [ʀakete] *[rakete]* **erpressen (jemanden);** Bild: Die Wissenschaftler versuchten, die NASA zu **erpressen**. Eine Million Dollar in kleinen Scheinen und eine vollgetankte *Rakete* war die Forderung.

radio *f* [ʀadjo] *[radio]* **Radio;** hört sich im Deutschen ähnlich an.

rafiot *m* [ʀafjo] *[rafio]* **Nussschale, alter Kahn;** Bild: Mein Teller *Ravio*li (gefüllte Nudeln) war mit einer **Nussschale** garniert.

ragoût *m* [ʀagu] *[ragu]* **Ragout;** französisches Wort, das man im Deutschen auch benutzt.

raid *m* [ʀɛd] *[räd]* **Überfall, Angriff;** Bild: Bei dem Luft**angriff** wurde eine Produktionshalle für Fahr*räd*er zerstört.

raide [ʀɛd] *[räd]* **steif, unbeweglich, hölzern;** Bild: Wenn Ottfried Fischer (Entertainer und Schauspieler) *red'* (bayerisch für redet), dann ist er ziemlich **steif.**

raie *f* [ʀɛ] *[rä]* **Scheitel;** Bild: ein *Reh* mit einen Seiten**scheitel.**

ramage *m* [ʀamaʒ] *[ramasche]* **Vogelgezwitscher, Vogelgesang;** Bild: Ich habe mich dermaßen an meinem *A*rsch ge*ramm*t, dass ich **Vogelgezwitscher** höre. Bild: Macht man die *Rama*-(Marke) *Sch*achtel auf, kommt **Vogelgezwitscher** raus.

ramper [ʀɑ̃pe] *[rampe]* **kriechen;** Bild: Auf der *Rampe* für Rollstuhlfahrer **kriechen** Kriechtiere (Schlangen und Echsen).

rappel *m* [ʀapɛl] *[rapäl]* **Mahnung, Nachzahlung, Nachforderung;** Bild: Wenn du die **Mahnung** nicht zahlst, dann *rappel*t es im Karton.

raquette *f* [ʀakɛt] *[rakät]* **Schläger (Tennis-, Baseball- etc.);** Bild: Die *Raket*e nimmt eine Ladung Tennis- und Baseball**schläger** mit ins All.

raser [ʀɑze] *[rase]* **rasieren, kahl scheren;** Bild: Der *Rase*n wird mit einem Rasiermesser **rasiert**. Bild: Der *Raser* wurde geblitzt, als er sich gerade bei 180 Sachen **rasierte**.

rat *m* [ʀat] *[rat]* **Ratte;** Bild: Die **Ratte** sitzt auf dem *Rad* vom Fahrrad. Bild: mit dem (Fahr-) *Rad* eine **Ratte** verfolgen.

raté *m* [ʀate] *[rate]* **Versager(in);** Bild: *Rate* mal, wer heute wieder der **Versager** ist?

rater [ʀate] *[rate]* **verpassen, verfehlen;** Bild: *Rate* mal, wer den Bus **verpasst** hat!

recherche *f* [ʀ(ə)ʃɛʀʃ] *[r(ö)schärsche]* **Recherche, Suche;** französisches Wort, das man im Deutschen auch benutzt.

reculer [ʀ(ə)kyle] *[röküle]* **rückwärtsfahren;** Bild: Nachdem er **rückwärts gefahren war**, hatte er ein *Reh* auf seinem *Kühle*r.

refrain *m* [ʀ(ə)fʀɛ̃] *[r(ö)frä]* **Refrain, Kehrreim;** französisches Wort, das man im Deutschen auch benutzt.

régal *m* [ʀegal] *[regal]* **Genuss, Gaumenfreude, Schmankerl, Schmaus;** Bild: Im *Regal* stehen alle **Gaumenfreude**n.

règle *f* [ʀɛgl] *[rägle]* **Regel, Lineal;** Bild: Das **Lineal** hat einen *Regle*r.

régresser [ʀegʀese] *[regrese]* **zurückgehen;** Bild: Das *Reh* **geht zurück,** um die *Kresse* zu fressen.

reichstag *m* [ʀɛʃtag] *[räschtag]* **Reichstag;** deutsches Wort, das in Frankreich bekannt ist.

rein *m* [ʀɛ̃] *[räh]* **Niere;** Bild: Er bekommt eine Spender**niere** vom *Reh rein*.

reine *f* [ʀɛn] *[rän]* **Königin, Dame;** Bild: Die **Königin** reitet auf einem *Ren*tier oder macht bei einem *Ren*nen mit. Bild: Die **Königin** hat sich als *Reine*machefrau verkleidet.

remarque *f* [ʀ(ə)maʀk] *[remark]* **Bemerkung, Anmerkung;** Bild: Meine **Anmerkung**: Das *Re*h auf dem alten *Mark*-Stück hat noch keiner bemerkt.

remarquer [ʀ(ə)maʀke] *[römarke]* **bemerken, auffallen, bemerkt werden;** Bild: Mir ist **aufgefallen**: Das *Reh* trägt *Marke*.

rêve *m* [ʀɛv] *[räve]* **Traum;** Bild: In meinem **Traum** kaufte ich in einem *REWE*-Markt (Marke) ein.

révéler [ʀevele] *[rewele]* **aufdecken, aufzeigen, enthüllen;** Bild: Beim **Aufdecken** macht das *Reh welle*nartige Bewegungen mit der Decke.

rêver [ʀeve] *[rewe]* **träumen;** Bild: Im *REWE-* (Marke) Markt **träumen** alle (sind nicht ansprechbar).

réviser [ʀevize] *[rewisee]* **wiederholen, überprüfen;** Bild: Alle *Re*he auf der *Wiese* sollen das Schuljahr noch einmal **wiederholen.**

révolter [ʀevɔlte] *[rewolte]* **revoltieren, auflehnen, empören;** Bild: Das *Reh wollte* sich **auflehnen** (auf die Stuhllehne), aber es wurde niedergeschlagen.

rincer [ʀɛ̃se] *[rahse]* **spülen, abspülen, klarspülen, nachspülen;** Bild: die Blumentöpfe auf dem *Rase*n mit dem Schlauch **abspülen.**

risée *f* [ʀize] *[rise]* **Gespött, kleine Windböe;** Bild: Der *Riese* wurde von einer **kleinen Windböe** erfasst und fiel zu Boden. So machte er sich zum **Gespött** aller.

rite *m* [ʀit] *[rit]* **Ritual;** Bild: Der Aus-*ritt* gehörte zu seinem täglichen **Ritual.**

rive *f* [ʀiv] *[riv]* **Ufer;** Bild: Vom **Ufer** aus kann man das *Riff* nicht besonders gut sehen.

rixe *f* [ʀiks] *[riks]* **Rauferei;** Bild: In *Rick's* Café (Casablanca) gibt es immer wieder mal 'ne **Rauferei.**

robe *f* [ʀɔb] *[robe]* **Kleid;** Bild: Die *Rob*be (oder Robbie Williams) trägt ein **Kleid.**

robinet *m* [ʀɔbinɛ] *[robinä]* **Wasserhahn;** Bild: Aus dem **Wasserhahn** kommen *Rubine.*

roc *m* [ʀɔk] *[rok]* **Fels;** Bild: Der *Rock* wird zum Trocknen auf einen **Fels** gelegt.

rocher *m* [ʀɔʃe] *[roschee]* **Felsen, Klippe;** Bild: Ferrero *Rocher* (Marke) von der **Klippe** werfen.

rôder [ʀode] *[rode]* **herumstreunen, herumstreifen;** Bild: Armin *Rohde* (Schauspieler) **streunt** mit einer *Rot*haarigen herum.

rôle *m* [ʀol] *[rol]* **Rolle (Film, Theater);** Bild: Er spielte die **Rolle** eines *Roll*mopses (Vorläufer von Sushi).

rollmops *m* [ʀɔlmops] *[rollmops]* **Rollmops;** deutsches Wort, das in Frankreich bekannt ist.

rose *f* [ʀoz] *[ros]* **Rose;** schreibt man wie im Deutschen; Bild: Das *Ross* bekommt eine **Rose** zum Fressen.

rosée *f* [ʀoze] *[rose]* **Tau;** Bild: **Tau** auf der *Rose.*

rot *m* [ʀo] *[ro]* **Rülpser;** Bild: Immer wenn man das Fleisch *roh* isst, hat man unangenehme **Rülpser.** Bild: Es kam ein **Rülpser** nach dem anderen und er wurde nicht einmal *rot.*

rôtir [ʀotir] *[rotir]* **braten, verbrennen (in der Sonne);** Bild: Beim Sonnen sollte man immer *rotier*en, damit man sich nicht **verbrennt.**

roue *f* [ʀu] *[ru]* **Rad;** Bild: »Lass mich in *Ruh*! – Ich dreh schon am **Rad.«**

route *f* [ʀut] *[rut]* **Straße;** Bild: *Ruth* (z. B. Moschner, Fernsehmoderatorin) steht mitten auf der **Straße.**

rue *f* [ʀy] *[rü]* **Straße;** Bild: Der *Rü*de (männlicher Hund) streunt auf der **Straße.**

Russe *mf* [ʀys] *[rüs]* **Russe;** schreibt man wie im Deutschen; Bild: Der **Russe** an sich hat einen *Rüs*sel.

S

sable *m* [sabl] *[sable]* **Sand;** Bild: Der *Säbel* steckt im **Sand.**

sac *m* [sak] *[sak]* **Sack;** hört sich im Deutschen ähnlich an.

sacré(e) [sakʀe] *[sakre]* **heilig, geistlich, sakral, fürchterlich;** Bild: ein Reh in einem Sack (*Sack-Reh*) mit **Heili**genschein.

sage *fm* [saʒ] *[sasch]* **weise, klug, sittsam, Weise(r);** Bild: *Sasch*a (Sänger) ist ein weiser Mann. Bild: eine **weise** Frau erzählt eine *Sage.*

saisir *f* [seziʀ] *[sesir]* **packen, fassen, ergreifen, erhaschen;** Bild: Wenn wir den Täter **fassen,** wird er *sezier*t.

saison *f* [sɛzɔ̃] *[säsoh]* **Jahreszeit, Saison;** französisches Wort, das man im Deutschen auch benutzt.

salade *f* [salad] *[salad]* **Salat;** hört sich im Deutschen ähnlich an.

salaire *m* [salɛʀ] *[salär]* **Gehalt;** Bild: Nachdem alle ihr **Gehalt** ausbezahlt bekamen, war der *Saal leer.*

salle *f* [sal] *[sal]* **Saal;** hört sich im Deutschen ähnlich an.

salope *f* [salɔp] *[salop]* **Schlampe, Miststück;** Bild: Die **Schlampe** verhält sich *salopp* (unbekümmert, zwanglos).

samedi *m* [samdi] *[samdi]* **Samstag;** Bild: Jeder **Samstag** fühlt sich *samti*g (Samt) an.

sans-abri *m* [sɑ̃zabʀi] *[sohnsabri]* **Obdachlose(r);** Bild: Der *Soh*n von *Sabri*na (z. B. Setlur) ist jetzt ein **Obdachloser.**

santé *f* [sɑ̃te] *[sohnte]* **Gesundheit;** Bild: Der Arzt *sahnte* ab. Die **Gesundheit** der Patienten war ihm absolut egal.

sapin *m* [sapɛ̃] *[sapäh]* **Tanne;** Bild: Sabine *sabbe*rt auf die **Tanne** (Weihnachtsbaum).

sauce *f* [sos] *[sos]* **Soße;** Bild: Bei »Kloß mit *Soß*« gibt es mehr **Soße,** weil kein Fleisch dabei ist.

saucer *m* [sose] *[sose]* **austunken, auswischen;** Bild: die *Soße* vom Teller **austunken.**

sauf [sof] *[sof]* **bis auf, mit Ausnahme von, außer, außer dass;** Bild: *Bis auf*s *Sofa* hatten die Einbrecher alles mitgenommen.

sauna *m* [sona] *[sona]* **Sauna;** schreibt man wie im Deutschen; Bild: In der **Sauna** kommt man sich ja *so nah*!

sceller [sele] *[sele]* **einzementieren, einmauern, eingipsen, versiegeln;** Bild: Obwohl man sie **einmauerte** – ihre *Seele* konnte fliehen.

scéne *f* [sɛn] *[sän]* **Szene;** Bild: Eine idyllische **Szene**: die Alm, die Kühe, der *Sen*ner und die *Sen*nerin.

schéma *m* [ʃema] *[schema]* **Schema;** hört sich im Deutschen ähnlich an.

schnaps *m* [ʃnaps] *[schnaps]* **Schnaps;** deutsches Wort, das in Frankreich bekannt ist.

schnock [ʃnɔk] *[schnok]* **bescheuert;** Bild: Die Franzosen finden Schnick-Schnack-*Schnuck* (Spiel) ziemlich **bescheuert.**

schnorchel *f* [ʃnɔʀkɛl] *[schnorkäl]* **Schnorchel;** deutsches Wort, das in Frankreich bekannt ist.

scie *f* [si] *[si]* **Säge;** Bild: die *si*ngende **Säge.**

seau *m* [so] *[so]* **Eimer;** Bild: Die *Soß*e kippe ich in einen **Eimer.**

sec, sèche [sɛk, sɛʃ] *[säk, säsch] **trocken;*** Bild: Die *Säck*e sind bald ***trocken.***

sécher [seʃe] *[sesche] **abtrocknen, trocken wischen;*** Bild: Es wäre mal *sehr schö*n, wenn du ***abtrocknen*** würdest.

seigle *m* [sɛgl] *[sägle] **Roggen;*** Bild: Sie transportierten den ***Roggen*** auf einem *Seg*el/schiff.

sein *m* [sɛ̃] *[säh] **Brust, Mutterbrust;*** Bild: Sie *sah* mir in die Augen und mir schmerzte meine ***Brust.*** Bild: Sie drückte mich an ihre ***Brust*** und flüsterte mir ins Ohr: »*Sein* oder nicht *sein* …« Bild: Beim *Säh*en schmerzte ihr die ***Brust.***

seize *m* [sɛz] *[säß] **sechzehn, Sechzehn;*** Bild: Die S*echzehn*jährige hat ein großes Ge*säß.*

séjour *m* [seʒuʀ] *[seschur] **Aufenthalt, Urlaub;*** Bild: Während meines ***Urlaub***s in Schottland *seh'* ich der Schaf*schur* zu.

sel *m* [sɛl] *[säle] **Salz;*** Bild: den *Sell*erie mit ***Salz*** würzen.

selle *f* [sɛl] *[säle] **Sattel;*** Bild: Am ***Sattel*** hängt Stangen*sell*erie.

sellerie *f* [sɛlʀi] *[sälri] **Sattelzeug, Sattlerei;*** Bild: Zum ***Sattelzeug*** gehört auch eine *Sell*erieknolle.

semelle *f* [s(ə)mɛl] *[semäl] **Sohle;*** Bild: An der Schuh*sohle* klebt eine *Semmel* (Brötchen).

sénat *m* [sena] *[sena] **Senat;*** Bild: Ayrton *Senna* (Formel-1-Rennfahrer) hat sich in den ***Senat*** wählen lassen.

sens (1) *m* [sɑ̃s] *[sohs] **Sinn;*** Bild: Sie *saß* da und dachte über den ***Sinn*** des Lebens nach. Bild: Es macht keinen ***Sinn,*** wenn der *Sens*enmann jetzt schon kommt.

sens (2) *m* [sɑ̃s] *[sohs] **Richtung;*** Bild: Er *saß* da und starrte in eine ***Richtung.***

sentiment *m* [sɑ̃timɑ̃] *[sohtimoh] **Gefühl;*** Bild: *Sand im A*rsch zu haben ist ein unangenehmes ***Gefühl.*** Bild: Sein *So*hn *Timo* hat kein ***Gefühl*** mehr im rechten Arm.

sentir [sãtiʀ] *[sohtir]* **riechen, schmecken, spüren;** Bild: In einer Handvoll Sand kann man das *Sandtier* **riechen** und **spüren**. Bild: Wir **riechen** an uns: Wie du mir, *so* ich *dir*!

sept *m* [sɛt] *[sät]* **sieben, Sieben;** Bild: Wenn der Lehrer sagt: »*Sätz*en sä sich, Sächs!«, dann möchte er seinem Schüler eigentlich die **Sieben** geben.

séquelle *f* [sekɛl] *[sekäl]* **Folge-(erscheinung);** Bild: Die Predigt war schlecht. Die **Folge** war, dass das *Säckel* (Klingelbeutel) leer blieb.

serment *m* [sɛʀmã] *[särmoh]* **Eid, Schwur;** Bild: Nachdem er seinen **Eid** geleistet hatte, war er *sehr mo*tiviert.

serpent *m* [sɛʀpã] *[särpo]* **Schlange;** Bild: *Sehr po*etisch trägt die **Schlange** ein Gedicht vor. Bild: Immer wenn man *sehr* tief *penn*t, kommt die **Schlange**.

serre *f* [sɛʀ] *[sähr]* **Gewächshaus, Treibhaus;** Bild: Im **Gewächshaus** wächst alles *sehr* gut.

serre-fils *m* [sɛʀfil] *[särfil]* **Verbindungsklemmen, Lüsterklemmen;** Bild: Als Heimwerker braucht man *sehr viel* **Lüsterklemmen**.

serre-joint *m* [sɛʀʒwɛ] *[särschwä]* **Schraubzwinge;** Bild: Die **Schraubzwinge** ist *sehr schwe*r. Das merkt man, wenn sie einem auf den Fuß fällt.

serrer [sɛʀe] *[sere]* **pressen, beengen, einschnüren;** Bild: *Seren*a Williams (Tennisspielerin) muss sich immer in ihr Kleid **pressen**.

serrure *f* [sɛʀyʀ] *[serür]* **Schloss;** Bild: Wenn ich im *See rühr* (mit einem Paddel), dann spiegelt sich ein **Schloss** darin.

serviette *f* [sɛʀvjɛt] *[särvjät]* **Handtuch, Serviette, Aktentasche;** Bild: Man kann auch ein **Handtuch** als *Serviett*e benutzen.

servile [sɛʀvil] *[särwil]* **unterwürfig, sklavisch;** Bild: Sie verlangte *sehr viel*, aber er folgte ihr **sklavisch**.

servir [sɛʀviʀ] *[särwir]* **servieren;** Bild: Weil er *sehr wirr* im Kopf war, konnte er die Gäste nicht mehr **bedienen**.

seul(e) [sœl] *[söl]* **allein;** Bild: Der *Söl*dner ist **allein** in Kriegsgebieten unterwegs.

sévère [sevɛʀ] *[sevär]* **streng, hart, rau, unerbittlich;** Bild: Der Sehtest ist sehr **streng**. Ist das *Sehver*mögen nur im Geringsten beeinträchtigt, kommt man nicht in die engere Auswahl.

sida *m* [sida] *[sida]* **Aids;** Bild: Hallo! *Sie da*. Sie haben **Aids**.

siècle *m* [sjɛkl] *[siäkle]* **Jahrhundert, Zeitalter;** Bild: *Sie eke*lt sich, wenn sie ans letzte **Jahrhundert** denkt.

siéger [sjeʒe] *[sjesche]* **tagen, eine Sitzung abhalten;** Bild: *Sehr schö*n, dass wir heute **eine Sitzung abhalten**. Bild: Zur Siegertagung **tagen** alle *Sieger*.

sigle *m* [sigl] *[sigle]* **Abkürzung, Kürzel;** Bild: Das *Siege*l zeigt die **Abkürzung** meines Namens.

signe *m* [sjɲ] *[sinje]* **Zeichen, Anzeichen;** Bild: Den *Sinn* hinter den **Zeichen** zu erkennen ist schwer.

silence *m* [silɑ̃s] *[silahs]* **Stille, Ruhe;** Bild: *Sie las* in aller **Ruhe** ein Buch.

silex *m* [silɛks] *[siläks]* **Feuerstein;** Bild: *Sie legt's* (das Feuerzeug) auf den **Feuerstein**.

singe *m* [sɛ̃ʒ] *[sahsch]* **Affe;** Bild: *Sasch*a Hehn (Schauspieler) spielt mit einem **Affe**n in einer Fernsehserie die Hauptrolle. Bild: Es gibt **Affe**n, die können *singe*n.

singer [sɛ̃ʒe] *[sähsche]* **äffen, nachäffen, heucheln;** Bild: Der Affe **äfft** den Menschen *sehr schö*n *nach*.

site *m* [sit] *[sit]* **Landschaft, Gegend;** Bild: Er *sieht* sich in der **Gegend** um.

six *m* [sis] *[sis]* **sechs, Sechs;** Bild: *Si*sis (Kaiserin von Österreich-Ungarn) Alter wird immer auf 66 geschätzt.

ski *m* [ski] *[ski]* **Ski;** hört sich im Deutschen ähnlich an.

smart [smaʀt] *[smart]* **elegant;** Bild: Aus einem *Smart* (Auto) steigt eine **elegant**e Frau aus.

soc *m* [sɔk] *[sok]* **Pflugschar;** Bild: Selbst die **Pflugschar** wurde von dem *Sog* erfasst.

socle *m* [sɔkl] *[sokle]* **Sockel, Basis, Grundplatte;** hört sich im Deutschen ähnlich an.

sœur *f* [sœʀ] *[sör]* **Schwester;** Bild: Meine **Schwester** ist zum Ritter geschlagen worden und darf jetzt das Prädikat »*Sir*« vor ihren Namen stellen.

soie *f* [swa] *[swa]* **Seide;** Bild: Der *Schwa*n ist in **Seide** gewickelt. Bild: Zur **Seide**nbluse gab es gratis eine Halskette von *Swa*rovski (Marke).

soif *f* [swaf] *[swaf]* **Durst;** Bild: Immer wenn mich der **Durst** überkommt, trinke ich eine Flasche *Soa*ve.

soirée *f* [swaʀ] *[sware]* **Abend;** Bild: Am **Abend** findet da*s wahre* Leben statt.

sol *m* [sɔl] *[sol]* **Boden, Erde, Land;** Bild: *Soll* ich mit der *Sohl*e den **Boden** berühren?

solaire *f* [sɔlɛʀ] *[solär]* **Solar-, Sonnen-;** Bild: Die Batterien sind *so leer,* dass ich jetzt *Solar*zellen aufs Dach baue.

soldat *m* [sɔlda] *[sollda]* **Soldat;** schreibt man wie im Deutschen; Bild: Der **Soldat** *soll da* bleiben.

solde *m* [sɔld] *[solde]* **Sonderangebot, Sold;** Bild: Der *Sold*at kauft mit seinem *Sold* das **Sonderangebot.**

soleil *m* [sɔlɛj] *[soläj]* **Sonne;** Bild: *So lä*chelt di*e* **Sonne.**

sommaire [sɔmɛʀ] *[somär]* **flüchtig, kurz, oberflächlich;** Bild: Der *Sommer* war sehr *kurz.*

sommet *m* [sɔmɛ] *[somä]* **Gipfel, Spitze, Wipfel, Kamm;** Bild: Den ganzen *Sommer* verbrachte sie auf dem **Gipfel.**

songer [sɔ̃ʒe] *[sosche]* **träumen, an jemanden denken;** Bild: Es ist *so schö*n, **an** dich zu **denken.**

sonner [sɔne] *[sone]* **läuten, klingeln, schlagen;** Bild: Wenn die *Sonne* aufgeht, *läuten* die Kirchenglocken.

sonnette *f* [sɔnɛt] *[sonät]* **Klingel, Türklingel;** Bild: Deine **Türklingel** klingelt *so nett.*

sortir [sɔʀtiʀ] *[sortir]* **hinausgehen, herauskommen;** Bild: Er **geht hinaus,** um die Steine zu *sortier*en.

souche *f* [suʃ] *[susch]* **Baumstumpf;** Bild: Auf einem **Baumstumpf** wird *Sushi* serviert.

souci *m* [susi] *[susi]* **Sorge;** Bild: *Susi* hat keine *Sorge*n.

soude *f* [sud] *[sud]* **Soda;** Bild: »Man tue **Soda** in den Kartoffel*sud*.« Beim Kochen wird Soda öfter verwendet.

souhaiter [swete] *[swete]* **wünschen, dass ...;** Bild: Der *Schwe*de **wünscht** sich zu Weihnachten, **dass** er ein »t« bekommt. Bild: *So heiter* ist es, wenn man sich *etwas* **wünscht.**

souple [supl] *[supl]* **biegsam, weich, flexibel;** Bild: Der *Supp*en/löffel ist **biegsam.**

sourd(e) [sur] *[sur]* **taub;** Bild: Er ist zwar **taub,** aber er hört dennoch ein ständiges *Sur*ren.

sous [su] *[su]* **unter;** Bild: Ein Des*sous* trägt man **unter** der Kleidung.

sous-préfet, ète *mf* [supʀefɛ, -ɛt] *[sup-refä, -ät]* **Landrat, Landrätin;** Bild: Die **Landrätin** ist *superfett.*

square *m* [skwaʀ] *[skwahr]* **Grünanlage (kleine);** Bild: Die Indianer*squaw* steht inmitten der **Grünanlage.**

stable [stabl] *[stablᵉ]* **stabil;** Bild: Der Holz*stapel* ist **stabil.**

stock *m* [stɔk] *[stok]* **Lager, Bestand;** Bild: Jemand geht mit einem *Stock* durch ein **Lager.**

stress *m* [stʀɛs] *[sträss]* **Stress;** hört sich im Deutschen ähnlich an.

style *m* [stil] *[stil]* **Stil;** hört sich im Deutschen ähnlich an.

stylo *m* [stilo] *[stilo]* **Füller;** Bild: Mit einem **Füller** beschrifte ich den Besen-*stil o*ben.

succès *m* [syksɛ] *[süksä]* **Erfolg;** Bild: Nach dem **Erfolg** machten wir in der *Südsee* Urlaub.

sucer [syse] *[süse]* **lutschen, aussaugen;** Bild: *Süße* Lutscher **lutschen.** Der *süße Zucker.*

T

table *f* [tabl] *[tabl]* **Tisch;** Bild: Auf dem **Tisch** steht ein *Tabl*ett mit den *Tabl*etten.

tâche *f* [tɑʃ] *[tasch]* **Arbeit, Aufgabe;** Bild: Mit den Händen in den Hosen*ta-sch*en erledige ich meine **Arbeit.**

tacher [taʃe] *[tasche]* **Flecken bekommen, bekleckern, beflecken;** Bild: Meine *Tasche* hat mit der Zeit **Flecken bekommen.**

tart *f* [taʀt] *[tart]* **Kuchen;** Bild: auf den **Kuchen** an der Wand *Dart*pfeile werfen.

tassé(e) [tase] *[tase]* **stark (Kaffee), zusammengepresst;** Bild: Die *Tasse* Kaffee war sehr **stark** (da bleibt sogar der Löffel stecken).

tasser [tase] *[tase] zusammendrücken, zusammenpressen;* Bild: eine *Tasse* mit der Hand *zusammendrücken.*

tatou *m* [tatu] *[tatu] Gürteltier;* Bild: Das *Gürteltier* hat ein *Tattoo* auf seinem Panzer.

tatouer [tatwe] *[tatwe] tätowieren;* Bild: Sie ließ sich *tätowieren.* Das *tat weh*!

taule *f* [tol] *[tole] Knast, Kittchen, Bude;* Bild: Der Typ mit der *Toll*e sitzt jetzt endlich im *Knast.*

Tchèque *mf* [tʃɛk] *[tschäk] Tscheche, Tschechin;* Bild: Die *Tscheche*n sind die Checker (z. B. Karel Gott).

teneur *m* [tənœʀ] *[tönör] Gehalt, Inhalt;* Bild: Der *Inhalt* (Geschenkpaket) bestand aus den zehn *Tenör*en.

tenter [tãte] *[tohnte] reizen, verlocken, versuchen;* Bild: Der Kuchen meiner *Tante* ist sehr *verlocken*d. Bild: Sie hat mich ge*reizt*, indem sie bestimmte Wörter immer wieder be*tonte.*

terminus *m* [tɛʀminys] *[terminüs] Endstation;* Bild: Der *mi*t den (Kokos-) *Nüss*en erwartet dich an der *Endstation.*

terne [tɛʀn] *[tärne] glanzlos, stumpf, matt, fahl, farblos, angelaufen, trüb;* Bild: Die S*terne* sind *glanzlos* (bei hoher Luftfeuchtigkeit).

terrain *m* [teʀɛ̃] *[teräh] Grundstück;* Bild: Benjamin Blümchen verteidigt sein *Grundstück* und trompetet: »*Terää*äh!« Bild: Jemand läuft übers *Grundstück* und bringt uns *Tee rein.*

terrasser [teʀase] *[terase] niederschmettern, jemanden zu Boden werfen, vernichtend schlagen;* Bild: Auf der *Terrasse* hatte er ihn *zu Boden geworfen.*

terre *f* [tɛʀ] *[tär] Land, Erde, Boden;* Bild: Das ganze *Land* ist zuge*teer*t.

territoire *m* [teʀitwar] *[teritwar] Revier, Gebiet, Territorium;* Bild: *Der Ritt war* durch das *Revier* nicht ungefährlich.

tête *f* [tɛt] *[tät] Kopf, Haupt;* Bild: Der *Tät*er verlor seinen *Kopf.*

ticket *m* [tikɛ] *[tikä] Fahrkarte, Eintrittskarte, Essensmarke;* Bild: Die *Di*cke isst sogar die *Essensmarke*n.

tiède [tjɛd] *[tjäd] lauwarm, warm, handwarm;* Bild: Bei dieser *Diät* darfst du nur *warm*es Wasser trinken.

tige *f* [tiʒ] *[tische] Halm, Stängel, Stiel;* Bild: Auf den *Tische*n liegen überall Stroh*halm*e als Dekoration.

timide [timid] *[timid] schüchtern, zaghaft, scheu;* Bild: *Die mi*t der *schüchtern*en Freundin gefällt mir besser.

tir *m* [tiʀ] *[tir]* **Schuss, Schießen, Schießerei;** Bild: An der **Schießerei** war jedes *Tier* beteiligt.

tirailler [tiʀɑje] *[tiraje]* **zerren, herumzupfen, hin und her ziehen, glatt ziehen;** Bild: *Die Reihe*r **ziehen** das Betttuch **glatt.**

tirer [tiʀe] *[tiere]* **ziehen, auseinanderziehen, hinausziehen, ausreißen;** Bild: Alle *Tiere* **reißen aus.**

tiret *m* [tiʀɛ] *[tirä]* **Gedankenstrich, Trennungsstrich;** Bild: Statt **Trennungsstrich**e kann man kleine *Tiere* hinmalen.

tiroir *m* [tiʀwaʀ] *[tirwahr]* **Schublade;** Bild: Lange gesucht: Das Kuschel*tier war* in der **Schublade.**

titre *m* [titʀ] *[titre]* **Titel;** Bild: Olli *Dittr*ich hat jetzt einen Doktor-**Titel.**

toile *mf* [twal] *[tual]* **Stoff, Tuch, Hintergrund, Segel;** Bild: Auf dem **Stoff** sind nur Nullen und Einsen (*Dual*system).

tôle *f* [tol] *[tol]* **Blech, Karosserieteil;** Bild: Nach dem Unfall stellte man fest, dass auf den **Karosserieteil**en *Toll*wuterreger waren.

tôlé(e) [tole] *[tole]* **vereist, eisig, harsch;** Bild: Die Elvis*tolle* ist **vereist.**

tolérer [tɔleʀe] *[tolere]* **dulden, ertragen, aushalten;** Bild: Die (Haar)*tolle* am *Reh* wird von allen Waldbewohnern **geduldet.**

tollé *m* [tɔle] *[tole]* **Aufschrei, Empörung;** Bild: Die Haar*tolle* von Elvis sorgte damals für **Empörung.**

tonne *f* [tɔn] *[ton]* **Tonne (Gewicht);** schreibt man wie im Deutschen; Bild: Steigt man auf die Waage und überschreitet eine **Tonne,** dann gibt es einen schrillen *Ton.*

tonneau *m* [tɔno] *[tono]* **Fass, Rolle, Überschlag;** Bild: Im **Fass** sind keine **Roll**möpse gelagert, sondern *Tonno* (Thunfisch). Bild: Die Pizza »*Tonno*« (Thunfischpizza) passt genau aufs **Fass.**

tonnerre *m* [tɔnɛʀ] *[tonär]* **Donner;** Bild: Wenn ich den *Toner* vom Kopierer wechsle, dann hört man immer einen gewaltigen **Donner.**

toquer [tɔke] *[toke]* **klopfen;** Bild: Eine *Dogge* **klopft** an die Tür.

torche *f* [tɔʀʃ] *[torsch]* **Fackel, Taschenlampe;** Bild: Der *Torsch*ütze rannte mit einer **Fackel** über das Spielfeld.

tort *m* [tɔʀ] *[tor]* **Fehler, Nachteil;** Bild: Es ist kein **Fehler,** wenn die deutsche Nationalmannschaft ein *Tor* schießt.

torture *f* [tɔʀtyʀ] *[tortür]* **Folter;** Bild: Zwischen Garten*tor* und Haus*tür* findet die **Folter** statt.

touche *f* [tuʃ] *[tusche]* **Taste, Drucktaste, Anforderungstaste;** Bild: Lang in die **Taste**n und spiel' einen *Tusch* (am Klavier).

toucher [tuʃe] *[tusche]* **berühren, anfassen, treffen, angehen, beziehen;** Bild: Wenn man mit dem Finger die *Tusche* **berührt**, hat man blaue Fingerspitzen.

toupe *f* [top] *[top]* **Maulwurf;** Bild: Auf den **Maulwurf**shügel einen *Top*f stülpen bringt nicht viel.

toupet *m* [tupɛ] *[tupä]* **Büschel;** Bild: Aus der *Tube* Zahnpasta wächst ein Gras**büschel** heraus.

tour (1) *f* [tuʀ] *[tur]* **Turm;** Bild: Bei der *Tour* de France radeln alle um einen **Turm**.

tour (2) *m* [tuʀ] *[tur]* **Tour, Rundgang, Rundfahrt, Umfang;** hört sich im Deutschen ähnlich an.

tourbe *f* [tuʀb] *[turbe]* **Torf;** Bild: Der *Turb*o fährt mit **Torf** (Bio-Rennwagen).

tournage *m* [tuʀnaʒ] *[turnasche]* **Dreharbeiten;** Bild: Während der **Dreharbeiten** *turn*t der Regisseur mit seinem *Arsch* allen etwas vor.

tourner [tuʀne] *[turne]* **drehen, herumdrehen, biegen, wenden;** Bild: Beim *Turne*n mussten wir uns immer um die eigene Achse **drehen**.

toux *f* [tu] *[tu]* **Husten;** Bild: *Du* und dein (Raucher-)**Husten**. – Das ist eine eigene Geschichte.

trac *m* [tʀak] *[trak]* **Lampenfieber;** Bild: Auch der *Trak*tor auf der Bühne hat **Lampenfieber**.

tracer [tʀase] *[trase]* **zeichnen, schreiben;** Bild: Ich **zeichne** den Verlauf der Bahn*trasse* auf einer Landkarte ein.

tract *m* [tʀakt] *[trakt]* **Flugblatt;** Bild: vom *Trakt*or aus die **Flugblätt**er verteilen.

trafic *m* [tʀafik] *[trafik]* **Verkehr;** Bild: Im größten Berliner **Verkehr**schaos *traf ick*e meinen besten Freund.

train *m* [tʀɛ] *[träh]* **Zug;** Bild: Der **Zug** fährt ab und mir stehen die *Trä*nen in den Augen.

traîner [tʀene] *[trene]* **trödeln, herumhängen, bummeln;** Bild: Beim **Trödeln** auf dem Trödlermarkt floss ihm eine *Träne* über die Wange.

traité *m* [tʀete] *[trete]* **Vertrag, Abkommen;** Bild: Der Diktator hat den Friedens**vertrag** mit Füßen ge*trete*n.

traiter [tʀete] *[trete]* **behandeln;** Bild: schlecht **behandeln**: Ich *trete* dir in den Bauch.

trajet *m* [tʀaʒɛ] *[traschä]* **Weg, Strecke;** Bild: Auf dem **Weg** liegen viele (Frucht-)*Dragee*s.

trappe *f* [tʀap] *[trap]* **Klappe, Falltür;** Bild: Das Pferd *trab*t und fällt durch eine **Falltür**.

trapu(e) [tʀapy] *[trapü]* **gedrungen, untersetzt;** Bild: Auch **untersetzt**e Menschen können in einem *Trabbi* fahren.

travail *m* [tʀavaj] *[trawei]* **Arbeit;** Bild: Auf der **Arbeit** *traf* (m)ich ein *Ei*. (Das ist Mobbing!)

travailler [tʀavaje] *[trawaje]* **arbeiten, üben, bearbeiten;** Bild: Immer wenn ich **arbeiten** wollte, *traf*en mich *Eier* (von meinen lieben Kollegen).

travée *f* [tʀave] *[trawe]* **Bankreihe, Sitzreihe;** Bild: Zur S*trafe* musst du in der hintersten **Bankreihe** sitzen.

trèfle *m* [tʀɛfl] *[träfl]* **Klee, Kleeblatt, Kreuz (Kartenspiel);** Bild: Unter dem **Klee** waren die vor*treffl*ichen *Trüffe*l.

tremper [tʀɑ̃pe] *[trohmpe]* **eintunken, einbrocken, durchnässen, quellen lassen;** Bild: die *Trompe*te in Milch **eintunken**.

trésor *m* [tʀezɔʀ] *[tresor]* **Schatz, Schätze;** Bild: Der **Schatz** befindet sich im *Tresor*.

tresser [tʀese] *[trese]* **flechten;** Bild: Am *Trese*n **flechte** ich ihr einen Zopf.

trêve *f* [tʀɛv] *[träf]* **Ruhepause, Waffenstillstand;** Bild: Während des **Waffenstillstand**s richtet man einen Friedens*treff* ein. Dort trifft man sich auch – aber nicht zwischen die Augen.

tricot *m* [tʀiko] *[triko]* **Pullover, Strickweste, Strickware;** Bild: Statt *Trikot*s tragen die Sportler (Radfahrer) **Strickweste**n.

trier [tʀije] *[trije]* **auswählen, aussortieren, sortieren;** Bild: In *Trier* (Stadt in Rheinland-Pfalz) **sortieren** alle Kartoffeln.

triple [tʀipl] *[tripl]* **dreifach;** Bild: Der **dreifache** Torschütze *dribbe*lte den Ball wieder mit beeindruckender Leichtigkeit an seinen Gegnern vorbei.

troc *m* [tʀɔk] *[trok]* **Tausch, Tauschgeschäft, Tauschhandel;** Bild: Am Futter*trog* im Stall findet der **Tauschhandel** mit Briefmarken statt.

trogne *f* [tʀɔɲ] *[tronje]* **Gesicht, Rübe;** Bild: Auf dem *Thron* sitzt ein **Gesicht**.

tromper [tʀɔ̃pe] *[trohmpe]* **täuschen, irren, betrügen;** Bild: Er kann eine *Trompe*te **täuschend** echt imitieren.

trouble (1) *m* [tʀubl] *[trubl]* **Aufruhr, Störung, Aufregung, Beschwerden;** Bild: Der *Trub*el machte mir Magen*beschwerden*.

trouble (2) [tʀubl] *[trubl]* **verschwommen, unscharf, trüb;** Bild: Ich war vom *Trub*el so benommen, dass ich nur noch **unscharf** sehen konnte.

trouée *f* [tʀue] *[true]* **Loch, Lücke, Schneise;** Bild: Die Schatz*truhe* hat ein **Loch**, aus dem das Gold rinnt.

truc *m* [tʀyk] *[trük]* **Ding, Dingsbums;** Bild: *Drück* aufs **Ding**.

truite *f* [tʀ ʮit] *[truit]* **Forelle;** Bild: Der *Druid*e Miraculix (aus Asterix) angelt sich eine **Forelle**.

tube *m* [tyb] *[tüb]* **Rohr, Röhrchen;** Bild: Der *Typ* hat ein großes **Rohr** in der Hand.

tuer [tʮe] *[tüe]* **töten, erlegen, zerstören, vernichten, umbringen;** Bild: Er hatte sich **umgebracht**, indem er sich am *Tür*griff erhängte.

tutelle *f* [tytɛl] *[tütäl]* **Bevormundung, Vormundschaft, Betreuung;** Bild: Bei der (Hausaufgaben-) **Betreuung** wird man be*tüttel*t (betuttelt).

V

vache *f* [vaʃ] *[wasch]* **Kuh;** Bild: Ich *wasch* die **Kuh**.

vaisselle *f* [vɛsɛl] *[väsäl]* **Geschirr, Tafelgeschirr;** Bild: Mit dem zerbrochenen **Tafelgeschirr** konnte ich mir die *Fessel*n durchschneiden.

val *m* [val] *[wal]* **Tal;** Bild: Unten im **Tal** liegt ein *Wal*.

valse *f* [vals] *[wals]* **Walzer;** Bild: Christoph *Waltz* (Schauspieler) tanzt **Walzer**.

vanné(e) [vane] *[vane]* **hundemüde, kaputt, völlig kaputt;** Bild: Kriegst du mit der P*fanne* eine übergebraten, dann fühlst du dich hinterher **völlig kaputt**.

vanne *f* [van] *[wanne]* **Witz, witzige Bemerkung, Jux, Schleusentor;** Bild: In der Bade*wanne* erzählte sie mir einen **Witz**.

varech *m* [vaʀɛk] *[varäk]* **Tang (Seetang);** Bild: Ich *fahr* ans *Eck*, wenn der **Seetang** (im Auto) mir die Sicht beeinträchtigt. Dann *verreck* ich vielleicht.

vase *m* [vaz] *[was]* **Vase, Blumenvase;** Bild: Tu irgend*was* in die **Vase**!

vasistas *m* [vazistas] *[wasistas]* **Oberlicht, Oberlichtfenster;** Bild: Ich schaue nach oben und frage: *Was ist das?* – Ist das ein **Oberlichtfenster**?

vaste [vast] *[wast]* **weit, geräumig, mächtig;** Bild: Ich kann den Speer *fast* so **weit** werfen wie der Weltmeister.

veau *m* [vo] *[wo]* **Kalb, Kalbfleisch;** Bild: Der Bauer sucht sein entlaufenes Kalb: *Wo* ist das **Kalb**?

veille *f* [vɛj] *[wäj]* **Vortrag;** Bild: Darth *Va*der steht am Rednerpult und hält einen **Vortrag** über *Veil*chen.

veine *f* [vɛn] *[wän]* **Vene, Ader, Maserung;** Bild: Ein *Fan* schneidet sich nicht die Puls**ader** auf.

venir [v(ə)niʀ] *[v(ö)nir]* **kommen;** Bild: *Wenn ihr* **kommt**, dann **komm** ich darauf, was »**kommen**« heißt.

ver *m* [vɛʀ] *[wär]* **Wurm;** Bild: Auf dem *Wehr* (Wasserbau) versucht ein **Wurm,** zum anderen Ufer zu gelangen.

verge *f* [vɛʀʒ] *[wärsch]* **Rute, Rohrstock, (männliches) Glied;** Bild: Den **Rohrstock** *vers(ch)*teckte er immer hinter seinem Rücken.

verger *m* [vɛʀʒe] *[wärscheh]* **Obstgarten;** Bild: Es *wär sche* (fränkisch für: *schön*), wenn wir uns im **Obstgarten** treffen könnten.

vernissage *mf* [vɛʀnisaʒ] *[wernisasche]* **Lackierung (m), Vernissage (f);** Bild: In der *Vernissage* werden kunstvolle Auto**lackierung**en ausgestellt.

vert(e) [vɛʀ, vɛʀt] *[wär, wärt]* **grün;** Bild: *Wer* fährt schon bei Grün über die Ampel?

veste *f* [vɛst] *[west]* **Jacke, Jackett, Strickjacke;** Bild: Unter dem **Jackett** trug er eine *West*e.

vie *f* [vi] *[wi]* **Leben, Lebensweise;** Bild: »*Wi*e **leben**?« – Schwierige Frage.

villa *f* [villa] *[willa]* **Villa;** hört sich im Deutschen ähnlich an.

ville *f* [vil] *[vil]* **Stadt;** Bild: Willy (z. B. Brandt) *will* in die **Stadt**.

virer [viʀe] *[wire]* **abbiegen;** Bild: Auf allen *vier*en **biege** ich in eine Seitenstaße **ab**.

visage *m* [vizaʒ] *[wisahsch]* **Gesicht;** Bild: Man sieht es seinem **Gesicht** schon an, dass er ein *fies*er *A*rsch ist.

viser (1) [vize] *[wise]* **zielen, anpeilen, anlegen;** Bild: Beim Spazierengehen **peilen** wir mal die *Wiese* am Horizont **an**.

viser (2) [vize] *[wise]* **beglaubigen;** Bild: Auf der *Wiese* wird das Zeugnis durch einen Stempel **beglaubigt**.

vogue *f* [vɔg] *[wog] Beliebtheit;* Bild: Früher *wog* sie über 100 kg. Heute ist ihre *Beliebtheit* enorm gestiegen. Sie ist auf der Titelseite der »*Vogue*« (Modemagazin) abgelichtet.

voiture *f* [vwatyr] *[vwatür] Auto, Wagen, Kutsche;* Bild: Die *VW-Tür*e ist am *Auto* befestigt.

vol (1) *m* [vɔl] *[wol] Diebstahl;* Bild: Er sitzt wegen *Diebstahls* hinter Gittern. Seine *Woll*mütze lässt er aber immer auf.

vol (2) *m* [vɔl] *[wol] Flug;* Bild: Um sich während des *Flug*s kennenzulernen, warfen sich die Passagiere *Woll*knäule zu.

voler (1) [vɔle] *[vole] stehlen, wegnehmen;* Bild: die *Wolle* (Wollknäuel) aus dem Laden *stehlen.*

voler (2) [vɔle] *[vole] fliegen;* Bild: Der *Volle*yball kriegt Flügel und *fliegt* einfach weg.

volet *m* [vɔlɛ] *[wolä] Fensterladen, Klappe;* Bild: Weil der *Fensterladen* klappert, binde ich ihn mit *Wolle* fest.

voleter [vɔlte] *[wolte] flattern;* Bild: Nach der *Folte*r *wollte* der Vogel *flattern,* aber selbst das fiel ihm schwer.

vomir [vɔmiʀ] *[vomir] erbrechen, übergeben, speien;* Bild: *Wo mir* schlecht ist, *übergebe* ich mich.

voter [vɔte] *[wote] wählen, abstimmen;* Bild: Um *ab*zu*stimmen,* heben wir die P*fote* (Treffen der Wölfe).

vouloir [vulwaʀ] *[vulwar] wollen, fordern, verlangen;* Bild: Als ich *voll war* (betrunken), *wollte* ich nicht mehr nach Hause.

voûte *f* [vut] *[wut] Gewölbe, gebeugt, krumm;* Bild: Vor *Wut* schlug er seinen Kopf am Keller*gewölbe* an. Man kann sich eben nur *gebeugt* dort bewegen.

vrac *m* [vʀak] *[vrak] Schüttgut;* Bild: Der LKW schüttet das *Schüttgut* aus. Unter dem Schüttgut befindet sich ein teurer *Frack.*

Z

zélé(e) [zele] *[sele] eifrig, beflissen;* Bild: Der Gefängnisinsasse putzt sehr *eifrig* seine *Zelle.*

zut [zyt] *[süt] Mist!, verdammt!, verflixt;* Bild: *Mist!* – Schon wieder *Süd*frankreich.

Deutsch

Französisch

abbiegen	virer [viʀe] *[wire]*
abbrechen	casser [kase] *[kase]*
abbrechen	céder [sede] *[sede]*
abbrennen	brûler [bʀyle] *[brühle]*
abdecken	couvrir [kuvʀiʀ] *[kuvrihr]*
abduschen	doucher [duʃe] *[dusche]*
Abend	soirée *f* [swaʀ] *[sware]*
Abendessen	dîner *m* [dine] *[dine]*
Abenteuer	aventure *f* [avɑ̃tyr] *[awohntür]*
aber	mais [mɛ] *[mä]*
abfahren (auf jemanden)	flasher [flaʃe] *[flasche]*
Abfahrt	départ *m* [depaʀ] *[depar]*
abfliegen	partir [paʀtiʀ] *[partir]*
Abflug	départ *m* [depaʀ] *[depar]*
abklopfen	épousseter [epuste] *[epuste]*
Abkommen	traité *m* [tʀete] *[trete]*
Abkürzung	sigle *m* [sigl] *[sigle]*
abmachen	détacher [detaʃe] *[detasche]*
abmessen	doser [doze] *[dose]*
abmontieren	dévisser [devise] *[devise]*
Abreise	départ *m* [depaʀ] *[depar]*
Abscheu	dégoût *m* [degu] *[degu]*
abscheulich	horrible [ɔʀibl] *[orible]*
Abschied	adieu *m* [adjø] *[adjö]*
abschließen	clore *f* [klɔʀ] *[klor]*
abschrauben	dévisser [devise] *[devise]*
abspielen	jouer [ʒwe] *[schwe]*
abspülen	rincer [ʀɛ̃se] *[rahse]*
Abstand	écart *m* [ekaʀ] *[ekar]*
abstauben	épousseter [epuste] *[epuste]*

abstellen	garer [gaʀe] *[gare]*
abstimmen	voter [vɔte] *[wote]*
abstrampeln (sich)	galérer [galeʀe] *[galere]*
abstützen	dévisser [devise] *[devise]*
Absturz	baisse f [bɛs] *[bäs]*
Abt	abbé m [abe] *[abe]*
abtauen	dégeler [deʒ(ə)le] *[desch(ö)le]*
Abteilung	bureau m [byro] *[büro]*
abtrocknen	sécher [seʃe] *[sesche]*
abwandeln	décliner [dekline] *[dekline]*
abwaschen	laver [lave] *[lave]*
Abwehrspieler	arriéré m [aʀjeʀe] *[arjere]*
abwesend	absent(e) [apsɑ̃, -ɑ̃t] *[absoh, -oht]*
abwürgen (Motor)	caler [kale] *[kale]*
Achselhöhle	aisselle f [ɛsɛl] *[äsäl]*
Acker	champ m [ʃɑ̃] *[schoh]*
Ader	veine f [vɛn] *[wän]*
Adieu	adieu m [adjø] *[adjö]*
Adler	aigle mf [ɛgl] *[ägle]*
Adlerweibchen	aigle mf [ɛgl] *[ägle]*
Adresse	adresse (1) f [adʀɛs] *[adress]*
Adverb	adverbe m [advɛʀb] *[advärb]*
Affäre	affaire f [afɛʀ] *[afär]*
Affe	singe m [sɛ̃ʒ] *[sahsch]*
äffen	singer [sɛ̃ʒe] *[sähsche]*
aggressiv	agressif, -ive [agʀesif, -iv] *[agresiv]*
ähnlich	analogue [analɔg] *[analog]*
Aids	sida m [sida] *[sida]*
Akkord	accord m [akɔʀ] *[akor]*
Akne	acné f [akne] *[akne]*
Aktentasche	serviette f [sɛʀvjɛt] *[särvjät]*
Albernheit	baliverne f [balivɛʀn] *[balivärne]*
Allee	allée f [ale] *[ale]*

allein	seul(e) [sœl] *[söl]*
allergieauslösend	allergène *m* [alɛʀʒɛn] *[alärschän]*
Allergieauslöser	allergène *m* [alɛʀʒɛn] *[alärschän]*
Alm	alpage *m* [alpaʒ] *[alpasch]*
als	comme [kɔm] *[kom]*
alt	âgè(e) [aʒe] *[ascheh]*
Alter	âge *m* [aʒ] *[asch]*
alter Kahn	rafiot *m* [ʀafjo] *[rafio]*
Ältere (-r, -s)	aîné(e) *mf* [ene] *[ene]*
Amateur(in)	amateur, -trice *mf* [amatœʀ, -tʀis] *[amatör, -tris]*
Amazone	amazone *f* [amazon] *[amason]*
Ampulle	ampoule *f* [ɑ̃pul] *[ahpul]*
Amsel	merle *m* [mɛʀl] *[märle]*
an den Nagel hängen	plaquer [plake] *[plake]*
analog	analogue [analɔg] *[analog]*
Analyse	analyse *f* [analiz] *[analise]*
Ananas	ananas *m* [ananas] *[ananas]*
anbandeln	draguer [dʀage] *[drage]*
Anbau (von Pflanzen)	culture *f* [kyltyʀ] *[kültühr]*
Anbau	annexe *m* [anɛks] *[anäks]*
anbauen	accoler [akɔle] *[akole]*
anbeißen	mordre [mɔʀdʀ] *[mordre]*
anbinden	accoler [akɔle] *[akole]*
anbrennen	allumer [alyme] *[alüme]*
anbrennen	brûler [bʀyle] *[brühle]*
Anbringung	mise *f* [miz] *[mise]*
andere (-r, -s)	autre [otʀ] *[otre]*
ändern	changer [ʃɑ̃ʒe] *[schosche]*
anfällig	fragile [fʀaʒil] *[fraschil]*
Anfälligkeit	fragilité *f* [fʀaʒilite] *[fraschilite]*
anfangen (mit etw.)	commencer [kɔmɑ̃se] *[komanse]*
anfangen	commencer [kɔmɑ̃se] *[komanse]*

anfassen	toucher [tuʃe] *[tusche]*
anfetten	graisser [gʀɛse] *[gräse]*
Anforderungstaste	touche *f* [tuʃ] *[tusche]*
angebaut sein	adosser [adose] *[adose]*
Angeber(in)	crâneur, -euse *m* [kʀɑnœʀ, -œz] *[kranör, -ös]*
Angeberei	esbroufe *f* [ɛsbʀuf] *[äsbruf]*
angeberisch	blasé(e) [blaze] *[blase]*
angeberisch	crâneur, -euse *m* [kʀɑnœʀ, -œz] *[kranör, -ös]*
Angebranntes	brûle *m* [bʀyle] *[brüle]*
angebrochen	fêlé(e) [fele] *[fele]*
angehen	toucher [tuʃe] *[tusche]*
angelaufen	terne [tɛʀn] *[tärne]*
Angelegenheit	affaire *f* [afɛʀ] *[afär]*
angenehm	joli(e) [ʒoli] *[scholi]*
Angestellte(r)	employé(e) *mf* [ɑ̃plwaje] *[amplwaje]*
anglotzen	mater (2) [mate] *[mate]*
angreifen	miner [mine] *[mine]*
Angriff	raid *m* [ʀɛd] *[räd]*
Anhang	annexe *m* [anɛks] *[anäks]*
anhängen	accoler [akɔle] *[akole]*
anhäufen	amasser [amase] *[amase]*
Anhöhe	butte *f* [byt] *[büte]*
anklagen	accuser [akyze] *[aküse]*
ankleben	afficher [afiʃe] *[affische]*
Ankleben	collage *m* [kɔlaʒ] *[kolasch]*
ankleben	coller [kɔle] *[koleh]*
ankommen	arriver [aʀive] *[arive]*
anlegen	viser (1) [vize] *[wise]*
anlocken	attirer [atiʀe] *[atire]*
anmachen	allumer [alyme] *[alüme]*
anmachen	draguer [dʀage] *[drage]*
anmelden	déclare [deklaʀe] *[deklare]*
Anmerkung	note *f* [nɔt] *[not]*

Anmerkung	remarque *f* [ʀ(ə)maʀk] *[remark]*
Anmut	grâce *f* [gʀɑs] *[gras]*
Anorak	anorak *m* [anɔʀak] *[anorak]*
anpacken	aborder [abɔʀde] *[aborde]*
anpeilen	viser (1) [vize] *[wise]*
Ansatz	approche *f* [apʀɔʃ] *[aprosch]*
Anschaffung	achat *m* [aʃa] *[ascha]*
anschlagen	afficher [afiʃe] *[affische]*
Ansehen	prestige *m* [pʀɛstiʒ] *[prästische]*
ansprechen	aborder [abɔʀde] *[aborde]*
anständig	brave [bʀav] *[brave]*
Anstecknadel	barrette *f* [baʀɛt] *[barät]*
Ansteuerung	approche *f* [apʀɔʃ] *[aprosch]*
Anstieg	montée *f* [mɔ̃te] *[mohnte]*
anstoßen	bousculer [buskyle] *[busküle]*
anstrengend	fatigant(e) [fatigɑ̃ -ɑ̃t] *[fatigoh, -ot]*
Antenne	antenne *f* [ɑ̃tɛn] *[ahntän]*
Anwachsen	montée *f* [mɔ̃te] *[mohnte]*
anwesend	présent(e) [pʀezɑ̃, -ɑ̃t] *[preso, – ot]*
Anzeichen	signe *m* [siɲ] *[sinje]*
anziehen	attirer [atiʀe] *[atire]*
anziehen	chausser [ʃose] *[schose]*
anzünden	allumer [alyme] *[alüme]*
Apfel	pomme *f* [pɔm] *[pome]*
Appell	appel *m* [apɛl] *[apäl]*
Araber(in)	arab *mf* [aʀab] *[arab]*
arabisch	arab *mf* [aʀab] *[arab]*
Arbeit	besogne *f* [bəzɔɲ] *[besonje]*
Arbeit	boulot *m* [bulo] *[bulo]*
Arbeit	tâche *f* [tɑʃ] *[tasch]*
Arbeit	travail *m* [tʀavaj] *[trawei]*
arbeiten	travailler [tʀavaje] *[trawaje]*
Arbeitskittel	blouse *f* [bluz] *[bluse]*

Arbeitslose(r)	coômeur, -euse *mf* [ʃomœʀ, -øz] *[schomör, -ös]*
Arbeitsplatz	emploi *m* [ɑ̃plwa] *[amplwa]*
Arche	arche *f* [aʀʃ] *[arsch]*
Arm	bras *m* [bʀa] *[bra]*
arm	pauvre *mf* [povʀ] *[povr]*
Armbanduhr	montre *f* [mɔ̃tʀ] *[mohntre]*
Arme, der/die	pauvre *mf* [povʀ] *[povr]*
ärmlich	pauvre *mf* [povʀ] *[povr]*
arrogant	blasé(e) [blaze] *[blase]*
Arschbacke	fesse *f* [fɛs] *[fäs]*
Art (und Weise)	façon *f* [fasɔ̃] *[fasoh]*
Art	espèce *f* [ɛspɛs] *[äspäs]*
assistieren	aider [ede] *[ede]*
Atelier	atelier *m* [atəlje] *[atölje]*
Athlet(in)	athlète *mf* [atlɛt] *[atlät]*
auch	aussi [osi] *[osi]*
Aue	pré *m* [pʀe] *[pre]*
auf	dans [dɑ̃] *[doh]*
aufbrechen	partir [paʀtiʀ] *[partir]*
aufdecken	révéler [ʀevele] *[rewele]*
aufeinanderprallen	heurter ['œʀte] *[örte]*
aufeinanderschichten	gerber [ʒeʀbe] *[scherbe]*
Aufenthalt	séjour *m* [seʒuʀ] *[seschur]*
auffallen	remarquer [ʀ(ə)maʀke] *[römarke]*
auffangen	attraper [atʀape] *[atrape]*
aufführen	jouer [ʒwe] *[schwe]*
Aufgabe	besogne *f* [bəzɔɲ] *[besonje]*
Aufgabe	tâche *f* [tɑʃ] *[tasch]*
aufgeben	cesser [sese] *[sese]*
aufgeben	plaquer [plake] *[plake]*
aufhängen	afficher [afiʃe] *[affische]*
aufhören	cesser [sese] *[sese]*
Aufkleben	collage *m* [kɔlaʒ] *[kolasch]*

aufkleben	coller [kɔle] *[koleh]*
auflehnen	révolter [ʀevɔlte] *[rewolte]*
auflockern	biner [bine] *[bine]*
Aufnahme	photo *f* [fɔto] *[foto]*
aufpassen	garder [gaʀde] *[garde]*
Aufprall	heurt *m* ['œʀ] *[ör]*
Aufregung	trouble (1) *m* [tʀubl] *[trubl]*
aufreihen	aligner [aliɲe] *[alinje]*
Aufruf	appel *m* [apɛl] *[apäl]*
Aufruhr	trouble (1) *m* [tʀubl] *[trubl]*
Aufschrei	tollé *m* [tɔle] *[tole]*
aufschreiben	noter [nɔte] *[note]*
Aufsehen erregen	choquer [ʃɔke] *[schoke]*
aufsetzen (Hut)	coiffer [kwafe] *[kuafe]*
aufsetzen	libeller [libele] *[libele]*
aufspielen	jouer [ʒwe] *[schwe]*
aufsprühen	bomber [bɔ̃be] *[bombe]*
aufsteigen	monter [mɔ̃te] *[mohnte]*
aufstellen in einer Reihe	aligner [aliɲe] *[alinje]*
Aufstieg	montée *f* [mɔ̃te] *[mohnte]*
aufstöbern	dénicher [deniʃe] *[denische]*
auftauen	dégeler [deʒ(ə)le] *[desch(ö)le]*
aufteilen	diviser [divize] *[diwise]*
Aufteilung	partage *m* [partaʒ] *[partasch]*
auftreiben	dénicher [deniʃe] *[denische]*
aufwärmen	dégeler [deʒ(ə)le] *[desch(ö)le]*
aufwühlen	bouleverser *f* [bulvɛʀse] *[bulwärsee]*
aufzehren	miner [mine] *[mine]*
aufzeigen	montrer *f* [mɔ̃tʀe] *[mohntre]*
aufzeigen	révéler [ʀevele] *[rewele]*
Auge	œil *m* [œj, jø] *[öj, jö]*
Augenblick	instant *m* [ɛ̃stɑ̃] *[asto]*
August (Monat)	août *m* [u(t)] *[u(t)]*

ausbuddeln	creuser [kʀøze] *[kröse]*
ausdrücken (Zigarette)	écraser [ekʀɑze] *[ekrase]*
ausdrücken	dire [diʀ] *[dir]*
ausdrücken	exprimer [ɛkspʀime] *[äksprime]*
ausdrücken	presser (1) [pʀese] *[prese]*
auseinanderreißen	déchirer [deʃiʀe] *[deschire]*
auseinanderziehen	tirer [tiʀe] *[tiere]*
ausfertigen	libeller [libele] *[libele]*
ausfindig machen	dénicher [deniʃe] *[denische]*
ausführlich abhandeln	disserter [disɛʀte] *[disärte]*
ausgestorben sein	mort(e) [mɔʀ, mɔʀt] *[mor, mort]*
Ausgestoßene(r)	banni(e) *mf* [bani] *[bani]*
ausgraben	creuser [kʀøze] *[kröse]*
aushalten	tolérer [tɔleʀe] *[tolere]*
aushängen	afficher [afiʃe] *[affische]*
ausheben	creuser [kʀøze] *[kröse]*
aushöhlen	miner [mine] *[mine]*
ausklügeln	mitonner [mitɔne] *[mitone]*
auskugeln	démettre [demɛtʀ] *[demetre]*
ausladen	débarquer [debaʀke] *[debarke]*
auslassen (sich über etwas)	disserter [disɛʀte] *[disärte]*
ausnüchtern	dessoûler [desule] *[desule]*
auspressen	presser (1) [pʀese] *[prese]*
ausprobieren	essayer [eseje] *[eseje]*
ausreißen	tirer [tiʀe] *[tiere]*
ausrichten	axer [akse] *[axe]*
ausrüsten	armer [aʀme] *[arme]*
ausrutschen	déraper [deʀape] *[derape]*
aussagen	dire [diʀ] *[dir]*
aussaugen	sucer [syse] *[süse]*
ausschiffen	débarquer [debaʀke] *[debarke]*
ausschließen	bannir [baniʀ] *[banir]*
Ausschreitung	excès *m* [ɛksɛ] *[äksä]*

außer dass	sauf [sof] *[sof]*
außer	sauf [sof] *[sof]*
außer(halb)	hors ['ɔʀ] *[or]*
aussichtslos	perdu(e) [pɛʀdy] *[pärdü]*
aussortieren	trier [tʀije] *[trije]*
austunken	saucer [sose] *[sose]*
Auswahl	choix *m* [ʃwa] *[schwa]*
auswählen	trier [tʀije] *[trije]*
Ausweg	biais *m* [bjɛ] *[bjä]*
auswirken	jouer [ʒwe] *[schwe]*
auswischen	saucer [sose] *[sose]*
Auszählung	compte *mf* [kɔ̃t] *[komte]*
Auto	auto *f* [oto] *[oto]*
Auto	voiture *f* [vwatyr] *[vwatür]*
Autobahn	autoroute *f* [otoʀut] *[otorut]*
Autor(in)	auteur *mf* [otœʀ] *[otör]*
Axt	hache *f* [aʃ] *[asche]*
Baby	bébé *m* [bebe] *[bebe]*
Backe	joue *f* [ʒu] *[schu]*
backen	frire [fʀiʀ] *[frir]*
Backenbart	favoris *m* [favɔʀi] *[favori]*
Backofen	four *m* [fuʀ] *[fur]*
Badeanzug	maillot *m* [majo] *[majo]*
baff	baba [baba] *[baba]*
Baguette	baguette *m* [bagɛt] *[bagät]*
Bahndamm	ballast *m* [balast] *[balast]*
Bahnhof	gare *f* [gaʀ] *[gare]*
Ball (groß)	ballon *m* [balɔ̃] *[baloh]*
Ball	boule *f* [bul] *[bul]*
Ballast laden	lester [lɛste] *[läste]*
Ballen	botte *f* [bɔt] *[bot]*
Bank (Sitzbank)	banc *m* [bɑ̃] *[bo]*

Bankreihe	travée *f* [tʀave] *[trawe]*
Bar	bar (1) *m* [baʀ] *[bar]*
Bar	café *m* [kafe] *[kafe]*
Barde	barde *f* [baʀd] *[barde]*
Barke	barque *f* [barque] *[barke]*
Barren (Gold-)	lingot *m* [lɛ̃go] *[lähgo]*
Barren	barre *f* [baʀ] *[bar]*
Bart	barbe *f* [baʀb] *[barb]*
Basis	socle *m* [sɔkl] *[sokle]*
basteln	bricoler [bʀikɔle] *[brikole]*
bauen	bâtir [batiʀ] *[batir]*
Bauernhaus	ferme *f* [fɛʀm] *[färme]*
Bauernhof	ferme *f* [fɛʀm] *[färme]*
Baumstumpf	souche *f* [suʃ] *[susch]*
Bazillus	bacille *m* [basil] *[basile]*
bearbeiten	façonner [fasɔne] *[fasone]*
bearbeiten	travailler [tʀavaje] *[trawaje]*
beben	frissonner [fʀisɔne] *[frisone]*
(Spül-) Becken	bac *m* [bab] *[bak]*
bedeckt	couvert (2) [kuvɛʀ] *[kuwähr]*
beeinträchtigen	altérer [alteʀe] *[altere]*
beenden	clore *f* [klɔʀ] *[klor]*
beengen	serrer [seʀe] *[sere]*
beflecken	tacher [taʃe] *[tasche]*
beflissen	zélé(e) [zele] *[sele]*
beglaubigen	viser (2) [vize] *[wise]*
Behälter	bac *m* [bab] *[bak]*
behandeln	traiter [tʀete] *[trete]*
beherrschen	gouverner [guvɛʀne] *[guwärne]*
behindern	gêner [ʒene] *[schene]*
bei	dans [dɑ̃] *[doh]*
Bein	patte *f* [pat] *[pat]*
beißen	mordre [mɔʀdʀ] *[mordre]*

Bekämpfung	lutte *f* [lyt] *[lüt]*
bekleckern	tacher [taʃe] *[tasche]*
bekömmlich	digeste [diʒɛst] *[discheste]*
bekümmert	peiner [pene] *[pene]*
belästigen (jemanden)	embêter [ɑ̃bete] *[ahmbete]*
Belegschaft	équipe *f* [ekip] *[ekip]*
Belichtung	pose *f* [poz] *[pos]*
Beliebtheit	vogue *f* [vɔg] *[wog]*
bellen	aboyer [abwaje] *[abwaje]*
bemerken	remarquer [ʀ(ə)maʀke] *[römarke]*
bemerkt werden	remarquer [ʀ(ə)maʀke] *[römarke]*
Bemerkung	remarque *f* [ʀ(ə)maʀk] *[remark]*
benachteiligen	brimer [bʀime] *[brime]*
benachteiligen	léser [leze] *[lese]*
Bengel	gosse *mf* [gɔs] *[gos]*
berauschen	griser [gʀize] *[grise]*
Berechnung	calcul *m* [kalkyl] *[kalkül]*
Bereich	aire *m* [ɛʀ] *[äre]*
Bergspitze	pic *m* [pik] *[pik]*
Bergweide	alpage *m* [alpaʒ] *[alpasch]*
bersten	craquer [kʀake] *[krake]*
bersten	éclate [eklate] *[eklate]*
berühren	toucher [tuʃe] *[tusche]*
Beruf	métier *m* [metje] *[metje]*
beruhigen	assagir [asaʒiʀ] *[asaschir]*
beruhigen	calmer [kalme] *[kalme]*
Beruhigung	détente *f* [detɑ̃t] *[detohnte]*
bescheiden	modeste [mɔdɛst] *[modest]*
bescheuert	schnock [ʃnɔk] *[schnok]*
beschleunigen	presser (2) [pʀese] *[prese]*
beschließen	décider [deside] *[deside]*
beschuldigen	accuser [akyze] *[aküse]*
Beschwerden	trouble (1) *m* [tʀubl] *[trubl]*

beschweren	lester [lɛste] *[läste]*
Besen	balai *m* [balɛ] *[balä]*
besonnen	calme [kalm] *[kalm]*
besprühen	arroser [aʀoze] *[arose]*
besprühen	bomber [bɔ̃be] *[bombe]*
Bestand	stock *m* [stɔk] *[stok]*
Besteck	couvert (1) *m* [kuvɛʀ] *[kuwähr]*
bestücken	armer [aʀme] *[arme]*
bestürzen	bouleverser *f* [bulvɛʀse] *[bulwärsee]*
betagt	âgè(e) [aʒe] *[ascheh]*
betätscheln	flatter [flate] *[flate]*
betäuben	griser [gʀize] *[grise]*
betonieren	bétonner [betɔne] *[betone]*
Betreuung	tutelle *f* [tytɛl] *[tütäl]*
Betrieb	entreprise *f* [ɑ̃tʀəpʀiz] *[ohntrepries]*
Betrogene(r)	dupe *f* [dyp] *[düpe]*
betrübt	peiner [pene] *[pene]*
betrügen	frauder [fʀode] *[frode]*
betrügen	tromper [tʀɔ̃pe] *[trohmpe]*
Betrug	fraude *f* [fʀod] *[frode]*
betrunken machen	griser [gʀize] *[grise]*
Bett	lit *m* [li] *[li]*
Bettdecke	couverture *f* [kuvɛʀtyʀ] *[kuvärtür]*
beugen	décliner [dekline] *[dekline]*
Beule	bosse *f* [bɔs] *[bos]*
Bevormundung	tutelle *f* [tytɛl] *[tütäl]*
bewachen	garder [gaʀde] *[garde]*
bewaffnen	armer [aʀme] *[arme]*
beweisen	démontrer [demɔ̃tʀe] *[demontre]*
beweisen	montrer *f* [mɔ̃tʀe] *[mohntre]*
bewerfen	crépir [kʀepiʀ] *[krepier]*
bewilligen	autoriser *f* [otoʀize] *[otorise]*
bewohnen	habiter [abite] *[abite]*

bewölkt	couvert (2) [kuvɛʀ] *[kuwähr]*
bewundern	admirer [admiʀe] *[admire]*
bezichtigen	accuser [akyze] *[aküse]*
beziehen	toucher [tuʃe] *[tusche]*
Bezirk	district *m* [distʀikt] *[distrikt]*
bezwingen	mater (1) [mate] *[mate]*
Bibel	bible *f* [bibl] *[bible]*
Biber	castor *m* [kastɔʀ] *[kastor]*
biegen (sich)	pencher [pɑ̃ʃe] *[pohsche]*
biegen	tourner [tuʀne] *[turne]*
biegsam	souple [supl] *[supl]*
Biegung	courbe *f* [kuʀb] *[kurb]*
Biene	abeille *f* [abɛj] *[abäje]*
Bier	bière (1) *f* [bjɛʀ] *[bjär]*
Bierglas	bock *m* [bɔk] *[bok]*
Bild	dessin *m* [desɛ̃] *[desoh]*
Bild	image *f* [imaʒ] *[imasch]*
Bild	photo *f* [fɔto] *[foto]*
Bildnis	effigie *f* [efiʒi] *[efischi]*
Bildung	culture *f* [kyltyʀ] *[kültühr]*
Bindfaden	ficelle *f* [fisɛl] *[fisäl]*
bis auf	sauf [sof] *[sof]*
Biskuit	biscuit *m* [biskᶣi] *[biskui]*
Bitte	demande *f* [dəmɑ̃d] *[demohnde]*
bitter	amer, -ère [amɛʀ] *[amähr]*
Blase	bulle *f* [byl] *[bül]*
Blase	cloque *f* [klɔk] *[klok]*
blasiert	blasé(e) [blaze] *[blase]*
Blaskapelle	fanfare *f* [fɑ̃faʀ] *[fofahr]*
Blau	bleu *m* [blø] *[blö]*
blau	bleu *m* [blø] *[blö]*
Blech	tôle *f* [tol] *[tol]*
Blechnapf	gamelle *f* [gamɛl] *[gammäl]*

bleich	blême [blɛm] *[bläm]*
Blickwinkel	angle *m* [ɑ̃gl] *[ongle]*
blind	aveugle [avœgl] *[avögle]*
Blindenschrift	braille *m* [bʀɑj] *[braj]*
Blitz	éclair *m* [eklɛʀ] *[eklär]*
Blitz	flash *m* [flaʃ] *[flasch]*
Block	bloc *m* [blɔk] *[blok]*
Block	lingot *m* [lɛ̃go] *[lähgo]*
Blockade	blocage *m* [blɔkaʒ] *[blokasche]*
blockieren	caler [kale] *[kale]*
blöken	bêler [bele] *[bele]*
Blüte	fleur *f* [flœʀ] *[flöhr]*
Bluff	esbroufe *f* [ɛsbʀuf] *[äsbruf]*
Blume	fleur *f* [flœʀ] *[flöhr]*
Blumenvase	vase *m* [vaz] *[was]*
Bluse	blouse *f* [bluz] *[bluse]*
Blutwurst	boudin *m* [budɛ̃] *[buda]*
Boden	fond *m* [fɔ̃] *[foh]*
Boden	sol *m* [sɔl] *[sol]*
Boden	terre *f* [tɛr] *[tär]*
Bodensatz	boue *f* [bu] *[bu]*
Bogen	arc *m* [aʀk] *[ark]*
bohnern	cirer [siʀe] *[sire]*
bohren	creuser [kʀøze] *[kröse]*
Bohrturm	derrick *m* [deʀik] *[derik]*
Bollwerk	forteresse *f* [fɔʀtəʀɛs] *[forteräs]*
Boot	barque *f* [barque] *[barke]*
Boot	bateau *m* [bato] *[bato]*
böse	mal *f* [mal] *[mal]*
Böse	mal *f* [mal] *[mal]*
Bottich	bac *m* [bab] *[bak]*
Bottich	baquet *m* [bakɛ] *[bakä]*
Boutique	boutique *fm* [butik] *[butike]*

Boxershorts	caleçon *m* [kalsɔ̃] *[kalsoh]*
Brachland (unbebautes Gelände)	friche *f* [fʀiʃ] *[frisch]*
Branche	branche *f* [bʀɑ̃ʃ] *[brohsche]*
Brand	feu *m* [fø] *[fö]*
braten	frire [fʀiʀ] *[frir]*
braten	rôtir [ʀotir] *[rotir]*
braun	brun(e) [bʀyn] *[brün]*
bräunen	hâler [ˈɑle] *[ale]*
bravo	bravo [bʀavo] *[brawo]*
brechen	briser [bʀize] *[brise]*
brechen	casser [kase] *[kase]*
brechen	craquer [kʀake] *[krake]*
bremsen	bride [bʀide] *[bride]*
brennen	brûler [bʀyle] *[brühle]*
Brennweite	focale *f* [fɔkal] *[fokal]*
Bresche	brèche *f* [bʀɛʃ] *[bresch]*
Brett	planche *f* [plɑ̃ʃ] *[plohsch]*
Brezel	bretzel *m* [bʀetsɛl] *[brezäl]*
Bridge (Kartenspiel)	bridge *m* [bʀidʒ] *[bridsch]*
Briefpost	courrier *m* [kuʀje] *[kurie]*
Briefumschlag	enveloppe *f* [ɑ̃vlɔp] *[ahnvlope]*
bringen	apporter [apɔʀte] *[aporte]*
(Knochen-) Bruch	fracture *f* [fʀaktyʀ] *[fraktür]*
Bruchbude	baraque *f* [baʀak] *[barak]*
Bruchstück	fragment *f* [fʀagmɑ̃] *[fragmoh]*
Bruder	frère *m* [fʀɛʀ] *[frere]*
brüchig	fêlé(e) [fele] *[fele]*
Brücke	bridge *m* [bʀidʒ] *[bridsch]*
Brüderchen	frérot *m* [fʀeʀo] *[frero]*
brummen	fredonner [fʀədɔne] *[fredone]*
Brust	sein *m* [sɛ̃] *[säh]*
Brut	couvée *f* [kuve] *[kuve]*
Buch	livre *m* [livʀ] *[lihvre]*

Buchhülle	jaquette *f* [ʒakɛt] *[schakät]*
Bucht, kleine	crique *f* [kʀik] *[krike]*
Buckel	bosse *f* [bɔs] *[bos]*
Bude	baraque *f* [baʀak] *[barak]*
Bude	cabane *f* [kaban] *[kabane]*
Bude	taule *f* [tol] *[tole]*
Budget	budget *m* [bydʒɛ] *[büdschä]*
Büchse	fusil *m* [fyzi] *[füsi]*
Büfett	buffet *m* [byfɛ] *[büfä]*
Büffel	buffle *m* [byfl] *[büfle]*
büffeln	bosser [bɔse] *[bose]*
Bündel	botte *f* [bɔt] *[bot]*
bürgerlich	bourgeois(e) [buʀʒwa, -waz] *[burschwa, -was]*
Bürgermeister	maire *m* [mɛʀ] *[mär]*
Büro	bureau *m* [byro] *[büro]*
Bürste	balai *m* [balɛ] *[balä]*
Büschel	toupet *m* [tupɛ] *[tupä]*
bummeln	traîner [tʀene] *[trene]*
bumsen	baiser [beze] *[beseh]*
Bunker	bloc *m* [blɔk] *[blok]*
Bursche	gars *m* [ga] *[ga]*
Bus	car (1) *m* [kaʀ] *[kar]*
Bussard	buse (1) *f* [byz] *[büs]*
Butter	beurre *m* [bœʀ] *[bör]*
Campingtopf	gamelle *f* [gamɛl] *[gammäl]*
Cape	cape *f* [kap] *[kape]*
CD	compact *m* [kɔ̃pakt] *[kohmpakt]*
Chaos	désordre *m* [dezɔʀdʀ] *[desordre]*
Charme	charme *m* [ʃaʀm] *[scharm]*
Chef(in)	patron(ne) *mf* [patʀɔ̃, ɔn] *[patroh, -on]*
Chef(in)	chef *mf* [ʃɛf] *[schäf]*
Chemie	chimie *f* [ʃimi] *[schimi]*

Chips	chips *f* [ʃips] *[schips]*
Cidre	cidre *m* [sidʀ] *[sidre]*
Clown	clown *m* [klun] *[klun]*
Collage	collage *m* [kɔlaʒ] *[kolasch]*
Comic	bédé *f* [bede] *[bede]*
Comicstrip	bédé *f* [bede] *[bede]*
Crêpe	crêpe *f* [kʀɛp] *[kräp]*
da	alors [alɔʀ] *[alor]*
Dachschindel	bardeau *m* [baʀdo] *[bardo]*
daher	aussi [osi] *[osi]*
damals	alors [alɔʀ] *[alor]*
Dame	dame *f* [dam] *[dame]*
Dame	reine *f* [ʀɛn] *[rän]*
dämlich	godiche [gɔdiʃ] *[godisch]*
Dämlichkeit	bêtise *f* [betiz] *[betise]*
dämpfen	calmer [kalme] *[kalme]*
danach	après *f* [apʀɛ] *[aprä]*
danebengehen	louper [lupe] *[lupe]*
danke	merci [mɛʀsi] *[märsi]*
dann	alors [alɔʀ] *[alor]*
dann	après *f* [apʀɛ] *[aprä]*
Dattel	datte *f* [dat] *[dat]*
Dauer	durée *f* [dyre] *[düre]*
dauern	durer [dyʀe] *[düre]*
Daumen	pouce *m* [pus] *[puse]*
Decke	couverture *f* [kuvɛʀtyʀ] *[kuvärtür]*
Degen	épée *f* [epe] *[epe]*
Delfin	douphin *m* [dofɛ̃] *[dofäh]*
Delikt	délit *m* [deli] *[deli]*
den starken Mann spielen	crâner [kʀɑne] *[krane]*
denken (an jemanden)	songer [sɔ̃ʒe] *[sosche]*
denn	car (2) [kaʀ] *[kar]*

derb	gauloise [golwa, -was] *[golwa, -was]*
deshalb	aussi [osi] *[osi]*
detonieren	détoner [detɔne] *[detone]*
deutlich	nettement [nɛtmɑ̃] *[nätmoh]*
Deutsche(r)	allemand(e) *mf* [almɑ̃, -ɑ̃d] *[almoh, -ond]*
Deutschland	allemagne *f* [almaɲ] *[alman]*
Diabetes	diabète *m* [djabɛt] *[djabät]*
dick	épais(se) [epɛ, epɛs] *[epä, epäs]*
dick	gros(se) [gʀo, gʀos] *[gro, gros]*
dick machen	grossir [gʀosiʀ] *[grosihr]*
dick werden	figer [fiʃe] *[fische]*
dicker werden	grossir [gʀosiʀ] *[grosihr]*
die Linke (polit.)	gauche *f* [goʃ] *[gosche]*
die Sinne benebeln	griser [gʀize] *[grise]*
Diebstahl	vol (1) *m* [vɔl] *[wol]*
Diele	couloir *m* [kulwaʀ] *[kulwar]*
Diele	entrée *f* [ɑ̃tʀe] *[ohntre]*
Dienstag	mardi *m* [maʀdi] *[mardi]*
Dienstmädchen	bonne *f* [bɔn] *[bon]*
Diesel(motor)	diesel *m* [djezɛl] *[djesäl]*
Dietrich	crochet *m* [kʀɔʃɛ] *[kroschä]*
Diktat	diktat *m* [diktat] *[diktat]*
diktieren	dicter [dikte] *[dikte]*
Dill	aneth *m* [anɛt] *[anät]*
Ding	chose *f* [ʃoz] *[schose]*
Ding	truc *m* [tʀyk] *[trük]*
Dings	machine *f* [maʃin] *[maschine]*
Dingsbums	truc *m* [tʀyk] *[trük]*
Diskrepanz	écart *m* [ekaʀ] *[ekar]*
Distrikt	district *m* [distʀikt] *[distrikt]*
dividieren	diviser [divize] *[diwise]*
Donner	tonnerre *m* [tɔnɛʀ] *[tonär]*
doof	godiche [gɔdiʃ] *[godisch]*

Dope	came *f* [kam] *[kam]*
dosieren	doser [doze] *[dose]*
Drama	drame *m* [dʀam] *[dram]*
drängeln	bousculer [buskyle] *[buskűle]*
drängeln	pousser [puse] *[puse]*
Dreck	boue *f* [bu] *[bu]*
Dreck	crasse *f* [kʀas] *[krass]*
Dreharbeiten	tournage *m* [tuʀnaʒ] *[turnasche]*
drehen	tourner [tuʀne] *[turne]*
dreifach	triple [tʀipl] *[tripl]*
Drucktaste	touche *f* [tuʃ] *[tusche]*
Düne	dune *f* [dyn] *[düne]*
dünkelhaft	blasé(e) [blaze] *[blase]*
dürfen	pouvoir (2) *m* [puvwaʀ] *[puvwar]*
Düse	buse (2) *f* [byz] *[büs]*
dulden	tolérer [tɔleʀe] *[tolere]*
dumm	godiche [gɔdiʃ] *[godisch]*
Dummheit	ânerie *f* [ɑnʀi] *[anri]*
Dummheit	bêtise *f* [betiz] *[betise]*
Dummkopf	bête *f* [bɛt] *[bät]*
dunkel	brun(e) [bʀyn] *[brün]*
Dunst	brume *f* [bʀym] *[brüme]*
durcheinander	perdu(e) [pɛʀdy] *[pärdü]*
durcheinanderbringen, völlig	bouleverser *f* [bulvɛʀse] *[bulwärsee]*
durchhacken	biner [bine] *[bine]*
durchkneten	brasser [bʀase] *[brase]*
durchnässen	tremper [tʀɑ̃pe] *[trohmpe]*
Durst	soif *f* [swaf] *[swaf]*
Dusche	douche *f* [duʃ] *[dusch]*
ebenfalls	aussi [osi] *[osi]*
Echo	écho *m* [eko] *[eko]*
Ecke	angle *m* [ɑ̃gl] *[ongle]*

Ecke	coin *m* [kwɛ] *[kwäh]*
Eckzahn	canine *f* [kanin] *[kanin]*
Eclaire (Süßigkeit)	éclair *m* [eklɛʀ] *[eklär]*
Ecstasy	ecstasy *f* [ɛkstazi] *[äkstasi]*
Ehe	mariage *m* [maʀjaʒ] *[marjasch]*
Ehemann	mari *m* [maʀi] *[mari]*
Ehepaar	couple *m* [kupl] *[kuple]*
Ei	œuf *m* [œf, ø] *[öf, ö]*
Eid	serment *m* [sɛʀmɑ̃] *[särmoh]*
eifrig	zélé(e) [zele] *[sele]*
Eimer	seau *m* [so] *[so]*
einbrechen	cambrioler [kɑ̃bʀijole] *[kambriole]*
einbrocken	tremper [tʀɑ̃pe] *[trohmpe]*
Einbuße	baisse *f* [bɛs] *[bäs]*
eindeutig	nettement [nɛtmɑ̃] *[nätmoh]*
eine Schau abziehen	crâner [kʀɑne] *[krane]*
eine Sitzung abhalten	siéger [sjeʒe] *[sjesche]*
einen Schlag verpassen	flanquer [flɑke] *[flohnke]*
einfetten	graisser [gʀɛse] *[gräse]*
Einfrieren	gel *m* [ʒɛl] *[schäll]*
Eingang	accès *m* [aksɛ] *[aksä]*
Eingang	entrée *f* [ɑ̃tʀe] *[ohntre]*
eingebildet	blasé(e) [blaze] *[blase]*
eingipsen	sceller [sele] *[sele]*
einhundert	cent [sɑ̃] *[so]*
Einkauf	achat *m* [aʃa] *[ascha]*
einkaufen	acheter [aʃte] *[aschte]*
Einkaufskorb	cabas *m* [kabɑ] *[kaba]*
Einkaufsmarkt	magasin *m* [magazɛ̃] *[magasoh]*
Einkaufstasche	cabas *m* [kabɑ] *[kaba]*
einkreisen	cerner [sɛʀne] *[särne]*
Einlage	mise *f* [miz] *[mise]*
einlegen	macérer [maseʀe] *[masere]*

Einmachglas	bocal *m* [bɔkal] *[bokal]*
einmauern	sceller [sele] *[sele]*
Einöde	désert *m* [dezɛʀ] *[desär]*
einpferchen	parquer [paʀke] *[parke]*
einrammen	ficher (1) [fiʃe] *[fische]*
einreißen	déchirer [deʃiʀe] *[deschire]*
einrollen	lover [lɔve] *[love]*
Einsatz	mise *f* [miz] *[mise]*
einschalten	allumer [alyme] *[alüme]*
einschlagen	ficher (1) [fiʃe] *[fische]*
einschnüren	serrer [seʀe] *[sere]*
Einsiedelei	ermitage *m* [ɛʀmitaʒ] *[ermitasch]*
Einsiedler	ermit *m* [ɛʀmit] *[ermit]*
einst	naguère [nagɛʀ] *[nagär]*
einstapfen	damer [dame] *[dame]*
einstellen	cesser [sese] *[sese]*
Einstieg	entrée *f* [ɑ̃tʀe] *[ohntre]*
einteilen	grouper [gʀupe] *[grupe]*
Eintracht	concorde *f* [kɔ̃kɔʀd] *[konkord]*
Eintreten	entrée *f* [ɑ̃tʀe] *[ohntre]*
Eintritt	entrée *f* [ɑ̃tʀe] *[ohntre]*
Eintrittskarte	ticket *m* [tikɛ] *[tikä]*
eintunken	tremper [tʀɑ̃pe] *[trohmpe]*
Einvernehmen	accord *m* [akɔʀ] *[akor]*
Einverständnis	accord *m* [akɔʀ] *[akor]*
einwässern	macérer [maseʀe] *[masere]*
einweichen	macérer [maseʀe] *[masere]*
einzementieren	sceller [sele] *[sele]*
Eis	glace *f* [glas] *[glass]*
Eiseskälte	gel *m* [ʒɛl] *[schäll]*
eisig	tôlé(e) [tole] *[tole]*
Eiweiß	gaire *f* [glɛʀ] *[glär]*
Ekel	dégoût *m* [degu] *[degu]*

Elefant	éléphant *m* [elefɑ̃] *[elefoh]*
elegant	smart [smaʀt] *[smart]*
empfindlich	fragile [fʀaʒil] *[fraschil]*
empören	révolter [ʀevɔlte] *[rewolte]*
Empörung	tollé *m* [tɔle] *[tole]*
Ende	bout *m* [bu] *[bu]*
Endstation	terminus *m* [tɛʀminys] *[terminüs]*
Engagement	engagement *m* [ɑ̃gaʒmɑ̃] *[ohgaschmoh]*
Engel	ange *m* [ɑ̃ʒ] *[ohsche]*
Engelchen	angelot *m* [ɑ̃ʒlo] *[ahschlo]*
enorm	immense [immɑ̃s] *[immohs]*
Entenküken	caneton *m* [kantɔ] *[kantoh]*
Entenweibchen	cane *f* [kan] *[kane]*
Entfernung	distance *f* [distɑ̃s] *[distohs]*
enthüllen	révéler [ʀevele] *[rewele]*
entlassen	libérer [libeʀe] *[libereh]*
entlocken	dérober [deʀɔbe] *[derobe]*
entschärfen	calmer [kalme] *[kalme]*
entschließen	décider [deside] *[deside]*
entschuldigen	excuser [ɛkskyze] *[äksküse]*
entspannen	dégeler [deʒ(ə)le] *[desch(ö)le]*
Entspannung	détente *f* [detɑ̃t] *[detohnte]*
entstellen	maquiller [makije] *[makije]*
Entwurf	dessin *m* [desɛ] *[desoh]*
entwurzeln	arracher [aʀaʃe] *[arasche]*
erbauen	bâtir [bɑtiʀ] *[batir]*
erbrechen	vomir [vɔmiʀ] *[vomir]*
Erbse	pois *m* [pwa] *[pua]*
Erdbeere	fraise *f* [fʀɛz] *[fräse]*
Erde	sol *m* [sɔl] *[sol]*
Erde	terre *f* [tɛr] *[tär]*
Erdhügel	butte *f* [byt] *[büte]*
Erfolg	succès *m* [syksɛ] *[süksä]*

erfroren	gelé(e) [ʒ(ə)le] *[schöle]*
ergreifen	saisir *f* [seziʀ] *[sesir]*
erhaschen	saisir *f* [seziʀ] *[sesir]*
erheben	élever [elve] *[elwe]*
erkennen lassen	montrer *f* [mɔ̃tʀe] *[mohntre]*
erklären	déclare [deklaʀe] *[deklare]*
erlauben	autoriser *f* [otoʀize] *[otorise]*
erledigt sein	mort(e) [mɔʀ, mɔʀt] *[mor, mort]*
erlegen	tuer [tˠe] *[tüe]*
erloschen	mort(e) [mɔʀ, mɔʀt] *[mor, mort]*
ermüdend	fatigant(e) [fatigɑ̃-ɑ̃t] *[fatigoh, -ot]*
ernst	grave [gʀav] *[grav]*
ernsthaft	grave [gʀav] *[grav]*
erpressen (jemanden)	racketter [ʀakete] *[rakete]*
errichten	bâtir [bɑtiʀ] *[batir]*
errichten	élever [elve] *[elwe]*
erschrocken (zu Tode)	affolé(e) [afɔle] *[afole]*
erschüttern	bouleverser *f* [bulvɛʀse] *[bulwärsee]*
erstarren	figer [fiʃe] *[fische]*
erstaunt	baba [baba] *[baba]*
erstaunt sein	admirer [admiʀe] *[admire]*
erstklassig	extra [ɛkstʀa] *[äkstra]*
ertappen	attraper [atʀape] *[atrape]*
erteilen	accorder [akɔʀde] *[akorde]*
ertragen	tolérer [tɔleʀe] *[tolere]*
erweisen	accorder [akɔʀde] *[akorde]*
erwischen	attraper [atʀape] *[atrape]*
Esel	âne *m* [ɑn] *[an]*
Eselei	ânerie *f* [ɑnʀi] *[anri]*
Eselin	ânesse *f* [ɑnɛs] *[anäs]*
Essen	bouffe *f* [buf] *[bufe]*
essen	bouffer [bufe] *[bufe]*
essen	manger [mɑ̃ʒe] *[mohnsche]*

Essen	mets *m* [mɛ] *[mä]*
Essensmarke	ticket *m* [tikɛ] *[tikä]*
Essgeschirr	gamelle *f* [gamɛl] *[gammäl]*
etwas machen (tun)	ficher (1) [fiʃe] *[fische]*
etwas, was	quelque chose [kɛlkəʃoz] *[kälkeschos]*
Eule	chouette (1) *f* [ʃwɛt] *[schwät]*
Europa	Europe *f* [øʀɔp] *[örop]*
exakt	exact(e) [ɛgzakt] *[äxakt]*
explodieren	éclate [eklate] *[eklate]*
explodieren	péter [pete] *[pete]*
Exzess	excès *m* [ɛksɛ] *[äksä]*
fabelhafte Köchin	cordon-bleu *mf* [kɔʀdɔ̃blœ] *[kordonblö]*
fabelhafter Koch	cordon-bleu *mf* [kɔʀdɔ̃blœ] *[kordonblö]*
Fabrik	fabrique *f* [fabʀik] *[fabrike]*
Fackel	torche *f* [tɔʀʃ] *[torsch]*
fad(e)	fade [fad] *[fad]*
Faden	fil *m* [fil] *[fil]*
fähig	apte [apt] *[apte]*
fahl	terne [tɛʀn] *[tärne]*
Fähre	bac *m* [bab] *[bak]*
Fähre	ferry *m* [feʀi] *[feri]*
fahren	naviguer [navige] *[nawige]*
Fahrkarte	ticket *m* [tikɛ] *[tikä]*
Fahrrad	bicyclette *f* [bisiklɛt] *[bisiklät]*
Fahrt	course *f* [kuʀs] *[kurs]*
Fahrt	marche *f* [maʀʃ] *[marsch]*
Fährte	piste *f* [pist] *[pist]*
Fall	affaire *f* [afɛʀ] *[afär]*
Fall	baisse *f* [bɛs] *[bäs]*
Fall	cas *m* [kɑ] *[ka]*
Fall	chute *f* [ʃyt] *[schüt]*
fallen lassen	lâcher [laʃe] *[lasche]*

Falltür	trappe *f* [tʀap] *[trap]*
falsch	faux, fausse [fo, fos] *[fo, fos]*
falschliegen	goure [guʀe] *[gure]*
falsch	postiche [pɔstiʃ] *[postisch]*
fälschen	maquiller [makije] *[makije]*
familiär	familier, -iére [familje, -jɛʀ] *[familje, jär]*
Fang	chasse *f* [ʃas] *[schase]*
Farbe	couleur *f* [kulœʀ] *[kulör]*
farblos	terne [tɛʀn] *[tärne]*
Farm	ferme *f* [fɛʀm] *[färme]*
Faser	fibre *f* [fibʀ] *[fibre]*
Faser	fil *m* [fil] *[fil]*
Fass	tonneau *m* [tɔno] *[tono]*
fassen	saisir *f* [seziʀ] *[sesir]*
Fata Morgana	mirage *m* [miʀaʒ] *[mirasch]*
faulen	gâter [gate] *[gate]*
Fausthandschuh	moufle *f* [mufl] *[mufle]*
Fäustling	moufle *f* [mufl] *[mufle]*
Februar	février *m* [fevʀije] *[fewrije]*
Feder	plume *f* [plym] *[plüm]*
Fee	fée *f* [fe] *[fe]*
Fehlbestand	écart *m* [ekaʀ] *[ekar]*
Fehler	faute *f* [fot] *[fot]*
Fehler	tort *m* [tɔʀ] *[tor]*
feiern	fêter [fete] *[fete]*
Feige	figue *f* [fig] *[fige]*
feilen	limer [lime] *[lime]*
Feld (beim Formular/ Gesellschaftsspiel)	case *f* [kaz] *[kase]*
Feld	champ *m* [ʃɑ̃] *[schoh]*
Fell	peau *f* [po] *[po]*
Fels	roc *m* [ʀɔk] *[rok]*
Felsen	rocher *m* [ʀɔʃe] *[roschee]*

Fenster	carreau *m* [kaʀo] *[karo]*
Fensterladen	volet *m* [vɔlɛ] *[wolä]*
Fernglas	jumelles *f* [ʒymɛl] *[schümäl]*
fertigmachen	claquer [klake] *[klake]*
Fest	fête *f* [fɛt] *[fät]*
fest werden	figer [fiʃe] *[fische]*
festbeißen	gripper [gʀipe] *[gripe]*
Feste	forteresse *f* [fɔʀtəʀɛs] *[forteräs]*
festkleben (an etwas)	adhérer [adere] *[adere]*
festlich speisen	festoyer [fɛstwaje] *[fästwaje]*
festmachen	atacher [ataʃe] *[atasche]*
festsitzen	gripper [gʀipe] *[gripe]*
feststampfen	damer [dame] *[dame]*
feststellen	caler [kale] *[kale]*
Festung	forteresse *f* [fɔʀtəʀɛs] *[forteräs]*
Fete	boum *f* [bum] *[bum]*
fett	gras(se) [gʀɑ, gʀɑs] *[gra, grase]*
fett	gros(se) [gʀo, gʀos] *[gro, gros]*
fettig	gras(se) [gʀɑ, gʀɑs] *[gra, grase]*
Fettwanst	boudin *m* [budɛ̃] *[buda]*
Fetzen	loque *f* [lɔk] *[lok]*
feucht	moite [mwat] *[mwat]*
Feuer	feu *m* [fø] *[fö]*
Feuerstein	silex *m* [silɛks] *[siläks]*
Filet	filet *m* [filɛ] *[filä]*
Film	film *m* [film] *[film]*
Fimmel	manie *f* [mani] *[mani]*
fingerfertig	habile [abil] *[abil]*
Firma	entreprise *f* [ɑ̃tʀəpʀiz] *[ohntrepries]*
First	crête *f* [kʀɛt] *[krät]*
(Dach-) First	fâite *m* [fɛt] *[fät]*
Fisch	poisson *m* [pwasɔ̃] *[puason]*
Fittiche	aile *f* [ɛl] *[älle]*

fix und fertig	nase [naz] *[nas]*
flattern	voleter [vɔlte] *[wolte]*
Flause	bêtise *f* [betiz] *[betise]*
flechten	tresser [tʀese] *[trese]*
Fleck	marque *f* [maʀk] *[marke]*
Flecken bekommen	tacher [taʃe] *[tasche]*
Fleischberg	boudin *m* [budɛ̃] *[buda]*
flexibel	souple [supl] *[supl]*
Fliege	mouche *f* [muʃ] *[musche]*
fliegen lassen	lâcher [laʃe] *[lasche]*
fliegen	naviguer [navige] *[nawige]*
fliegen	voler (2) [vɔle] *[vole]*
Fliese	carreau *m* [kaʀo] *[karo]*
fließen	coule [kule] *[kule]*
Flinte	fusil *m* [fyzi] *[füsi]*
flitzen	filer [file] *[file]*
Flotte	flotte (1) *f* [flɔt] *[flot]*
flüchtig	sommaire [sɔmɛʀ] *[somär]*
Flügel	aile *f* [ɛl] *[älle]*
flüstern	chuchoter [ʃyʃɔte] *[schüschote]*
Flug	vol (2) *m* [vɔl] *[wol]*
Flugblatt	tract *m* [tʀakt] *[trakt]*
Flur	couloir *m* [kulwaʀ] *[kulwar]*
Flur	entrée *f* [ɑ̃tʀe] *[ohntre]*
Flut	flot *m* [flo] *[flo]*
Flut	flux *m* [fly] *[flü]*
Folge(erscheinung)	séquelle *f* [sekɛl] *[sekäl]*
folgen (jemandem)	obéir [ɔbeiʀ] *[obe'ir]*
Folter	torture *f* [tɔʀtyʀ] *[tortür]*
Förderband (kreisförmiges)	carrousel *m* [kaʀuzɛl] *[karusäl]*
fordern	vouloir [vulwaʀ] *[vulwar]*
Forelle	truite *f* [tʀɥit] *[truit]*
Form	forme *f* [fɔrm] *[forme]*

Form	moule (1) *m* [mul] *[mule]*
formulieren	libeller [libele] *[libele]*
Foto	photo *f* [fɔto] *[foto]*
Frack	habit *m* [abi] *[abi]*
Fragment	fragment *f* [fʀagmɑ̃] *[fragmoh]*
Frankreich	France *f* [fʀɑ̃s] *[frohns]*
französisch	français(e) [fʀɑ̃sɛ, fʀɑ̃sɛz] *[frohsä, frohsäs]*
Frau	femme *f* [fam] *[fam]*
Freiheit	liberté *f* [libɛʀte] *[libärteh]*
freilassen	libérer [libeʀe] *[libereh]*
fressen	bouffer [bufe] *[bufe]*
fressen	manger [mɑ̃ʒe] *[mohnsche]*
Freude	joie *f* [ʒwa] *[schwa]*
Freund(in)	ami(e) *mf* [ami] *[ami]*
Freund(in)	copine *mf* [kɔpin] *[kopin]*
Freundin	belle *f* [bɛl] *[bäle]*
frisieren	coiffer [kwafe] *[kuafe]*
Frist	délai *m* [delɛ] *[delä]*
frittieren	frire [fʀiʀ] *[frir]*
froh	heureux, -euse [øʀø, -øz] *[örö, -ös]*
fröhlich	allègre [alɛgʀ] *[alägr]*
fröhlich	gai(e) [ge, gɛ] *[ge, gä]*
fröhlich	gaiement [gemɑ̃] *[gemoh]*
Fröhlichkeit	joie *f* [ʒwa] *[schwa]*
Frost	gel *m* [ʒɛl] *[schäll]*
frösteln	frissonner [fʀisɔne] *[frisone]*
Frühling	printemps *m* [pʀɛ̃tɑ̃] *[prähtäh]*
Frühstücksschale	bol *m* [bɔl] *[bol]*
führen	gérer [ʒeʀe] *[schere]*
Füller	stylo *m* [stilo] *[stilo]*
fünf	cinq *m* [sɛ̃k] *[sänk]*
fünfzehn	quinze *f* [kɛ̃z] *[käs]*
für	pour [puʀ] *[pur]*

fürchterlich	sacré(e) [sakʀe] *[sakre]*
Füßchen	peton *m* [pətɔ̃] *[petoh]*
furzen	péter [pete] *[pete]*
Fuß	base *f* [baz] *[bas]*
Fußball	ballon *m* [balɔ̃] *[baloh]*
Fußballtor	but *m* [by(t)] *[bü(t)]*
Futter	pâtée *f* [pɑte] *[pate]*
futtern	bouffer [bufe] *[bufe]*
Futtertrog	auge *f* [oʒ] *[osche]*
gähnen	bâiller [baje] *[baie]*
Galaxie	galaxie *f* [galaksi] *[galaxi]*
Galle	bil *f* [bil] *[bile]*
gallisch	gauloise [golwa, -was] *[golwa, -was]*
Gang	allée *f* [ale] *[ale]*
Gang	couloir *m* [kulwaʀ] *[kulwar]*
Gang	démarche *f* [demaʀʃ] *[demarsch]*
Gang	marche *f* [maʀʃ] *[marsch]*
Gangart	démarche *f* [demaʀʃ] *[demarsch]*
Gans	oie *f* [wa] *[wa]*
ganz	entier, -ière [ɑ̃tje, -jɛʀ] *[ohntje]*
Garage	garage *m* [gaʀaʒ] *[garasche]*
Garten	jardin *m* [ʒaʀdɛ̃] *[schardäh]*
Gas	gaz *m* [gaz] *[gas]*
Gas geben	cavaler [kavale] *[kavale]*
Gaumenfreude	régal *m* [ʀegal] *[regal]*
geben	apporter [apɔʀte] *[aporte]*
geben	donner [dɔne] *[done]*
gebeugt	voûte [vut] *[wut]*
Gebiet	territoire *m* [teʀitwaʀ] *[teritwar]*
geblitzt werden	flasher [flaʃe] *[flasche]*
gebogen	courbe *f* [kuʀb] *[kurb]*
Gedanke	pensée *f* [pɑ̃se] *[pohse]*

Gedankenstrich	tiret *m* [tiʀɛ] *[tirä]*
gedankenverloren	absent(e) [apsɑ̃, -ɑ̃t] *[absoh, -oht]*
Gedeck	couvert (1) *m* [kuvɛʀ] *[kuwähr]*
gedrungen	trapu(e) [tʀapy] *[trapü]*
geeignet	apte [apt] *[apte]*
gefallen (jemandem)	plaire [plɛʀ] *[plär]*
gefälscht	faux, fausse [fo, fos] *[fo, fos]*
Gefrierfach	freezer *m* [fʀizœʀ] *[frisör]*
(hart) gefroren	gelé(e) [ʒ(ə)le] *[schöle]*
Gefühl	sentiment *m* [sɑ̃timɑ̃] *[sohtimoh]*
Gegend	site *m* [sit] *[sit]*
gegeneinanderstoßen	heurter ['œʀte] *[örte]*
Gegengift	antidote *m* [ɑ̃tidɔt] *[ahntidod]*
Gegenmittel	antidote *m* [ɑ̃tidɔt] *[ahntidod]*
Gehalt	salaire *m* [salɛʀ] *[salär]*
Gehalt	teneur *m* [tənœʀ] *[tönör]*
Geheimagent	barbouze *f* [baʀbuz] *[barbuse]*
gehen (weggehen)	partir [paʀtiʀ] *[partir]*
Gehirn	cerveau *m* [sɛʀvo] *[särwo]*
Gehöft	ferme *f* [fɛʀm] *[färme]*
gehorchen	obéir [ɔbeiʀ] *[obe'ir]*
Geiß	chèvre *f* [ʃɛvʀ] *[schäfre]*
Geist, Seele	âme *f* [am] *[ame]*
Geist	esprit *m* [ɛspʀi] *[äspri]*
geistesgestört	aliéné(e) [aljene] *[aljene]*
geisteskrank	aliéné(e) [aljene] *[aljene]*
geistlich	sacré(e) [sakʀe] *[sakre]*
Geistlicher	clerc *m* [klɛʀ] *[klär]*
gekräuselt	frisé(e) *f* [fʀize] *[frise]*
gekrümmt	courbe *f* [kuʀb] *[kurb]*
gelb	jaune *m* [ʒon] *[schone]*
gelb werden	jaunir [ʒoniʀ] *[schonir]*
Geld	monnaie *f* [mɔnɛ] *[monä]*

Geldeinwurf	fente *f* [fɑ̃t] *[fant]*
Gelege	couvée *f* [kuve] *[kuve]*
geliebt	chéri(e) *mf* [ʃeʀi] *[scheri]*
gelockt	frisé(e) *f* [fʀize] *[frise]*
Gemüt, Seele	âme *f* [am] *[ame]*
genau	exact(e) [ɛgzakt] *[äxakt]*
genießen (etwas)	jouir [ʒwiʀ] *[schwir]*
genießen	goûter [gute] *[gute]*
genug	assez [ase] *[ase]*
Genuss	délice *m* [delis] *[delis]*
Genuss	régal *m* [ʀegal] *[regal]*
Geodreieck	équerre *f* [ekeʀ] *[ekär]*
Gepäck	bagage *m* [bagaʒ] *[bagahsch]*
gerade richtig	pile (2) [pil] *[pile]*
geräumig	vaste [vast] *[wast]*
Gericht	mets *m* [mɛ] *[mä]*
gerinnen	figer [fiʃe] *[fische]*
Geschäft	magasin *m* [magazɛ̃] *[magasoh]*
geschäftig (sehr)	affairé(e) [afeʀe] *[afere]*
Geschenk	cadeau *m* [kado] *[kado]*
Geschichte	histoire *f* [istwar] *[istwar]*
Geschicklichkeit	adresse (2) *f* [adʀɛs] *[adress]*
geschickt	habile [abil] *[abil]*
Geschirr	vaisselle *f* [vɛsɛl] *[väsäl]*
Geschirrspülmaschine	lave-vaisselle *m* [lavvɛsɛl] *[lavväsäl]*
geschlossen	clos(e) [klo, kloz] *[klo, klos]*
geschmückt (mit Orden)	chamarré(e) [ʃamaʀe] *[schamare]*
geschweifte Klammern	accolade *f* [akɔlade] *[akolade]*
Gesicht	face *f* [fas] *[fas]*
Gesicht	trogne *f* [tʀɔɲ] *[tronje]*
Gesicht	visage *m* [vizaʒ] *[wisahsch]*
Gespött	risée *f* [ʀize] *[rise]*
Gespräch, vertrauliches	aparté *m* [apaʀte] *[aparte]*

gesprungen	fêlé(e) [fele] *[fele]*
Gestalt	forme *f* [fɔrm] *[forme]*
gestalten	façonner [fasɔne] *[fasone]*
gesteigert	accru(e) [akry] *[akrü]*
Gestell	monture *f* [mɔ̃tyr] *[montür]*
gestern	hier [jɛr] *[iär]*
Gesundheit	santé *f* [sɑ̃te] *[sohnte]*
Getreide	céréale *f* [sereal] *[sereal]*
getreu	fidèle [fidɛl] *[fidäle]*
Gewächshaus	serre *f* [sɛr] *[sähr]*
gewähren	accorder [akɔrde] *[akorde]*
Gewalt	force *f* [fɔrs] *[forse]*
gewandt	habile [abil] *[abil]*
Gewehr	fusil *m* [fyzi] *[füsi]*
Gewerbe	métier *m* [metje] *[metje]*
Gewicht	poids *m* [pwɑ] *[pwua]*
Gewinn	marge *f* [marʒ] *[marsche]*
Gewinn	profit *m* [prɔfi] *[profi]*
Gewitter	orage *m* [ɔraʒ] *[orahsche]*
Gewölbe	voûte *f* [vut] *[wut]*
Gewölbebogen	berceau *m* [bɛrso] *[berso]*
gießen	arroser [arɔze] *[arose]*
Gipfel	fâite *m* [fɛt] *[fät]*
Gipfel	pic *m* [pik] *[pik]*
Gipfel	sommet *m* [sɔmɛ] *[somä]*
Gitter	grille *f* [grij] *[grij]*
Glanzgebung	glaçage *m* [glasaʒ] *[glasasch]*
glanzlos	terne [tɛrn] *[tärne]*
Glas (kleines)	bock *m* [bɔk] *[bok]*
Glas	bocal *m* [bɔkal] *[bokal]*
Glasbehälter	bocal *m* [bɔkal] *[bokal]*
glatt streichen	lisser [lise] *[lise]*
glatt ziehen	tirailler [tirɑje] *[tiraje]*

glätten	lisser [lise] *[lise]*
gleiten	planer [plane] *[plane]*
Glied (männliches)	verge *f* [vɛʀʒ] *[wärsch]*
Glied	anneau *m* [ano] *[ano]*
Glied	maille *f* [mɑj] *[mai]*
Glimmstängel	clope *f* [klɔp] *[klop]*
Globus	globe *m* [glɔb] *[glob]*
Glocke	cloche *f* [klɔʃ] *[klosch]*
Glück	chance *f* [ʃɑ̃s] *[schohs]*
glücklich	heureux, -euse [øʀø, -øz] *[örö, -ös]*
Glühbirne	ampoule *f* [ɑ̃pul] *[ahpul]*
Gold	or *f* [ɔʀ] *[or]*
golden	doré(e) [dɔʀe] *[dore]*
golden	or *f* [ɔʀ] *[or]*
Göre	gosse *mf* [gɔs] *[gos]*
Gott	dieu *m* [djø] *[djö]*
Gottesdienst	culte *m* [kylt] *[kült]*
graben	bêcher [beʃe] *[besche]*
graben	creuser [kʀøze] *[kröse]*
Graf	comte *m* [kɔ̃t] *[komte]*
Gräfin	comtesse *f* [kɔ̃tɛ] *[komtäs]*
Gramm	gramme *m* [gʀam] *[gramme]*
Grand Prix	Grandprix *m* [gʀɑ̃pʀi] *[grohpri]*
Gras	herbe *f* [ɛʀb] *[ärbe]*
Grat	crête *f* [kʀɛt] *[krät]*
gratis	gratis [gʀatis] *[gratis]*
grau	gris(e) [gʀi, gʀiz] *[gri, gris]*
grau	gris(e) [gʀi, gʀiz] *[gri, gris]*
grauenhaft	horrible [ɔʀibl] *[orible]*
Grazie	grâce *f* [gʀɑs] *[gras]*
groß	fort(e) [fɔʀ, fɔʀt] *[for, fort]*
groß	gros(se) [gʀo, gʀos] *[gro, gros]*
großer Geist	cerveau *m* [sɛʀvo] *[särwo]*

Großer Preis	Grandprix *m* [gʀɑ̃pʀi] *[grohpri]*
größer werden	grossir [gʀosiʀ] *[grosihr]*
großer Zeh	pouce *m* [pus] *[puse]*
großziehen	élever [elve] *[elwe]*
grün	vert(e) [vɛʀ, vɛʀt] *[wär, wärt]*
Grünanlage (kleine)	square *m* [skwaʀ] *[skwahr]*
gründen	crèer [kʀee] *[kree]*
Grund	fond *m* [fɔ̃] *[foh]*
Grund, der	pourquoi *m* [puʀkwa] *[purkwa]*
Grundplatte	socle *m* [sɔkl] *[sokle]*
Grundstück	terrain *m* [teʀɛ̃] *[teräh]*
Grundstück, eingezäuntes	clos *m* [klo] *[klo]*
gruppieren	grouper [gʀupe] *[grupe]*
Gürtel	ceinture *f* [sɛ̃tyʀ] *[säntür]*
Gürteltier	tatou *m* [tatu] *[tatu]*
Gurt	ceinture *f* [sɛ̃tyʀ] *[säntür]*
gut	bien [bjɛ̃] *[biä]*
gut	brave [bʀav] *[brave]*
Gut, das	bien *m* [bjɛ̃] *[biä]*
Gutshaus	manoir *m* [manwaʀ] *[manwar]*
Haar	cheveu *m* [ʃəvø] *[schevö]*
Haargummi	chouchou *m* [ʃuʃu] *[schuschu]*
Haarspange	barrette *f* [baʀɛt] *[barät]*
haben	avoir [avwaʀ] *[avwahr]*
Haben, das	bien *m* [bjɛ̃] *[biä]*
hacken	biner [bine] *[bine]*
haften (auf etwas)	adhérer [adere] *[adere]*
Hagel	grêle *f* [gʀɛl] *[gräle]*
Hahn	coq *m* [kɔk] *[kok]*
Hähnchen	poulet *m* [pulɛ] *[pulä]*
Häkelnadel	crochet *m* [kʀɔʃɛ] *[kroschä]*
Haken	crochet *m* [kʀɔʃɛ] *[kroschä]*

Halbzeit	mi-temps *f* [mitɑ̃] *[mita]*
Hälfte	moitié *f* [mwatje] *[mwatje]*
Halfter	gaine *f* [gɛn] *[gän]*
Halm	tige *f* [tiʒ] *[tische]*
Hals	cou *m* [ku] *[ku]*
Halt	halte *f* ['alt] *[alte]*
Hamster	hamster *m* ['amstɛʀ] *[amstär]*
Hand	main *f* [mɛ̃] *[mäh]*
Handball	handball *m* ['ɑ̃dbal] *[ohndbal]*
Handlung	acte *m* [akt] *[akt]*
Handtuch	serviette *f* [sɛʀvjɛt] *[särvjät]*
handwarm	tiède [tjɛd] *[tjäd]*
Handwerk	métier *m* [metje] *[metje]*
handwerklich	manuelle [manɥɛl] *[manuel]*
Hantel	haltère *m* [altɛʀ] *[altär]*
harsch	tôlé(e) [tole] *[tole]*
hart	sévère [sevɛʀ] *[sevär]*
hassen	détester [detɛste] *[detäste]*
hässlich	moche [mɔʃ] *[mosch]*
Häubchen	bonnet *m* [bɔnɛ] *[bonä]*
Haufen	pile (1) *f* [pil] *[pile]*
Haupt	tête *f* [tɛt] *[tät]*
Haus	maison *f* [mɛzɔ̃] *[mäsoh]*
Häuschen	cabane *f* [kaban] *[kabane]*
hausen	nicher [niʃe] *[nische]*
Haushalt	ménage *m* [menaʒ] *[menasche]*
Hausschuh	mule (1) *f* [myl] *[mül]*
Haut	peau *f* [po] *[po]*
Hecht	brochet *m* [bʀɔʃɛ] *[broschä]*
Heck	arrière *m* [aʀjɛʀ] *[arjähre]*
Hecke	clôture *f* [klotyʀ] *[klotür]*
Hecke	haie *f* ['ɛ] *[ä]*
Heft	cahier *m* [kaje] *[kaje]*

Heft	carnet *m* [kaʀnɛ] *[karnä]*
heftig	fort(e) [fɔʀ, fɔʀt] *[for, fort]*
Heidenlärm	barouf *m* [baʀuf] *[baruf]*
heilig	sacré(e) [sakʀe] *[sakre]*
Heimat	patrie *f* [patʀi] *[patri]*
heiter	gai(e) [ge, gɛ] *[ge, gä]*
helfen	aider [ede] *[ede]*
hell	clair(e) [klɛʀ] *[klär]*
Hemd	chemise *f* [ʃ(ə)miz] *[schmiss]*
Henker	bourreau *m* [buʀo] *[buro]*
Henne	poule *f* [pul] *[pul]*
herangehen (an)	aborder [abɔʀde] *[aborde]*
Herangehensweise	approche *f* [apʀɔʃ] *[aprosch]*
heranrufen	héler ['ele] *[ele]*
heraufsteigen	monter [mɔ̃te] *[mohnte]*
herauskommen	sortir [sɔʀtiʀ] *[sortir]*
herausreißen	arracher [aʀaʃe] *[arasche]*
herausziehen	arracher [aʀaʃe] *[arasche]*
herbeieilen	accourir [akuʀiʀ] *[akurir]*
herbeieilen	accourir [akuʀiʀ] *[akurir]*
herbeilaufen	accourir [akuʀiʀ] *[akurir]*
herbeilaufen	accourir [akuʀiʀ] *[akurir]*
herbeilocken	attirer [atiʀe] *[atire]*
herbeirufen	héler ['ele] *[ele]*
Herberge	gîte *m* [ʒit] *[schite]*
Herbst	automne *m* [otɔn] *[oton]*
herkömmlich	classique [klasik] *[klasik]*
herrenlos	perdu(e) [pɛʀdy] *[pärdü]*
Herrschaft	pouvoir (1) *m* [puvwaʀ] *[puvwar]*
herumdrehen	tourner [tuʀne] *[turne]*
herumhängen	traîner [tʀene] *[trene]*
herumnörgeln	chicaner [ʃikane] *[schikane]*
herumprobieren	galérer [galeʀe] *[galere]*

herumstreifen	rôder [ʀode] *[rode]*
herumstreunen	rôder [ʀode] *[rode]*
herumsuchen	galérer [galeʀe] *[galere]*
herumwerkeln	bricoler [bʀikɔle] *[brikole]*
herumzupfen	tirailler [tiʀɑje] *[tiraje]*
heruntermachen	maltraiter [maltʀete] *[maltrete]*
Herz	cœur *m* [kœʀ] *[köhr]*
herziehen	attirer [atiʀe] *[atire]*
heucheln	singer [sɛ̃ʒe] *[sähsche]*
Hieb	coup *m* [ku] *[ku]*
Himmel	ciel *m* [sjɛl] *[själl]*
hin und her ziehen	tirailler [tiʀɑje] *[tiraje]*
hinaufklettern	grimper [gʀɛ̃pe] *[grämpe]*
hinaufsteigen	grimper [gʀɛ̃pe] *[grämpe]*
hinaufsteigen	monter [mɔ̃te] *[mohnte]*
hinausgehen	sortir [sɔʀtiʀ] *[sortir]*
hinausziehen	tirer [tiʀe] *[tiere]*
hinken	boiter [bwate] *[bwate]*
hinschmeißen	plaquer [plake] *[plake]*
hinter	derrière [dɛʀjɛʀ] *[därjär]*
Hinterbacke	fesse *f* [fɛs] *[fäs]*
hinteres Teil	arrière *m* [aʀjɛʀ] *[arjähre]*
Hintergrund	toile *mf* [twal] *[tual]*
Hinterland	bled *m* [blɛd] *[blähd]*
hinterlassen	léguer [lege] *[lege]*
Hintern	miche *m* [miʃ] *[misch]*
hinzufügen	ajouter [aʒute] *[aschute]*
Hitze	chaleur *f* [ʃalœʀ] *[schalör]*
Hobby	hobby *m* [ˈɔbi] *[obi]*
hoch	aigu, aiguë [egy] *[egü]*
hoch	haut(e) *m* [ˈo, ˈot] *[o, ot]*
Hoch-	haut(e) *m* [ˈo, ˈot] *[o, ot]*
hochmütig	fier, fière [fjɛʀ] *[fjär]*

hochziehen	élever [elve] *[elwe]*
Höcker	bosse *f* [bɔs] *[bos]*
Hockey	hockey *m* ['ɔkɛ] *[okä]*
Hof	cour *f* [kuʀ] *[kur]*
Hoffnung	espoir *m* [ɛspwaʀ] *[äspwar]*
höflich	courtois(e) [kuʀtwa, -waz] *[kurtwa, -was]*
Höflichkeit	politesse *f* [pɔlitɛs] *[politäs]*
Höhe	altitude *f* [altityd] *[altitüde]*
Höhe	haut(e) *m* ['o, 'ot] *[o, ot]*
Höhe	niveau *mf* [nivo] *[niwo]*
Hoheit	altesse *f* [altɛs] *[altäs]*
höher	accru(e) [akʀy] *[akrü]*
Höhle	creux *m* [kʀø] *[krö]*
Holland	Hollande *f* ['ɔllɑ̃d] *[ollohnde]*
Hölle	enfer *m* [ɑ̃fɛʀ] *[ohfär]*
Holm	barre *f* [baʀ] *[bar]*
holpern	cahoter [kaɔte] *[caote]*
Holzbaracke	baraque *f* [baʀak] *[barak]*
hölzern	raide [ʀɛd] *[räd]*
Holzhammer	maillet *m* [majɛ] *[maiä]*
Holzschuppen	bûcher (2) *m* [byʃe] *[büsche]*
Holzsplitter	écharde *f* [eʃaʀd] *[eschard]*
Honig	miel *m* [mjɛl] *[mjäl]*
Honigbiene	abeille *f* [abɛj] *[abäje]*
Horn (Musikinstrument)	cor *m* [kɔʀ] *[kor]*
Horn (vom Tier)	corne *f* [kɔʀn] *[korn]*
Horror-	gore [gɔʀ] *[gor]*
horten	amasser [amase] *[amase]*
Hose	froc *m* [fʀɔk] *[frok]*
Hose	pantalon *m* [pɑ̃talɔ̃] *[pohtaloh]*
Hoteljunge	groom *m* [gʀum] *[grume]*
hübsch	joli(e) [ʒɔli] *[scholi]*
Hüfthalter	gaine *f* [gɛn] *[gän]*

Hügel	colline *f* [kɔlin] *[kolin]*
Hülse	gousse *f* [gus] *[gus]*
Hürde	haie *f* ['ɛ] *[ä]*
hüten	garder [gaʀde] *[garde]*
Hütte	abri *m* [abʀi] *[abri]*
Hütte	cabane *f* [kaban] *[kabane]*
Huhn	poule *f* [pul] *[pul]*
Huhn	poulet *m* [pulɛ] *[pulä]*
humpeln	boiter [bwate] *[bwate]*
Hund	chien *m* [ʃjɛ̃] *[schiä]*
Hundehaufen	crotte *f* [kʀɔt] *[krot]*
hundemüde	vanné(e) [vane] *[vane]*
hundert	cent [sɑ̃] *[so]*
Hunderter	centaine *m* [sɑ̃tɛn] *[sohntän]*
Husten	toux *f* [tu] *[tu]*
Hut	chapeau *m* [ʃapo] *[schapo]*
ich	moi [mwa] *[mwa]*
Idee	idée *f* [ide] *[ide]*
Idiot	idiot(e) *mf* [idjo, idjɔt] *[idjo, idjot]*
Idol	idole *f* [idɔl] *[idol]*
Iglu	igloo *m* [iglu] *[iglu]*
immens	immense [immɑ̃s] *[immohs]*
in	dans [dɑ̃] *[doh]*
in Scherben gehen	briser [bʀize] *[brise]*
informieren	briefer [bʀife] *[brife]*
Inhalt	teneur *m* [tənœʀ] *[tönör]*
Innereien	abats *m* [aba] *[aba]*
innerhalb	dans [dɑ̃] *[doh]*
ins Schleudern geraten	déraper [deʀape] *[derape]*
instruieren	briefer [bʀife] *[brife]*
irren	tromper [tʀɔ̃pe] *[trohmpe]*
irrsinnig	follement [fɔlmɑ̃] *[folmoh]*

Jacke	veste *f* [vɛst] *[west]*
Jackett	veste *f* [vɛst] *[west]*
Jade	jade *mf* [ʒad] *[schade]*
Jagd	chasse *f* [ʃas] *[schase]*
Jahr	année *f* [ane] *[ane]*
Jahreszeit	saison *f* [sɛzɔ̃] *[säsoh]*
Jahrhundert	siècle *m* [sjɛkl] *[siäkle]*
Januar	janvier *m* [ʒɑ̃vje] *[schohnvjä]*
Jargon	jargon *m* [ʒaʀgɔ̃] *[schargoh]*
jede (-r,-s)	chaque [ʃak] *[schak]*
jemanden auf den Geist gehen	embêter [ɑ̃bete] *[ahmbete]*
jemanden zu Boden werfen	terrasser [teʀase] *[terase]*
jugendlich	jeune *mf* [ʒœn] *[schön]*
Jugendliche(r)	jeune *mf* [ʒœn] *[schön]*
jung	jeune *mf* [ʒœn] *[schön]*
Junge	gars *m* [ga] *[ga]*
Jux	vanne *f* [van] *[wanne]*
k. o.	nase [naz] *[nas]*
Kachel	carreau *m* [kaʀo] *[karo]*
Kaff	bled *m* [blɛd] *[blähd]*
Kaffee	café *m* [kafe] *[kafe]*
Kaffeepause	pause-café *f* [pozkafe] *[poskafe]*
Käfig	cage *f* [kaʒ] *[kasch]*
kahl scheren	raser [ʀɑze] *[rase]*
Kahn	barque *f* [barque] *[barke]*
Kahn	bateau *m* [bato] *[bato]*
Kairo	Caire *m* [kɛʀ] *[kär]*
Kaiser	kaiser *m* [kɛjzɛʀ] *[käjsär]*
Kajalstift	khôl *m* [kol] *[kol]*
Kakerlake	blatte *f* [blat] *[blat]*
Kalb	veau *m* [vo] *[wo]*

Kalbfleisch	veau *m* [vo] *[wo]*
Kalkül	calcul *m* [kalkyl] *[kalkül]*
kalkulieren	calculer [kalkyle] *[kalküle]*
Kamerad(in)	camarade *mf* [kamaʀad] *[kamarad]*
Kamm (vom Berg oder Hahn)	crête *f* [kʀɛt] *[krät]*
Kamm	sommet *m* [sɔmɛ] *[somä]*
Kampf	bataille *f* [bataj] *[bataj]*
Kampf	combat *m* [kɔ̃ba] *[komba]*
Kampf	lutte *f* [lyt] *[lüt]*
Kaninchen	lapin *m* [lapɛ̃] *[lapöh]*
Kanne	pot *m* [po] *[po]*
Kante	bord *m* [bɔʀ] *[bor]*
Kappe	bonnet *m* [bɔnɛ] *[bonä]*
kaputt machen	briser [bʀize] *[brise]*
kaputt machen	casser [kase] *[kase]*
kaputt	vanné(e) [vane] *[vane]*
kaputt	nase [naz] *[nas]*
Kapuzenmantel	capote *f* [kapɔt] *[kapot]*
Karosserieteil	tôle *f* [tol] *[tol]*
Karren	charrette *f* [ʃaʀɛt] *[scharett]*
Karteikarte	fiche *f* [fiʃ] *[fische]*
Kartoffelchips	chips *f* [ʃips] *[schips]*
Karussell	manège *m* [manɛʒ] *[manäsch]*
Käse	fromage *m* [fʀɔmaʒ] *[fromahsch]*
Kasten	bac *m* [bab] *[bak]*
Kasten	caisse *f* [kɛs] *[käs]*
Kasus	cas *m* [kɑ] *[ka]*
Kater	chat *mf* [ʃa] *[scha]*
Kater	matou *m* [matu] *[matu]*
Katze	chat *mf* [ʃa] *[scha]*
Katze	chatte *f* [ʃat] *[schate]*
Katze	minet *m* [minɛ] *[minä]*
Kauderwelsch	jargon *m* [ʒaʀɡɔ̃] *[schargoh]*

kauen	mâcher [mɑʃe] *[masche]*
Kauf	achat *m* [aʃa] *[ascha]*
kaufen	acheter [aʃte] *[aschte]*
kaum	guère [gɛʀ] *[gär]*
Kautabak	chique *f* [ʃik] *[schik]*
Kehrreim	refrain *m* [ʀ(ə)fʀɛ] *[r(ö)frä]*
Keks	biscuit *m* [biskɥi] *[biskui]*
Keller	cave *f* [kav] *[kawe]*
kennzeichnen	marquer [maʀke] *[marke]*
Kerl	gaillard *m* [gajaʀ] *[gaiar]*
Kerl	gars *m* [ga] *[ga]*
Kerl	mec *m* [mɛk] *[mäk]*
Kerlchen	gosse *mf* [gɔs] *[gos]*
Kerze	bougie *f* [buʒi] *[buschi]*
Kerze	chandelle *f* [ʃɑ̃dɛl] *[schohndäle]*
Kerze	cierge *m* [sjɛʀʒ] *[siärsch]*
Kette	chaîne *f* [ʃɛn] *[schöne]*
Kind	enfant *mf* [ɑ̃fɑ̃] *[ohfoh]*
Kindheit	berceau *m* [bɛʀso] *[berso]*
Kippe	clope *f* [klɔp] *[klop]*
Kirche	église *f* [egliz] *[eglies]*
Kirsche	cerise *f* [s(ə)riz] *[serise]*
Kissen	coussin *m* [kusɛ] *[kusäh]*
Kissen, kleines	coussinet *m* [kusinɛ] *[kusinä]*
Kiste	caisse *f* [kɛs] *[käs]*
Kittchen	cabane *f* [kaban] *[kabane]*
Kittchen	taule *f* [tol] *[tole]*
Kiwi	kiwi *m* [kiwi] *[kiwi]*
Klammer	crochet *m* [kʀɔʃɛ] *[kroschä]*
Klappe	trappe *f* [tʀap] *[trap]*
Klappe	volet *m* [vɔlɛ] *[wolä]*
Klapperschlange	crotale *m* [kʀɔtal] *[krotal]*
klar	clair(e) [klɛʀ] *[klär]*

klar	net(te) [nɛt] *[nät]*
klarspülen	rincer [Rɛ̃se] *[rahse]*
klasse	chouette (2) *f* [ʃwɛt] *[schwät]*
Klasse	classe *f* [klas] *[klas]*
klassisch	classique [klasik] *[klasik]*
klauen	chiper [ʃipe] *[schipe]*
Klavier	piano *m* [pjano] *[pjano]*
kleben	coller [kɔle] *[koleh]*
Klebstoff	colle *f* [kɔl] *[kole]*
Klee	trèfle *m* [tRɛfl] *[träfl]*
Kleeblatt	trèfle *m* [tRɛfl] *[träfl]*
Kleid	robe *f* [Rɔb] *[robe]*
Kleider	habit *m* [abi] *[abi]*
Kleiderschrank	armoire *f* [aRmwaR] *[armwar]*
Kleidung	habit *m* [abi] *[abi]*
klein beigeben	céder [sede] *[sede]*
klein gehackt	haché(e) [ˈaʃe] *[asche]*
klein hacken	hacher [ˈaʃe] *[asche]*
klein	jeune *mf* [ʒœn] *[schön]*
kleine Windböe	risée *f* [Rize] *[rise]*
Kleister	colle *f* [kɔl] *[kole]*
Kleriker	clerc *m* [klɛR] *[klär]*
klettern	grimper [gRɛ̃pe] *[grämpe]*
Klinge	lame *f* [lam] *[lame]*
Klingel	sonnette *f* [sɔnɛt] *[sonät]*
klingeln	sonner [sɔne] *[sone]*
Klippe	rocher *m* [Rɔʃe] *[roschee]*
Klo	cabinet *m* [kabinɛ] *[kabinä]*
klopfen	toquer [tɔke] *[toke]*
Kloster	monastère *m* [mɔnastɛR] *[monastähr]*
Klotz	bloc *m* [blɔk] *[blok]*
klug	sage [saʒ] *[sasch]*
kluger Kopf	cerveau *m* [sɛRvo] *[särwo]*

knabbern	croquer [kRɔke] *[kroke]*
knacken	craquer [kRake] *[krake]*
knacken	croquer [kRɔke] *[kroke]*
knallen	claquer [klake] *[klake]*
knarren	craquer [kRake] *[krake]*
Knast	cabane *f* [kaban] *[kabane]*
Knast	taule *f* [tol] *[tole]*
Knete	flouze *m* [fluz] *[fluhs]*
knirschen	crisser [kRise] *[krise]*
Knoblauch	ail *m* [aj] *[aje]*
knurren	maronner [maRɔne] *[marone]*
Kobold	kobold *m* [kobold] *[kobold]*
Kochkunst	cuisine *f* [kᷩizin] *[kuisine]*
ködern lassen	mordre [mɔRdR] *[mordre]*
Kohl	chou *m* [ʃu] *[schu]*
Kohle (Geld)	flouze *m* [fluz] *[fluhs]*
Köln	Cologne *f* [kɔlɔɲ] *[kolonje]*
Kolonne	colonne *f* [kɔlɔn] *[kolon]*
Komik	comique *m* [kɔmik] *[komike]*
komisch	comique [kɔmik] *[komike]*
komisch	drôle [dRol] *[drole]*
kommen	venir [v(ə)niR] *[v(ö)nir]*
Kompass	compas *m* [kɔ͂pa] *[kompa]*
Kondom	capote *f* [kapɔt] *[kapot]*
Königin	reine *f* [Rɛn] *[rän]*
können	pouvoir (2) *m* [puvwaR] *[puvwar]*
Konto	compte *mf* [kɔ͂t] *[komte]*
Kopf	cerveau *m* [sɛRvo] *[särwo]*
Kopf	tête *f* [tɛt] *[tät]*
Kopfhaar	cheveu *m* [ʃəvø] *[schevö]*
kopflos	affolé(e) [afɔle] *[afole]*
Kopie	copie *f* [kɔpi] *[kopi]*
Korb	panier *m* [panje] *[panje]*

Korn	céréale *f* [seʀeal] *[sereal]*
Körper	corps *m* [kɔʀ] *[kohr]*
Körpergewicht	poids *m* [pwɑ] *[pwua]*
Körperhaltung	pose *f* [poz] *[pos]*
Kosten	coût *m* [ku] *[kuh]*
kosten	coûter [kute] *[kute]*
kostenlos	gratis [gʀatis] *[gratis]*
Kostenpunkt	coût *m* [ku] *[kuh]*
kostümiert	déguisé(e) [degize] *[degise]*
Koteletten	favoris *m* [favɔʀi] *[favori]*
Köter	clébard *m* [klebaʀ] *[klebar]*
kotzen	gerber [ʒeʀbe] *[scherbe]*
krachen	croquer [kʀɔke] *[kroke]*
Kraft	force *f* [fɔʀs] *[forse]*
Kraft	pouvoir (1) *m* [puvwaʀ] *[puvwar]*
kräftig	fort(e) [fɔʀ, fɔʀt] *[for, fort]*
kraftvoll	fort(e) [fɔʀ, fɔʀt] *[for, fort]*
Kragen	col *m* [kɔl] *[kol]*
Kralle	griffe *f* [gʀif] *[griff]*
krank	malade [malad] *[malad]*
Krankenhaus	hôpital *m* [ɔpital] *[opital]*
kratzen	griffer [gʀife] *[grife]*
kraus	frisé(e) *f* [fʀize] *[frise]*
Kreide	craie *f* [kʀɛ] *[krä]*
kreieren	crèer [kʀee] *[kree]*
kreischen	crisser [kʀise] *[krise]*
Kreuz (Kartenspiel)	trèfle *m* [tʀɛfl] *[träfl]*
Kreuzung	carrefour *m* [kaʀfur] *[karfuhr]*
kriechen (vor jemandem)	léche *f* [lɛʃ] *[läsch]*
kriechen	ramper [ʀɑ̃pe] *[rampe]*
Krieg	guerre *f* [gɛʀ] *[gär]*
Krimi	polar *m* [pɔlaʀ] *[polar]*
Krippe	crèche *f* [kʀɛʃ] *[kräsch]*

Krise	crise *f* [kʀiz] *[krise]*
krumm	voûte *f* [vut] *[wut]*
Kuchen	tart *f* [taʀt] *[tart]*
Kuchenform	moule (1) *m* [mul] *[mule]*
Küche	cuisine *f* [kᶣizin] *[kuisine]*
Küchenschabe	blatte *f* [blat] *[blat]*
Kürbis	courge *f* [kuʀʒ] *[kursch]*
Kürzel	sigle *m* [sigl] *[sigle]*
Küsschen	bise *f* [biz] *[bise]*
küssen	baiser [beze] *[beseh]*
Küste	bord *m* [bɔʀ] *[bor]*
Küste	côte *f* [kot] *[kot]*
Kugel	boule *f* [bul] *[bul]*
Kugel	globe *m* [glɔb] *[glob]*
Kuh	vache *f* [vaʃ] *[wasch]*
Kuhfladen	bouse *f* [buz] *[bus]*
Kulisse	coulisse *f* [kulis] *[kulis]*
Kult	culte *m* [kylt] *[kült]*
Kultur	culture *f* [kyltyr] *[kültühr]*
Kummer	peine *f* [pɛn] *[pän]*
Kumpel	pote *m* [pɔt] *[pot]*
Kunststoff	plastique *m* [plastik] *[plastik]*
Kuppe	bout *m* [bu] *[bu]*
Kurve	courbe *f* [kuʀb] *[kurb]*
kurz	court(e) [kuʀ, kuʀt] *[kur, kurt]*
kurz	sommaire [sɔmɛʀ] *[somär]*
kurzhalten	bride [bʀide] *[bride]*
Kuss	baiser *m* [beze] *[beseh]*
Kutsche	voiture *f* [vwatyr] *[vwatür]*
Lache	flaque *f* [flak] *[flak]*
Lackaffe	minet *m* [minɛ] *[minä]*
Lackierung	vernissage *m* [vɛʀnisaʒ] *[wernisasche]*

Laden	boutique *fm* [butik] *[butike]*
Laden	magasin *m* [magazɛ̃] *[magasoh]*
Lager	gîte *m* [ʒit] *[schite]*
Lager	stock *m* [stɔk] *[stok]*
Laib (Brotlaib)	miche *m* [miʃ] *[misch]*
Lampenfieber	trac *m* [tʀak] *[trak]*
Land (Bundesland)	land *m* [lɑ̃d] *[lohnd]*
Land	sol *m* [sɔl] *[sol]*
Land	terre *f* [tɛr] *[tär]*
landen	débarquer [debaʀke] *[debarke]*
Landkreis	district *m* [distʀikt] *[distrikt]*
Landrat	sous-préfet, -ète *mf* [supʀefɛ, -ɛt] *[suprefä, -ät]*
Landrätin	sous-préfet, -ète *mf* [supʀefɛ, -ɛt] *[suprefä, -ät]*
Landschaft	paysage *m* [peizaʒ] *[peisasch]*
Landschaft	site *m* [sit] *[sit]*
Landsitz	manoir *m* [manwaʀ] *[manwar]*
Lanze	lance *f* [lɑ̃s] *[lahnse]*
lassen	laisser [lese] *[lese]*
Lasso	lasso *m* [laso] *[laso]*
lästig	fatigant(e) [fatigɑ̃ -ɑ̃t] *[fatigoh, -ot]*
Lauf	courant *m* [kuʀɑ̃] *[kuroh]*
Lauf	course *f* [kuʀs] *[kurs]*
Lauf	marche *f* [maʀʃ] *[marsch]*
laufen	courir [kuʀiʀ] *[kurir]*
laufen	filer [file] *[file]*
Laune	caprice *m* [kapʀis] *[kapris]*
läuten	sonner [sɔne] *[sone]*
lauwarm	tiède [tjɛd] *[tjäd]*
lax	laxiste [laksist] *[laxist]*
Leben	vie *f* [vi] *[wi]*
Lebensalter	âge *m* [ɑʒ] *[asch]*
Lebensmittel	aliment *m* [alimɑ̃] *[alimoh]*
Lebensweise	vie *f* [vi] *[wi]*

leblos	inerte [inɛʀt] *[inärt]*
Lederhaut	derme *m* [dɛʀm] *[därme]*
legen	mettre [mɛtʀ] *[mätre]*
lehnen	adosser [adose] *[adose]*
Lehrer	maître *m* [mɛtʀ] *[mähtre]*
Lehrstuhl	chaire *f* [ʃɛʀ] *[schär]*
leichenblass	blême [blɛm] *[bläm]*
Leichenschauhaus	morgue *f* [mɔʀg] *[morg]*
Leid	peine *f* [pɛn] *[pän]*
Leim	colle *f* [kɔl] *[kole]*
leiten	gérer [ʒeʀe] *[schere]*
lernen	bûcher (1) [byʃe] *[büsche]*
Lesbe	gouine *f* [gwin] *[gwin]*
Lesen	lecture *f* [lɛktyʀ] *[läktür]*
lesen	lire [liʀ] *[lire]*
lieb	cher, chère [ʃɛʀ] *[schär]*
Liebe	amour *m* [amuʀ] *[amur]*
Liebespaar	couple *m* [kupl] *[kuple]*
Liebestrank	philtre *m* [filtʀ] *[filtre]*
lieblich	doux [du] *[du]*
Liebling	chéri(e) *mf* [ʃeʀi] *[scheri]*
Liebschaft	caprice *m* [kapʀis] *[kapris]*
Liegewiese	pelouse *f* [p(ə)luz] *[p(ö)lus]*
lila(farben)	lila [lila] *[lila]*
Lilie	lis *m* [lis] *[lis]*
lindern	calmer [kalme] *[kalme]*
Lineal	règle *f* [ʀɛgl] *[rägle]*
linke (r)	gauche *f* [goʃ] *[gosche]*
links	gauche *f* [goʃ] *[gosche]*
Litfaßsäule	colonne *f* [kɔlɔn] *[kolon]*
Loch	brèche *f* [bʀɛʃ] *[bresch]*
Loch	creux *m* [kʀø] *[krö]*
Loch	trouée *f* [tʀue] *[true]*

Loch, elendes	bouge *m* [buʒ] *[busche]*
locker	laxiste [laksist] *[laxist]*
losbinden	détacher [detaʃe] *[detasche]*
loslassen	lâcher [laʃe] *[lasche]*
Luder (durchtriebenes)	garce *f* [gaʀs] *[gars]*
Lücke	trouée *f* [tʀue] *[true]*
lügen	mentir [mɑ̃tiʀ] *[montir]*
Lüsterklemmen	serre-fils *m* [sɛʀfil] *[särfil]*
Luft	air *m* [ɛʀ] *[är]*
Lumpen	loque *f* [lɔk] *[lok]*
lustig	comique [kɔmik] *[komike]*
lustig	drôle [dʀol] *[drole]*
lustig	gai(e) [ge, gɛ] *[ge, gä]*
lustig	gaiement [gemɑ̃] *[gemoh]*
lutschen	sucer [syse] *[süse]*
Macht	pouvoir (1) *m* [puvwaʀ] *[puvwar]*
mächtig	vaste [vast] *[wast]*
Magen	estomac *m* [ɛstɔma] *[ästoma]*
Magier	mage *m* [maʒ] *[masche]*
Mahnung	rappel *m* [ʀapɛl] *[rapäl]*
Mai	mai *m* [mɛ] *[mä]*
Maiglöckchen	muguet *m* [mygɛ] *[mügä]*
Makellosigkeit	pureté *f* [pyʀte] *[pürte]*
Maklergebühr	courtage *m* [kuʀtaʒ] *[kurtasch]*
Maklergeschäft	courtage *m* [kuʀtaʒ] *[kurtasch]*
Mal	marque *f* [maʀk] *[marke]*
malochen	bosser [bɔse] *[bose]*
Malz	malt *m* [malt] *[malt]*
mampfen	bouffer [bufe] *[bufe]*
manchmal	quelquefois [kɛlkəfwa] *[kälköfwa]*
Mandel (Nuss)	amande *f* [amɑ̃d] *[amohnd]*
Mandeln (anatomisch)	amygdales *f* [amidal] *[amidal]*

Mangold	bette *f* [bɛt] *[bät]*
Mangold	blette *f* [blɛt] *[blät]*
Manie	manie *f* [mani] *[mani]*
Mann	homme *m* [ɔm] *[ome]*
Männchen	mâle *m* [mɑl] *[male]*
männlich	mâle *m* [mɑl] *[male]*
Mannschaft	équipe *f* [ekip] *[ekip]*
Mantel	monteau *m* [mɑ̃to] *[mohnto]*
manuell	manuelle [manɥɛl] *[manuel]*
Marke	marque *f* [maʀk] *[marke]*
markieren	marquer [maʀke] *[marke]*
Markt	marché *m* [maʀʃe] *[marscheh]*
Marsch	marche *f* [maʀʃ] *[marsch]*
März	mars *m* [maʀs] *[mars]*
Masche	maille *f* [mɑj] *[mai]*
Maschine	machine *f* [maʃin] *[maschine]*
Maserung	veine *f* [vɛn] *[wän]*
Massage	massage m [masaʒ] *[masahsche]*
massieren	masser [mase] *[mase]*
matt	terne [tɛʀn] *[tärne]*
Mauer	mur *m* [myʀ] *[mür]*
(Umfassungs-)Mauer	clôture *f* [klotyʀ] *[klotür]*
mauern	bétonner [betɔne] *[betone]*
Maul	bouche *f* [buʃ] *[busch]*
maulen	bouder [bude] *[bude]*
maulen	maronner [maʀɔne] *[marone]*
Mauleselin	mule (2) *f* [myl] *[mül]*
Maulwurf	toupe *f* [top] *[top]*
meckern	bêler [bele] *[bele]*
Meer	mer *f* [mɛʀ] *[mär]*
Mehl	farine *f* [faʀin] *[farin]*
Meister	maître *m* [mɛtʀ] *[mähtre]*
Mensch	homme *m* [ɔm] *[ome]*

merkwürdig	drôle [dʀol] *[drole]*
Messer	couteau *m* [kuto] *[kuto]*
Messias	messie *m* [mesi] *[mesi]*
Meter	métre *m* [mɛtʀ] *[mätre]*
Methode	démarche *f* [demaʀʃ] *[demarsch]*
Metier	métier *m* [metje] *[metje]*
Miesmuschel	moule (2) *m* [mul] *[mule]*
Mietrückstand	arriéré *m* [aʀjeʀe] *[arjere]*
Mieze(katze)	minet *m* [minɛ] *[minä]*
mild	doux [du] *[du]*
Milieu	milieu *m* [miljø] *[miljö]*
mindern	altérer [alteʀe] *[altere]*
Minister(in)	ministre *mf* [ministʀ] *[ministre]*
mischen	brasser [bʀase] *[brase]*
mischen	doser [doze] *[dose]*
mischen	mêle *f* [mele] *[mele]*
Missgeschick	avatar *m* [avataʀ] *[awatar]*
misshandeln	maltraiter [maltʀete] *[maltrete]*
Mist machen	merder [mɛʀde] *[märde]*
Mist!	zut [zyt] *[süt]*
Miststück	salope *f* [salɔp] *[salop]*
mit Ausnahme von	sauf [sof] *[sof]*
mit	avec [avɛk] *[awäck]*
mit Beilage	garni(e) [gaʀni] *[garni]*
mit dem Schiff ankommen	débarquer [debaʀke] *[debarke]*
mit dem Schleppnetz fangen	draguer [dʀage] *[drage]*
mitbringen	apporter [apɔʀte] *[aporte]*
Mittag	midi (1) *m* [midi] *[midi]*
Mittagessen	déjeuner *m* [deʒœne] *[deschöne]*
Mitte	milieu *m* [miljø] *[miljö]*
modellieren	façonner [fasɔne] *[fasone]*
mögen (sehr)	adorer [adɔʀe] *[adore]*
Moment	instant *m* [ɛ̃stɑ̃] *[asto]*

Monat	mois *m* [mwa] *[mwa]*
Mönch	moine *m* [mwan] *[mwan]*
Mond	lune *f* [lyn] *[lün]*
mopsen	chiper [ʃipe] *[schipe]*
Mord	crime *m* [kʀim] *[krime]*
Mordskerl	gaillard *m* [gajaʀ] *[gaiar]*
morgen	demain [dəmɛ̃] *[düma]*
Morgen	matin *m* [matɛ̃] *[matä]*
Morgendämmerung	aube *f* [ob] *[ob]*
morgig	demain [dəmɛ̃] *[düma]*
Morsezeichen	morse (2) *m* [mɔʀs] *[morse]*
Moskau	Moscou [mɔsku] *[mosku]*
Moskito	moustique *m* [mustik] *[mustik]*
Motte	mite *f* [mit] *[mite]*
Mühe	peine *f* [pɛn] *[pän]*
Mühsal	peine *f* [pɛn] *[pän]*
Müllhalde	dépotoir *m* [depɔtwaʀ] *[depotwar]*
Münze	monnaie *f* [mɔnɛ] *[monä]*
Münzvorderseite	pile (3) *f* [pil] *[pile]*
Müsli	céréale *f* [seʀeal] *[sereal]*
Müsli	muesli *m* [mysli] *[müsli]*
Mütze	bonnet *m* [bɔnɛ] *[bonä]*
Mund	bouche *f* [buʃ] *[busch]*
munter	allègre [alɛgʀ] *[alägr]*
murren	maronner [maʀɔne] *[marone]*
Muscleshirt	marcel *m* [maʀsɛl] *[marsäl]*
Museum	musée *m* [myze] *[müse]*
Musik	musique *f* [myzik] *[müsik]*
Mut	courage *m* [kuʀaʒ] *[kurasch]*
mutig	brave [bʀav] *[brave]*
Mutter	mère *f* [mɛʀ] *[mär]*
Mutterbrust	sein *m* [sɛ̃] *[säh]*
nach	après *f* [apʀɛ] *[aprä]*

nachäffen	singer [sɛ̃ʒe] *[sähsche]*
Nachforderung	rappel *m* [ʀapɛl] *[rapäl]*
nachlaufen (jemandem)	cavaler [kavale] *[kavale]*
Nachschlag	rab *m* [ʀab] *[rab]*
nachspülen	rincer [ʀɛ̃se] *[rahse]*
Nächste, die/der/das	prochain(e) *mf* [pʀɔʃɛ̃, -ɛn] *[proschäh]*
nächste (-r, -s)	prochain(e) *mf* [pʀɔʃɛ̃, -ɛn] *[proschäh]*
Nächstenliebe	charité *f* [ʃarite] *[scharite]*
Nachteil	tort *m* [tɔʀ] *[tor]*
Nachzahlung	rappel *m* [ʀapɛl] *[rapäl]*
Nagel (Fuß-, Finger-)	ongle *m* [ɔ̃gl] *[ongle]*
Näharbeit	couture *f* [kutyʀ] *[kutür]*
Nähen, das	couture *f* [kutyʀ] *[kutür]*
näher rücken	approcher [apʀɔʃe] *[aprosche]*
näher kommen	approcher [apʀɔʃe] *[aprosche]*
nähern	approcher [apʀɔʃe] *[aprosche]*
Nahrung	bouffe *f* [buf] *[bufe]*
Näpfchen	coupelle *f* [kupɛl] *[kupäl]*
Närrin	folle *f* [fɔl] *[fol]*
Nase	nez *m* [ne] *[ne]*
Nasenschleim	morve *f* [mɔʀv] *[morwe]*
navigieren	naviguer [navige] *[nawige]*
Nebel	brume *f* [bʀym] *[brüme]*
Neffe	neveu *m* [nəvø] *[nevö]*
nehmen	dérober [deʀɔbe] *[derobe]*
neigen	pencher [pɑ̃ʃe] *[pohsche]*
Neigung	chute *f* [ʃyt] *[schüt]*
nerven	embêter [ɑ̃bete] *[ahmbete]*
Nest	bled *m* [blɛd] *[blähd]*
Nest	nid *m* [ni] *[ni]*
nett	joli(e) [ʒɔli] *[scholi]*
Netz	filet *m* [filɛ] *[filä]*
nicht leiden können	détester [detɛste] *[detäste]*

nicht mögen	détester [detɛste] *[detäste]*
niederschmettern	terrasser [teʀase] *[terase]*
Niere	rein *m* [ʀɛ̃] *[räh]*
nisten	nicher [niʃe] *[nische]*
Niveau	niveau *mf* [nivo] *[niwo]*
Nizza	Nice [nis] *[nis]*
Note	note *f* [nɔt] *[not]*
Notiz	note *f* [nɔt] *[not]*
Notizbuch	carnet *m* [kaʀnɛ] *[karnä]*
nüchtern werden	dessoûler [desule] *[desule]*
nun	alors [alɔʀ] *[alor]*
Nussschale	rafiot *m* [ʀafjo] *[rafio]*
Obdach	abri *m* [abʀi] *[abri]*
Obdachlose(r)	sans-abri *m* [sɑ̃zabʀi] *[sohnsabri]*
Ober-	haut(e) *m* ['o, 'ot] *[o, ot]*
oberflächlich	sommaire [sɔmɛʀ] *[somär]*
Oberlicht	vasistas *m* [vazistas] *[wasistas]*
Oberlichtfenster	vasistas *m* [vazistas] *[wasistas]*
Obstgarten	verger *m* [vɛʀʒe] *[wärscheh]*
obwohl	quoique [kwakə] *[kwake]*
Öffnung	brèche *f* [bʀɛʃ] *[bresch]*
Ohrfeige	baffe *f* [baf] *[baf]*
Ohrfeige	claque *f* [klak] *[klak]*
Ohrläppchen	lobe *m* [lɔb] *[lob]*
Öl	huile *f* [ɥil] *[wuile]*
Oma	mamie *f* [mami] *[mami]*
Oma	mémé *f* [meme] *[meme]*
Opa	papi *m* [papi] *[papi]*
ordentlich	net(te) [nɛt] *[nät]*
Organ	organe *m* [ɔʀgan] *[organe]*
(einen) Orgasmus haben	jouir [ʒwiʀ] *[schwir]*
Orgie	partouze *f* [paʀtuz] *[partuhs]*

Ort	lieu (1) *m* [ljø] *[ljö]*
Ort	place *f* [plas] *[plas]*
Ortsteil	quartier *m* [kaʀtje] *[kartje]*
Öse	boucle *f* [bucl] *[bukle]*
Osten	est *m* [ɛst] *[äst]*
Ostern	Pâques *f* [pɑk] *[pack]*
Paar	couple *m* [kupl] *[kuple]*
packen	attraper [atʀape] *[atrape]*
packen	saisir *f* [seziʀ] *[sesir]*
paffen	cloper [klɔpe] *[klope]*
Page	groom *m* [gʀum] *[grume]*
Paket	paquet *m* [pakɛ] *[pakä]*
Panik	panique *f* [panik] *[panik]*
Panne beheben	dépanner [depane] *[depane]*
Panne	panne *f* [pan] *[pan]*
Pantoffel	mule (1) *f* [myl] *[mül]*
Paradies	paradis *m* [paradi] *[paradi]*
Park(anlage)	parc *m* [paʀk] *[park]*
parken	garer [gaʀe] *[gare]*
parken	parquer [paʀke] *[parke]*
Partei	parti *m* [paʀti] *[parti]*
Partie (Spiel)	partie *f* [paʀti] *[parti]*
Party	fête *f* [fɛt] *[fät]*
Pater	père *m* [pɛʀ] *[pähre]*
Patzer	gaffe *f* [gaf] *[gaf]*
pauken	bûcher (1) [byʃe] *[büsche]*
Pause	entracte *m* [ɑ̃ʀakt] *[ahntrakt]*
Pause	halte *f* ['alt] *[alte]*
Pause	pause *f* [poz] *[pose]*
Peiniger	bourreau *m* [buʀo] *[buro]*
Penis	bitte *f* [bit] *[bite]*
Petersilie	persil *m* [pɛʀsi] *[pärsi]*

Pfad	chemin *m* [ʃ(ə)mɛ̃] *[schemä]*
Pfannkuchen	crêpe *f* [kʀɛp] *[kräp]*
Pfarrer(in)	curé *m* [kyʀe] *[küre]*
Pfeil	flèche *f* [flɛʃ] *[flesch]*
Pfeiler	pile (1) *f* [pil] *[pile]*
Pferd	cheval *m* [ʃ(ə)val] *[schewall]*
Pferdeapfel	crotte *f* [kʀɔt] *[krot]*
Pflanze	plante *f* [plɑ̃t] *[plohnte]*
Pflugschar	soc *m* [sɔk] *[sok]*
Pfütze	flaque *f* [flak] *[flak]*
Pianist	pianiste *mf* [pjanist] *[pjaniste]*
Piano	piano *m* [pjano] *[pjano]*
Pilz	champignon *m* [ʃɑ̃piɲɔ̃] *[schapingjoh]*
Pimpf	gosse *mf* [gɔs] *[gos]*
Piste	piste *f* [pist] *[pist]*
Pizza	pizza *f* [pidza] *[pizza]*
Plage	plaie *f* [plɛ] *[plä]*
Plakat	affiche *f* [afiʃ] *[afisch]*
Plakette	plaque *f* [plak] *[plak]*
Planet	planète *f* [planɛt] *[planät]*
Plastik	plastique *m* [plastik] *[plastik]*
(Hoch-) Plateau	plateau *m* [plato] *[plato]*
Platte	carreau *m* [kaʀo] *[karo]*
Platte	dalle *f* [dal] *[dale]*
Platte	plaque *f* [plak] *[plak]*
Platz	aire *m* [ɛʀ] *[äre]*
Platz	espace *m* [ɛspas] *[äspase]*
Platz	place *f* [plas] *[plas]*
platzen	éclate [eklate] *[eklate]*
platzen	péter [pete] *[pete]*
Plauderei	causette *f* [kozɛt] *[kosätt]*
Po	miche *m* [miʃ] *[misch]*
Pobacke	fesse *f* [fɛs] *[fäs]*

polieren	cirer [siʀe] *[sire]*
Polizist	flic *m* [flik] *[flik]*
Poller	bitte *f* [bit] *[bite]*
Polster	coussin *m* [kusɛ̃] *[kusäh]*
Pommes frites	frites (des) *f* [fʀits] *[frits]*
Portier	portier, -ière *m* [pɔʀtje, -jɛʀ] *[portje, -jär]*
Portiersfrau	portier, -ière *f* [pɔʀtje, -jɛʀ] *[portje, -jär]*
Porträt	portrait *m* [pɔʀtʀɛ] *[porträ]*
Pose	pose *f* [poz] *[pos]*
Post	courrier *m* [kuʀje] *[kurie]*
Poster	affiche *f* [afiʃ] *[afisch]*
Poster	poster *m* [pɔstɛʀ] *[postär]*
Pot	pot *m* [po] *[po]*
Präsentierteller	plateau *m* [plato] *[plato]*
Preis	coût *m* [ku] *[kuh]*
Preisausschreiben	concours *m* [kɔ̃kuʀ] *[kohkur]*
pressen	serrer [seʀe] *[sere]*
Prestige	prestige *m* [pʀɛstiʒ] *[prästische]*
Preußen	Prusse *f* [pʀys] *[prüs]*
Priester	abbé *m* [abe] *[abe]*
prima	chouette (2) *f* [ʃwɛt] *[schwät]*
privat	privé(e) [pʀive] *[prive]*
probieren	essayer [eseje] *[eseje]*
probieren	goûter [gute] *[gute]*
Profit	profit *m* [pʀɔfi] *[profi]*
Psyche, Seele	âme *f* [am] *[ame]*
Pub	pub *m* [pœb] *[pöb]*
pünktlich	pile (2) [pil] *[pile]*
pürieren	écraser [ekʀɑze] *[ekrase]*
Pullover	tricot *m* [tʀiko] *[triko]*
Pulver	poudre *f* [pudʀ] *[pudr]*
pumpen	pomper [pɔ̃pe] *[pohmpe]*
Puppe	poupée *f* [pupe] *[pupe]*

Pups	prout *m* [pʀut] *[prut]*
Putte	angelot *m* [ɑ̃ʒlo] *[ahschlo]*
Quadrat	carré *m* [kaʀe] *[kare]*
qualmen	cloper [klɔpe] *[klope]*
Quark	bêtise *f* [betiz] *[betise]*
Quark	faisselle *m* [fɛsɛl] *[fäsäl]*
quellen lassen	tremper [tʀɑ̃pe] *[trohmpe]*
quietschen	crisser [kʀise] *[krise]*
Rabatt	rabais *m* [ʀabɛ] *[rabä]*
Rabe	corbeau *m* [kɔʀbo] *[korbo]*
rackern	bosser [bɔse] *[bose]*
Rad	roue *f* [ʀu] *[ru]*
Radio	radio *f* [ʀadjo] *[radio]*
Ragout	ragoût *m* [ʀagu] *[ragu]*
Rakete	fusée *f* [fyze] *[füse]*
Rand	bord *m* [bɔʀ] *[bor]*
Rand	frange *f* [fʀɑ̃ʒ] *[frohsch]*
Rand	marge *f* [maʀʒ] *[marsche]*
Randgruppe	frange *f* [fʀɑ̃ʒ] *[frohsch]*
Rasen	pelouse *f* [p(ə)luz] *[p(ö)lus]*
rasieren	raser [ʀɑze] *[rase]*
Rasierklinge	lame *f* [lam] *[lame]*
Raster	grille *f* [gʀij] *[grij]*
Rat	conseil *m* [kɔ̃sɛj] *[kohsej]*
Rathaus	mairie *f* [meʀi] *[meri]*
Ratschlag	conseil *m* [kɔ̃sɛj] *[kohsej]*
Ratte	rat *m* [ʀat] *[rat]*
rau	sévère [sevɛʀ] *[sevär]*
rauben	dérober [deʀɔbe] *[derobe]*
Raubkatze	félin *m* [felɛ̃] *[feläh]*
rauchen	cloper [klɔpe] *[klope]*

Rauferei	rixe *f* [ʀiks] *[riks]*
Rausch	ivresse *f* [ivʀɛs] *[ivräss]*
Recherche	recherche *f* [ʀ(ə)ʃɛʀʃ] *[r(ö)schärsche]*
rechnen (mit Geld)	calculer [kalkyle] *[kalküle]*
rechnen	calculer [kalkyle] *[kalküle]*
Rechnung	compte *mf* [kɔ̃t] *[komte]*
recht	assez [ase] *[ase]*
recht	bien [bjɛ̃] *[biä]*
Rede	parole *f* [paʀɔl] *[parole]*
Rednerpult	chaire *f* [ʃɛʀ] *[schär]*
Refrain	refrain *m* [ʀ(ə)fʀɛ̃] *[r(ö)frä]*
Regel	règle *f* [ʀɛgl] *[rägle]*
Regen	flotte (2) *f* [flɔt] *[flot]*
regieren	gouverner [guvɛʀne] *[guwärne]*
registrieren	ficher (2) [fiʃe] *[fische]*
Reichstag	reichstag *m* [ʀɛʃtag] *[räschtag]*
Reife(prozess)	affinage *m* [afinaʒ] *[afinasch]*
Reihe	file *f* [fil] *[fil]*
reihern	gerber [ʒɛʀbe] *[scherbe]*
Reinheit	pureté *f* [pyʀte] *[pürte]*
Reiterin	amazone *f* [amazon] *[amason]*
Reittier	monture *f* [mɔ̃tyr] *[montür]*
reizen	tenter [tɑ̃te] *[tohnte]*
Religion	culte *m* [kylt] *[kült]*
rennen	courir [kuʀiʀ] *[kurir]*
Rennen	course *f* [kuʀs] *[kurs]*
rennen	filer [file] *[file]*
reparieren	dépanner [depane] *[depane]*
Revier	territoire *m* [teʀitwaʀ] *[teritwar]*
revoltieren	révolter [ʀevɔlte] *[rewolte]*
Richtung	sens (2) *m* [sɑ̃s] *[sohs]*
riechen	sentir [sɑ̃tiʀ] *[sohtir]*
Riegel	loquet *m* [lɔkɛ] *[lokä]*

Rinder	bétail *m* [betaj] *[betei]*
Ring	anneau *m* [ano] *[ano]*
Ring	bague *f* [bag] *[bage]*
rinnen	coule [kule] *[kule]*
Riss	fente *f* [fɑ̃t] *[fant]*
rissig werden lassen	craqueler [kʀakle] *[krakle]*
Ritual	rite *m* [ʀit] *[rit]*
Roggen	seigle *m* [sɛgl] *[sägle]*
roh	brut(e) [bʀyt] *[brüt]*
Rohr	tube *m* [tyb] *[tüb]*
Röhrchen	tube *m* [tyb] *[tüb]*
Rohrstock	verge *f* [vɛʀʒ] *[wärsch]*
Rolle (Film, Theater)	rôle *m* [ʀol] *[rol]*
Rolle	tonneau *m* [tɔno] *[tono]*
Rollmops	rollmops *m* [ʀɔlmops] *[rollmops]*
Rose	rose *f* [ʀoz] *[ros]*
Rost	grille *f* [gʀij] *[grij]*
Rotz	morve *f* [mɔʀv] *[morwe]*
Rübe	betterave *f* [bɛtʀav] *[bätrav]*
Rübe	trogne *f* [tʀɔɲ] *[tronje]*
Rückgang	baisse *f* [bɛs] *[bäs]*
Rückstand	arriéré *m* [aʀjeʀe] *[arjere]*
rückwärtsfahren	reculer [ʀ(ə)kyle] *[röküle]*
Rülpser	rot *m* [ʀo] *[ro]*
Ruf	appel *m* [apɛl] *[apäl]*
Ruhe	silence *m* [silɑ̃s] *[silahs]*
Ruhepause	trêve *f* [tʀɛv] *[träf]*
ruhig	calme [kalm] *[kalm]*
ruhig	placide [plasid] *[plasid]*
ruhiger machen	assagir [asaʒiʀ] *[asaschir]*
ruhiger werden	assagir [asaʒiʀ] *[asaschir]*
rumpeln	cahoter [kaɔte] *[caote]*
Rundfahrt	tour (2) *m* [tuʀ] *[tur]*

Rundgang	tour (2) *m* [tuʀ] *[tur]*
Russe	Russe *mf* [ʀys] *[rüs]*
Rute	verge *f* [vɛʀʒ] *[wärsch]*
rutschen	déraper [deʀape] *[derape]*
Saal	salle *f* [sal] *[sal]*
Sache	affaire *f* [afɛʀ] *[afär]*
Sache	chose *f* [ʃoz] *[schose]*
Sack	sac *m* [sak] *[sak]*
saftig	juteux, -euse [ʒytø, -øs] *[schütö, -ös]*
Säge	scie *f* [si] *[si]*
sagen	dire [diʀ] *[dir]*
Saison	saison *f* [sɛzɔ̃] *[säsoh]*
sakral	sacré(e) [sakʀe] *[sakre]*
Salat	salade *f* [salad] *[salad]*
Salbe	pommade *f* [pɔmad] *[pomade]*
Salz	sel *m* [sɛl] *[säle]*
Salzsteuer	gabelle *f* [gabɛl] *[gabäle]*
sammeln	amasser [amase] *[amase]*
Samstag	samedi *m* [samdi] *[samdi]*
Sand	sable *m* [sɑbl] *[sable]*
Sandstein	grès *m* [gʀɛ] *[grä]*
sanft	placide [plasid] *[plasid]*
Sarg	bière (2) *f* [bjɛʀ] *[bjär]*
Sattel	selle *f* [sɛl] *[säle]*
Sattelzeug	sellerie *f* [sɛlʀi] *[sälri]*
Sattlerei	sellerie *f* [sɛlʀi] *[sälri]*
Satz	bond *m* [bɔ̃] *[bo]*
sauber	net(te) [nɛt] *[nät]*
säugen	allaiter [alete] *[alete]*
Säule	colonne *f* [kɔlɔn] *[kolon]*
Säule	pile (1) *f* [pil] *[pile]*
Sauna	sauna *m* [sona] *[sona]*

sausen	filer [file] *[file]*
Schabe	blatte *f* [blat] *[blat]*
Schablone	pochoir *m* [pɔʃwaʀ] *[poschwar]*
Schädel	crâne *m* [kʀɑn] *[krane]*
Schaden	dégât *m* [dega] *[dega]*
Schäden	dégât *m* [dega] *[dega]*
Schaf	mouton *m* [mutɔ̃] *[mutoh]*
schaffen	crèer [kʀee] *[kree]*
Schälchen	coupelle *f* [kupɛl] *[kupäl]*
Schale	bol *m* [bɔl] *[bol]*
Schale	peau *f* [po] *[po]*
Schallplatte	disque *m* [disk] *[disk]*
scharf	aigu, aiguë [egy] *[egü]*
Scharfrichter	bourreau *m* [buʀo] *[buro]*
Schatz	chéri(e) *mf* [ʃeʀi] *[scheri]*
Schatz	trésor *m* [tʀezɔʀ] *[tresor]*
Schätze	trésor *m* [tʀezɔʀ] *[tresor]*
(Regen-) Schauer	averse *f* [avɛʀs] *[awerse]*
Schaufel	pelle *f* [pɛl] *[päle]*
Schaum	mousse *f* [mus] *[mus]*
schäumen	mousser [muse] *[muse]*
Schauspiel	drame *m* [dʀam] *[dram]*
Scheck	chèque *m* [ʃɛk] *[scheck]*
Scheibe	disque *m* [disk] *[disk]*
Scheibe	glace *f* [glas] *[glass]*
Scheich	cheik *m* [ʃɛk] *[schäk]*
Scheinwerfer	phare *m* [faʀ] *[fahre]*
Scheiße	merde *f* [mɛʀd] *[märde]*
Scheitel	raie *f* [ʀɛ] *[rä]*
Scheiterhaufen	bûcher (2) *m* [byʃe] *[büsche]*
schelten	pester [pɛste] *[peste]*
Schema	schéma *m* [ʃema] *[schema]*
schenken	donner [dɔne] *[done]*

scheu	timide [timid] *[timid]*
scheußlich	moche [mɔʃ] *[mosch]*
schieben	pousser [puse] *[puse]*
schiefes Gesicht	moue *f* [mu] *[mu]*
schieflaufen	merder [mɛʀde] *[märde]*
schielen	loucher [luʃe] *[lusche]*
Schießen	tir *m* [tiʀ] *[tir]*
Schießerei	tir *m* [tiʀ] *[tir]*
Schiff	bateau *m* [bato] *[bato]*
schikanieren	brimer [bʀime] *[brime]*
Schild	plaque *f* [plak] *[plak]*
schimpfen	pester [pɛste] *[peste]*
Schindel	bardeau *m* [baʀdo] *[bardo]*
Schinken	jambon *m* [ʒɑ̃bɔ̃] *[schamboh]*
Schlacht	bataille *f* [bataj] *[bataj]*
Schlachtabfälle	abats *m* [aba] *[aba]*
schlafen	coucher [kuʃe] *[kusche]*
Schlafstelle	gîte *m* [ʒit] *[schite]*
Schlag	coup *m* [ku] *[ku]*
schlagen	claquer [klake] *[klake]*
schlagen	sonner [sɔne] *[sone]*
Schläger (Tennis-, Baseball- etc.)	raquette *f* [ʀakɛt] *[rakät]*
Schläger	batte *f* [bat] *[bat]*
Schlägerei	bataille *f* [bataj] *[bataj]*
Schlagseite haben	pencher [pɑ̃ʃe] *[pohsche]*
Schlagzeug	batterie *f* [batʀi] *[batri]*
Schlamm	boue *f* [bu] *[bu]*
Schlampe	salope *f* [salɔp] *[salop]*
Schlange	file *f* [fil] *[fil]*
Schlange	serpent *m* [sɛʀpɑ̃] *[särpo]*
schlecht ausgerichtet	désaxer [dezakse] *[desaxe]*
schlecht	mal *f* [mal] *[mal]*
schlecht werden	gâter [gate] *[gate]*

schlecht zentriert	désaxer [dezakse] *[desaxe]*
Schleim	gaire *f* [glɛʀ] *[glär]*
schlemmen	festoyer [fɛstwaje] *[fästwaje]*
Schleuder	fronde *f* [fʀɔ̃d] *[frond]*
Schleusentor	vanne *f* [van] *[wanne]*
Schließe	boucle *f* [bucl] *[bukle]*
schließen	clore *f* [klɔʀ] *[klor]*
schließen	fermer [fɛʀme] *[färme]*
Schlinge	collet *f* [kɔlɛ] *[kole]*
Schlitz	fente *f* [fɑ̃t] *[fant]*
Schloss	château *m* [ʃɑto] *[schato]*
Schloss	serrure *f* [seʀyʀ] *[serür]*
Schlückchen	goutte *f* [gut] *[gut]*
Schlüssel	clé *f* [kle] *[kle]*
Schmankerl	régal *m* [ʀegal] *[regal]*
Schmaus	régal *m* [ʀegal] *[regal]*
schmecken	sentir [sɑ̃tiʀ] *[sohtir]*
Schmeichelei	flatterie *f* [flatʀi] *[flatri]*
schmeicheln	flatter [flate] *[flate]*
schmeißen	flanquer [flɑ̃ke] *[flohnke]*
schmerzlich	amer, -ère [amɛʀ] *[amähr]*
Schmetterling	papillon *m* [papijɔ̃n] *[papijoh]*
schmieden	forger [fɔʀʒe] *[forscheh]*
schmieren	graisser [gʀɛse] *[gräse]*
Schminke	fard *m* [faʀ] *[far]*
schminken	grimer [gʀime] *[grime]*
schminken	maquiller [makije] *[makije]*
schmollen	bouder [bude] *[bude]*
Schmuckstück	bijou *m* [biʒu] *[bischu]*
Schmutz	crasse *f* [kʀas] *[krass]*
schmutzig	crotté(e) [kʀɔte] *[krote]*
Schnalle	boucle *f* [bucl] *[bukle]*
Schnappschloss	loquet *m* [lɔkɛ] *[lokä]*

Schnaps	schnaps *m* [ʃnaps] *[schnaps]*
Schnäpschen	goutte *f* [gut] *[gut]*
Schneidern, das	couture *f* [kutyʀ] *[kutür]*
Schneise	trouée *f* [tʀue] *[true]*
Schnitzel	escalope *f* [ɛskalɔp] *[äskalop]*
schnitzen	façonner [fasɔne] *[fasone]*
Schnitzer	gaffe *f* [gaf] *[gaf]*
Schnorchel	schnorchel *f* [ʃnɔʀkɛl] *[schnorkäl]*
schnupfen	priser [pʀize] *[prise]*
Schnur	ficelle *f* [fisɛl] *[fisäl]*
Schnute	moue *f* [mu] *[mu]*
Schock	chok *m* [ʃɔk] *[schok]*
schockieren	choquer [ʃɔke] *[schoke]*
schön	bien [bjɛ̃] *[biä]*
Schöne	belle *f* [bɛl] *[bäle]*
schöntun	flatter [flate] *[flate]*
Schöpfer(in)	auteur *mf* [otœʀ] *[otör]*
Schote	gousse *f* [gus] *[gus]*
Schotter	ballast *m* [balast] *[balast]*
Schrank	armoire *f* [aʀmwaʀ] *[armwar]*
Schraubzwinge	serre-joint *m* [sɛʀʒwɛ̃] *[särschwä]*
schrecklich	horrible [ɔʀibl] *[orible]*
Schrei	cri *m* [kʀi] *[kri]*
schreiben	tracer [tʀase] *[trase]*
Schreiben, das	courrier *m* [kuʀje] *[kurie]*
Schreiber	clerc *m* [klɛʀ] *[klär]*
Schreibtisch	bureau *m* [byro] *[büro]*
schrill	aigu, aiguë [egy] *[egü]*
Schritt	démarche *f* [demaʀʃ] *[demarsch]*
Schrott	ferraille *f* [fɛʀaj] *[färaj]*
Schublade	tiroir *m* [tiʀwaʀ] *[tirwahr]*
schubsen	flanquer [flɑke] *[flohnke]*
schüchtern	timide [timid] *[timid]*

Schüler(in)	élève *mf* [elɛv] *[eläf]*
Schüttgut	vrac *m* [vʀak] *[vrak]*
schuften	bosser [bɔse] *[bose]*
Schulbank	banc *m* [bɑ̃] *[bo]*
Schuld	dette *f* [dɛt] *[dät]*
Schulden	dette *f* [dɛt] *[dät]*
Schule	école *f* [ekɔl] *[ekol]*
Schulheft	cahier *m* [kaje] *[kaje]*
Schulklasse	classe *f* [klas] *[klas]*
Schuppen	baraque *f* [baʀak] *[barak]*
Schuss	tir *m* [tiʀ] *[tir]*
Schutz	abri *m* [abʀi] *[abri]*
Schutzmarke	label *m* [labɛl] *[labäl]*
Schutzumschlag	jaquette *f* [ʒakɛt] *[schakät]*
schwach	fragile [fʀaʒil] *[fraschil]*
Schwangerschaft	grossesse *f* [gʀosɛs] *[grosäs]*
Schwanz	bitte *f* [bit] *[bite]*
schwärmen für	adorer [adɔʀe] *[adore]*
Schwatz	causette *f* [kozɛt] *[kosätt]*
schweben	planer [plane] *[plane]*
Schwein	porc *m* [pɔʀ] *[por]*
Schweinefleisch	porc *m* [pɔʀ] *[por]*
schwelen	couver [kuve] *[kuwe]*
schwer(wiegend)	grave [gʀav] *[grav]*
Schwert	épée *f* [epe] *[epe]*
Schwester	sœur *f* [sœʀ] *[sör]*
Schwiegermutter	belle-mère *f* [bɛlmɛʀ] *[bälmär]*
Schwiele	cal *m* [kal] *[kal]*
Schwimmbad	piscine *f* [pisin] *[pisin]*
schwimmen	flotter [flɔte] *[flote]*
schwimmen	nager [naʒe] *[nasche]*
schwindeln	mentir [mɑ̃tiʀ] *[montir]*
Schwinge	aile *f* [ɛl] *[älle]*

Schwur	serment *m* [sɛʀmɑ̃] *[särmoh]*
sechs	six *m* [sis] *[sis]*
sechzehn	seize *m* [sɛz] *[säß]*
Seebarsch	bar (2) *m* [baʀ] *[bar]*
Seelachs	lieu (2) *m* [ljø] *[ljö]*
Segel	toile *mf* [twal] *[tual]*
Segment	anneau *m* [ano] *[ano]*
Seide	soie *f* [swa] *[swa]*
Seil	corde *f* [kɔʀd] *[kord]*
Seite	page *f* [paʒ] *[pasche]*
Senat	sénat *m* [sena] *[sena]*
Senior	père *m* [pɛʀ] *[pähre]*
servieren	servir [sɛʀviʀ] *[särwir]*
Serviette	serviette *f* [sɛʀvjɛt] *[särvjät]*
setzen	mettre [mɛtʀ] *[mätre]*
Sexorgie	partouze *f* [paʀtuz] *[partuhs]*
sich abschleppen lassen	draguer [dʀage] *[drage]*
sich schnäuzen	moucher [muʃe] *[musche]*
sich täuschen	goure [guʀe] *[gure]*
sich vertun	goure [guʀe] *[gure]*
sie	elle [ɛl] *[äl]*
Sieb (grobes)	crible *m* [kʀibl] *[krible]*
Sieb	passoire *f* [paswaʀ] *[passwahr]*
sieben	sept *m* [sɛt] *[sät]*
Siedlung	cité *f* [site] *[site]*
singen	chanter [ʃɑ̃te] *[schante]*
Sinn	sens (1) *m* [sɑ̃s] *[sohs]*
sittsam	modeste [mɔdɛst] *[modest]*
sittsam	sage [saʒ] *[sasch]*
sitzen lassen	plaquer [plake] *[plake]*
Sitzgelegenheit	banc *m* [bɑ̃] *[bo]*
Sitzreihe	travée *f* [tʀave] *[trawe]*
Ski	ski *m* [ski] *[ski]*

Skiwachs	fart *m* [faʀt] *[fart]*
sklavisch	servile [sɛʀvil] *[särwil]*
Slip	culotte *m* [kylɔt] *[külot]*
Sockel	base *f* [baz] *[bas]*
Sockel	socle *m* [sɔkl] *[sokle]*
Soda	soude *f* [sud] *[sud]*
Sohle	semelle *f* [s(ə)mɛl] *[semäl]*
Sohn	fils *m* [fis] *[fis]*
Solar-	solaire *f* [sɔlɛʀ] *[solär]*
Sold	solde *m* [sɔld] *[solde]*
Soldat	soldat *m* [sɔlda] *[sollda]*
Sonderangebot	solde *m* [sɔld] *[solde]*
sondern	mais [mɛ] *[mä]*
Sonne	soleil *m* [sɔlɛj] *[soläj]*
Sonnen-	solaire *f* [sɔlɛʀ] *[solär]*
sonnengebräunt	hâlé(e) ['ale] *[ale]*
Sorge	souci *m* [susi] *[susi]*
sorgfältig vorbereiten	mitonner [mitɔne] *[mitone]*
Sorte	espèce *f* [ɛspɛs] *[äspäs]*
sortieren	trier [tʀije] *[trije]*
Soße	sauce *f* [sos] *[sos]*
Spalt	fente *f* [fɑ̃t] *[fant]*
Spalte (Text)	colonne *f* [kɔlɔn] *[kolon]*
Spaß machen	blaguer [blage] *[blage]*
Spaßmacher	loustic *m* [lustik] *[lustik]*
Spaten	pelle *f* [pɛl] *[päle]*
später	après *f* [apʀɛ] *[aprä]*
Spatz	piaf *m* [pjaf] *[pjaf]*
Spazierstock	canne *f* [kan] *[kan]*
speckig	gras(se) [gʀɑ, gʀɑs] *[gra, grase]*
Speckscheibe	barde *f* [baʀd] *[barde]*
speien	vomir [vɔmiʀ] *[vomir]*
Speise	mets *m* [mɛ] *[mä]*

Speisestärke	fécule *f* [fekyl] *[feküle]*
Spelunke	bouge *m* [buʒ] *[busche]*
spenden	apporter [apɔʀte] *[aporte]*
sperren	barrer [baʀe] *[bare]*
Spiegel	glace *f* [glas] *[glass]*
Spiegel	miroir *m* [miʀwaʀ] *[mirwar]*
Spiel	jeu *m* [ʒø] *[schö]*
Spiel	match *m* [matʃ] *[matsch]*
Spielbrett	plateau *m* [plato] *[plato]*
Spieler	joueur *f* [ʒwœʀ] *[schwör]*
Spielraum	marge *f* [maʀʒ] *[marsche]*
Spielzeug	jouet *m* [ʒwɛ] *[schwä]*
Spießer(in)	bourge *mf* [buʀʒ] *[bursch]*
Spinner	fada *m* [fada] *[fada]*
spitz	aigu, aiguë [egy] *[egü]*
spitze Bemerkung	flèche *f* [flɛʃ] *[flesch]*
Spitze	bout *m* [bu] *[bu]*
Spitze	sommet *m* [sɔmɛ] *[somä]*
Sprache	parole *f* [paʀɔl] *[parole]*
sprayen	bomber [bɔ̃be] *[bombe]*
Sprechblase	bulle *f* [byl] *[bül]*
sprechen	parler [paʀle] *[parle]*
Sprechen	parole *f* [paʀɔl] *[parole]*
sprengen	arroser [aʀoze] *[arose]*
Spritzdüse	lance *f* [lɑ̃s] *[lahnse]*
sprühen	bomber [bɔ̃be] *[bombe]*
Sprung	bond *m* [bɔ̃] *[bo]*
spülen	laver [lave] *[lave]*
spülen	rincer [ʀɛ̃se] *[rahse]*
spüren	sentir [sɑ̃tiʀ] *[sohtir]*
Spur	marque *f* [maʀk] *[marke]*
Spur	piste *f* [pist] *[pist]*
Stab	baguette *m* [bagɛt] *[bagät]*

Stäbchen (chinesische)	baguette *m* [bagɛt] *[bagät]*
stabil	stable [stabl] *[stable]*
Stadt	cité *f* [site] *[site]*
Stadt	ville *f* [vil] *[vil]*
Stadtbezirk	quartier *m* [kaʀtje] *[kartje]*
Stadtverwaltung	mairie *f* [meʀi] *[meri]*
stampfen	damer [dame] *[dame]*
-stand	niveau *mf* [nivo] *[niwo]*
Stange	barre *f* [baʀ] *[bar]*
Stängel	tige *f* [tiʒ] *[tische]*
Stangenbrot (250 g)	bâtard *m* [bɑtaʀ] *[batar]*
Stapel	pile (1) *f* [pil] *[pile]*
stapeln	gerber [ʒeʀbe] *[scherbe]*
stark (Kaffee)	tassé(e) [tase] *[tase]*
stark	extra [ɛkstʀa] *[äkstra]*
stark	fort(e) [fɔʀ, fɔʀt] *[for, fort]*
Stärke	fécule *f* [fekyl] *[feküle]*
Stärke	force *f* [fɔʀs] *[forse]*
Staub	poussière *f* [pusjɛʀ] *[pusjär]*
Staub wischen	épousseter [epuste] *[epuste]*
Stechmücke	moustique *m* [mustik] *[mustik]*
stehen lassen	laisser [lese] *[lese]*
stehlen	chiper [ʃipe] *[schipe]*
stehlen	dérober [deʀɔbe] *[derobe]*
stehlen	voler (1) [vɔle] *[vole]*
steif	raide [ʀɛd] *[räd]*
Stein	pierre *f* [pjɛʀ] *[piähr]*
Steingut	grès *m* [gʀɛ] *[grä]*
Steinpilz	cèpe *m* [sɛp] *[säp]*
Steinplatte	dalle *f* [dal] *[dale]*
Steinschleuder	fronde *f* [fʀɔ̃d] *[frond]*
Stelle	emploi *m* [ɑ̃plwa] *[amplwa]*
Stelle	place *f* [plas] *[plas]*

stellen	mettre [mɛtʀ] *[mätre]*
Stellung	emploi *m* [ɑ̃plwa] *[amplwa]*
Steuer	impôt *m* [ɛ̃po] *[ahmpo]*
sticken	broder [bʀɔde] *[brode]*
sticken	broder [bʀɔde] *[brode]*
Stiefel	botte *f* [bɔt] *[bot]*
Stiel	tige *f* [tiʒ] *[tische]*
Stil	style *m* [stil] *[stil]*
still	calme [kalm] *[kalm]*
Stille	silence *m* [silɑ̃s] *[silahs]*
stillen	allaiter [alete] *[alete]*
Stock	canne *f* [kan] *[kan]*
Stoff (Droge)	came *f* [kam] *[kam]*
Stoff	toile *mf* [twal] *[tual]*
stolz	fier, fière [fjɛʀ] *[fjär]*
Stolz	fierté *f* [fjɛʀte] *[fiärte]*
stören	gêner [ʒene] *[schene]*
Störung	trouble (1) *m* [tʀubl] *[trubl]*
Stoß	coup *m* [ku] *[ku]*
Straftat	délit *m* [deli] *[deli]*
Straße	chemin *m* [ʃ(ə)mɛ̃] *[schemä]*
Straße	route *f* [ʀut] *[rut]*
Straße	rue *f* [ʀy] *[rü]*
Straßenjunge	gavroche *m* [gavʀɔʃ] *[gavrosch]*
Strecke	trajet *m* [tʀaʒɛ] *[traschä]*
Streichholz	allumette *f* [alymɛt] *[alümät]*
streiten (wegen etwas)	chicaner [ʃikane] *[schikane]*
streng	sévère [sevɛʀ] *[sevär]*
Stress	stress *m* [stʀɛs] *[sträss]*
streunen	errer [eʀe] *[ere]*
Strick	corde *f* [kɔʀd] *[kord]*
Strickjacke	veste *f* [vɛst] *[west]*
Strickware	tricot *m* [triko] *[triko]*

Strickweste	gilet *m* [ʒilɛ] *[schilä]*
Strickweste	tricot *m* [triko] *[triko]*
Strom	courant *m* [kuʀɑ̃] *[kuroh]*
Strom	flot *m* [flo] *[flo]*
strömen	coule [kule] *[kule]*
Strömung	courant *m* [kuʀɑ̃] *[kuroh]*
Stück	morceau *m* [mɔʀso] *[morso]*
Stück	part *f* [paʀ] *[paar]*
Stuhl	chaise *f* [ʃɛz] *[schäs]*
stumpf	terne [tɛʀn] *[tärne]*
Stunde	heure *f* [œʀ] *[öhr]*
Sturz	chute *f* [ʃyt] *[schüt]*
Suche	recherche *f* [ʀ(ə)ʃɛʀʃ] *[r(ö)schärsche]*
süchtig	accro [akʀo] *[akro]*
Süden	midi (2) *m* [midi] *[midi]*
süß	doux [du] *[du]*
Suite	appart *m* [apaʀt] *[apart]*
summen	fredonner [fʀədɔne] *[fredone]*
super	extra [ɛkstʀa] *[äkstra]*
Suppe	potage *m* [pɔtaʒ] *[potasche]*
Swimmingpool	piscine *f* [pisin] *[pisin]*
Szene	scéne *f* [sɛn] *[sän]*
Tabelle	grille *f* [gʀij] *[grij]*
Tablett	plateau *m* [plato] *[plato]*
Tafelgeschirr	vaisselle *f* [vɛsɛl] *[väsäl]*
Tag	jour *m* [ʒuʀ] *[schuhr]*
Tag	journée *f* [ʒuʀne] *[schurne]*
tagen	siéger [sjeʒe] *[sjesche]*
Taille	ceinture *f* [sɛ̃tyʀ] *[säntür]*
Taktstock	baguette *m* [bagɛt] *[bagät]*
Tal	val *m* [val] *[wal]*
Tang (Seetang)	varech *m* [vaʀɛk] *[varäk]*

Tank	citerne *f* [sitɛʀn] *[sitärn]*
Tanne	sapin *m* [sapɛ̃] *[sapäh]*
tapfer	brave [bʀav] *[brave]*
tarnen	masquer [maske] *[maske]*
Tasche	poche (1) *f* [pɔʃ] *[posch]*
Taschenbuch	poche (2) *f* [pɔʃ] *[posch]*
Taschenkrebs	crabe *m* [kʀab] *[krab]*
Taschenlampe	torche *f* [tɔʀʃ] *[torsch]*
Taschentuch	mouchoir *m* [muʃwaʀ] *[muschwar]*
Taschenuhr	montre *f* [mɔ̃tʀ] *[mohntre]*
Tastatur	clavier *m* [klavje] *[klavje]*
Taste	touche *f* [tuʃ] *[tusche]*
Tat	acte *m* [akt] *[akt]*
tätowieren	tatouer [tatwe] *[tatwe]*
Tau	rosée *f* [ʀoze] *[rose]*
taub	sourd(e) [suʀ] *[sur]*
tauglich	apte [apt] *[apte]*
Tausch	troc *m* [tʀɔk] *[trok]*
täuschen	frauder [fʀode] *[frode]*
täuschen	tromper [tʀɔ̃pe] *[trohmpe]*
Tauschgeschäft	troc *m* [tʀɔk] *[trok]*
Tauschhandel	troc *m* [tʀɔk] *[trok]*
Team	équipe *f* [ekip] *[ekip]*
Teenager	ado *mf* [ado] *[ado]*
Teenie	ado *mf* [ado] *[ado]*
Teil	part *f* [paʀ] *[paar]*
Teil	partie *f* [paʀti] *[parti]*
Teilchen	fragment *f* [fʀagmɑ̃] *[fragmoh]*
Teilung	partage *m* [partaʒ] *[partasch]*
Teller	assiette *f* [asjɛt] *[asjät]*
Termin	délai *m* [delɛ] *[delä]*
Territorium	territoire *m* [teʀitwar] *[teritwar]*
teuer	cher, chère [ʃɛʀ] *[schär]*

Tick	manie *f* [mani] *[mani]*
Tier	bête *f* [bɛt] *[bät]*
Tisch	table *f* [tabl] *[tabl]*
Tischtuch	nappe *f* [nap] *[nap]*
Titel	titre *m* [titʀ] *[titre]*
Tod	mort *f* [mɔʀ] *[mor]*
Toilette	cabinet *m* [kabinɛ] *[kabinä]*
toll	chouette (2) *f* [ʃwɛt] *[schwät]*
toll	extra [ɛkstʀa] *[äkstra]*
Tollpatsch	balourd *m* [baluʀ] *[balur]*
Tollpatsch	gourde *f* [guʀd] *[gurde]*
Tonne (Gewicht)	tonne *f* [tɔn] *[ton]*
Topf	pot *m* [po] *[po]*
Tor	but *m* [by(t)] *[bü(t)]*
Tor	porte *f* [pɔʀt] *[porte]*
Torf	tourbe *f* [tuʀb] *[turbe]*
Tortenguss	glaçage *m* [glasaʒ] *[glasasch]*
tot	mort(e) [mɔʀ, mɔʀt] *[mor, mort]*
töten	tuer [tᶣe] *[tüe]*
Toupet	postiche *m* [pɔstiʃ] *[postisch]*
Tour	tour (2) *m* [tuʀ] *[tur]*
tragen	porter [pɔʀte] *[porte]*
Träne	larme *f* [laʀm] *[larme]*
Tränke	auge *f* [oʒ] *[osche]*
Transplantation	greffe *f* [gʀɛf] *[gräff]*
Traum	rêve *m* [ʀɛv] *[räve]*
träumen	rêver [ʀeve] *[rewe]*
träumen	songer [sɔ̃ʒe] *[sosche]*
traurig	peiner [pene] *[pene]*
treffen	toucher [tuʃe] *[tusche]*
Treffer	but *m* [by(t)] *[bü(t)]*
treiben	ficher (1) [fiʃe] *[fische]*
Treibhaus	serre *f* [sɛʀ] *[sähr]*

Trennungsstrich	tiret *m* [tiʀɛ] *[tirä]*
treu	fidèle [fidɛl] *[fidäle]*
Trinkflasche	gourde *f* [guʀd] *[gurde]*
Trinkschale	bol *m* [bɔl] *[bol]*
trocken	sec, sèche [sɛk, sɛʃ] *[säk, säsch]*
trocken wischen	sécher [seʃe] *[sesche]*
trödeln	traîner [tʀene] *[trene]*
Tropfen	goutte *f* [gut] *[gut]*
Trottel	balourd *m* [baluʀ] *[balur]*
Trottel	gourde *f* [guʀd] *[gurde]*
trotzen	bouder [bude] *[bude]*
trüb	gris(e) [gʀi, gʀiz] *[gri, gris]*
trüb	terne [tɛʀn] *[tärne]*
trüb	trouble (2) [tʀubl] *[trubl]*
Trunkenheit	ivresse *f* [ivʀɛs] *[ivräss]*
Tscheche/Tschechin	Tchèque *mf* [tʃɛk] *[tschäk]*
Tuch	toile *mf* [twal] *[tual]*
tüfteln	bricoler [bʀikɔle] *[brikole]*
Tür	porte *f* [pɔʀt] *[porte]*
Türklingel	sonnette *f* [sɔnɛt] *[sonät]*
tun	mettre [mɛtʀ] *[mätre]*
Tunte	folle *f* [fɔl] *[fol]*
Turm	tour (1) *f* [tuʀ] *[tur]*
Turmspitze	flèche *f* [flɛʃ] *[flesch]*
Tussi	meuf *f* [mœf] *[möf]*
Typ	mec *m* [mɛk] *[mäk]*
typisch	classique [klasik] *[klasik]*
U-Bahn	métro *m* [metʀo] *[metro]*
üben	travailler [tʀavaje] *[trawaje]*
überdachen	couvrir [kuvʀiʀ] *[kuvrihr]*
überfahren	écraser [ekʀɑze] *[ekrase]*
Überfall	raid *m* [ʀɛd] *[räd]*

übergeben	vomir [vɔmiʀ] *[vomir]*
überheblich	fier, fière [fjɛʀ] *[fjär]*
überladen	chamarré(e) [ʃamaʀe] *[schamare]*
überlassen	céder [sede] *[sede]*
übermorgen	après-demain [apʀɛdmɛ̃] *[aprädmäh]*
überprüfen	réviser [ʀevize] *[rewisee]*
Überschlag	tonneau *m* [tɔno] *[tono]*
übertragen	céder [sede] *[sede]*
überwachen (polizeilich)	fliquer [flike] *[flike]*
übrig lassen	laisser [lese] *[lese]*
Ufer	bord *m* [bɔʀ] *[bor]*
Ufer	rive *f* [ʀiv] *[riv]*
Uhr	heure *f* [œʀ] *[öhr]*
Uhr	montre *f* [mɔ̃tʀ] *[mohntre]*
umbringen	tuer [tɥe] *[tüe]*
Umfang	tour (2) *m* [tuʀ] *[tur]*
umfangreich	ample [ɑ̃mpl] *[ompl]*
umfangreich	gros(se) [gʀo, gʀos] *[gro, gros]*
umformen	façonner [fasɔne] *[fasone]*
umgraben	bêcher [beʃe] *[besche]*
Umhang	cape *f* [kap] *[kape]*
umhegen	couver [kuve] *[kuwe]*
umherirren	errer [eʀe] *[ere]*
Umschlag	enveloppe *f* [ɑ̃vlop] *[ahnvlope]*
umsetzen	déplacer [deplase] *[deplase]*
umsiedeln	déplacer [deplase] *[deplase]*
umstellen	cerner [sɛʀne] *[särne]*
umstellen	déplacer [deplase] *[deplase]*
umstoßen	bousculer [buskyle] *[busküle]*
Umweg	biais *m* [bjɛ] *[bjä]*
umwerfen	bousculer [buskyle] *[busküle]*
umwickeln	bander [bɑ̃de] *[bahnde]*
umzingeln	cerner [sɛʀne] *[särne]*

unbarmherzig	féroce [feʀɔs] *[feros]*
unbearbeitet	brut(e) [bʀyt] *[brüt]*
unbeweglich	raide [ʀɛd] *[räd]*
und	et [e] *[e]*
unecht	faux, fausse [fo, fos] *[fo, fos]*
unerbittlich	sévère [sevɛʀ] *[sevär]*
unermesslich groß	immense [immɑ̃s] *[immohs]*
ungebildet	brut(e) [bʀyt] *[brüt]*
ungeschliffen	brut(e) [bʀyt] *[brüt]*
Unglück	avatar *m* [avataʀ] *[awatar]*
Unglück	malheur *m* [malœʀ] *[malöhr]*
unkenntlich machen	flouter [flute] *[flute]*
unlängst	naguère [nagɛʀ] *[nagär]*
Unmenge	forét *f* [fɔʀɛ] *[forä]*
unmissverständlich	nettement [nɛtmɑ̃] *[nätmoh]*
Unordnung	désordre *m* [dezɔʀdʀ] *[desordre]*
unscharf	trouble (2) [tʀubl] *[trubl]*
Unsinn	baliverne *f* [balivɛʀn] *[balivärne]*
Unsinn	bêtise *f* [betiz] *[betise]*
unsterblich	follement [fɔlmɑ̃] *[folmoh]*
unter	sous [su] *[su]*
Unterhose	caleçon *m* [kalsɔ̃] *[kalsoh]*
Unterhose	culotte *m* [kylɔt] *[külot]*
Unterkunft	abri *m* [abʀi] *[abri]*
Unterkunft	gîte *m* [ʒit] *[schite]*
untermischen	mêle *f* [mele] *[mele]*
Unternehmen	entreprise *f* [ɑ̃tʀəpʀiz] *[ohntrepries]*
untersetzt	trapu(e) [tʀapy] *[trapü]*
unterstreichen	accuser [akyze] *[aküse]*
unterstützen	aider [ede] *[ede]*
unterstützen	presser (2) [pʀese] *[prese]*
Untersuchung	analyse *f* [analiz] *[analise]*
Unterwelt	enfer *m* [ɑ̃fɛʀ] *[ohfär]*

unterwürfig	servile [sɛRvil] *[särwil]*
Urlaub	séjour *m* [seʒuR] *[seschur]*
Vase	vase *m* [vaz] *[was]*
Vater	père *m* [pɛR] *[pähre]*
Vene	veine *f* [vɛn] *[wän]*
verändern	altérer [alteRe] *[altere]*
verändern	changer [ʃɑ̃ʒe] *[schosche]*
Veränderung	avatar *m* [avataR] *[awatar]*
Verbannte(r)	banni(e) *mf* [bani] *[bani]*
verbergen	dissimuler [disimyle] *[disimüle]*
verbinden (miteinander)	agglutiner [aglytine] *[aglütine]*
verbinden	bander [bɑ̃de] *[bahnde]*
Verbindungsklemmen	serre-fils *m* [sɛRfil] *[särfil]*
verbleichen	faner [fane] *[fanne]*
verblüfft	baba [baba] *[baba]*
verblühen	faner [fane] *[fanne]*
Verbranntes	brûle *m* [bRyle] *[brüle]*
Verbrechen	crime *m* [kRim] *[krime]*
verbreiten	diffuser [difyze] *[difüse]*
verbrennen (in der Sonne)	rôtir [Rotir] *[rotir]*
verbrennen	brûler [bRyle] *[brühle]*
verbünden	fédérer [fedeRe] *[federe]*
verbünden	ligue [lige] *[lige]*
verdammt!	zut [zyt] *[süt]*
verdauen	digére [diʒeRe] *[dischere]*
Verdeck	capote *f* [kapɔt] *[kapot]*
verdecken	masquer [maske] *[maske]*
verdienen	mériter [meRite] *[merite]*
verdrehen	démettre [demɛtR] *[demetre]*
verdrehen	maquiller [makije] *[makije]*
Vereinbarung	accord *m* [akɔR] *[akor]*
vereinigen	fédérer [fedeRe] *[federe]*

vereist	tôlé(e) [tole] *[tole]*
vererben	léguer [lege] *[lege]*
verfehlen	louper [lupe] *[lupe]*
verfehlen	rater [ʀate] *[rate]*
verflixt	zut [zyt] *[süt]*
Vergehen	délit *m* [deli] *[deli]*
vergeuden	dissiper [disipe] *[disipe]*
vergilben	jaunir [ʒoniʀ] *[schonir]*
vergoldet	doré(e) [dɔʀe] *[dore]*
verheimlichen	masquer [maske] *[maske]*
Verkehr	trafic *m* [tʀafik] *[trafik]*
verkleben	agglutiner [aglytine] *[aglütine]*
verkleidet	déguisé(e) [degize] *[degise]*
verkünden	déclare [deklaʀe] *[deklare]*
verlangen	vouloir [vulwaʀ] *[vulwar]*
verlegen machen	gêner [ʒene] *[schene]*
verletzen	blesser [blese] *[blese]*
verlocken	tenter [tɑ̃te] *[tohnte]*
verloren	perdu(e) [pɛʀdy] *[pärdü]*
vermachen	léguer [lege] *[lege]*
vermischen	mêle *f* [mele] *[mele]*
Vermittlung	entremise *f* [ɑ̃tʀəmiz] *[ohntremise]*
Vermögen	bien *m* [bjɛ̃] *[biä]*
vernichten	tuer [tᴴe] *[tüe]*
vernichtend schlagen	terrasser [teʀase] *[terase]*
Vernissage	vernissage *f* [vɛʀnisaʒ] *[wernisasche]*
verpassen	rater [ʀate] *[rate]*
verpatzen	louper [lupe] *[lupe]*
Verpflanzung	greffe *f* [gʀɛf] *[gräff]*
Verpflichtung	engagement *m* [ɑ̃gaʒmɑ̃] *[ohgaschmoh]*
verpixeln	flouter [flute] *[flute]*
verpulvern	claquer [klake] *[klake]*
verputzen	crépir [kʀepiʀ] *[krepier]*

verramschen	brader [bʀade] *[brade]*
verraten	dire [diʀ] *[dir]*
verrenken	démettre [demɛtʀ] *[demetre]*
verriegeln	barrer [baʀe] *[bare]*
verrückt	fada *m* [fada] *[fada]*
Verrücktheit	folie *f* [fɔli] *[foli]*
Versager(in)	raté *m* [ʀate] *[rate]*
verscherbeln	brader [bʀade] *[brade]*
verschleudern	brader [bʀade] *[brade]*
verschleudern	dissiper [disipe] *[disipe]*
verschwenden	dissiper [disipe] *[disipe]*
verschwenderisch	prodigue [pʀɔdig] *[prodig]*
verschwommen	trouble (2) [tʀubl] *[trubl]*
verschwören	ligue [lige] *[lige]*
versiegeln	sceller [sele] *[sele]*
versperren	barrer [baʀe] *[bare]*
Versperren	blocage *m* [blɔkaʒ] *[blokasche]*
Verstand	cerveau *m* [sɛʀvo] *[särwo]*
Verstand	esprit *m* [ɛspʀi] *[äspri]*
verstecken	dissimuler [disimyle] *[disimüle]*
versuchen	essayer [eseje] *[eseje]*
versuchen	tenter [tɑ̃te] *[tohnte]*
Verteidiger	arriéré *m* [aʀjeʀe] *[arjere]*
verteilen	diffuser [difyze] *[difüse]*
Verteilung	partage *m* [paʀtaʒ] *[partasch]*
Vertrag	contrat *m* [kɔ̃tʀa] *[kontra]*
Vertrag	traité *m* [tʀete] *[trete]*
vertraut	familier, -ière [familje, -jɛʀ] *[familje, jär]*
verweisen	bannir [baniʀ] *[banir]*
verwelken	faner [fane] *[fanne]*
verwöhnen	flatter [flate] *[flate]*
verwöhnen	gâter [gate] *[gate]*
verwunden	blesser [blese] *[blese]*

verziehen	désaxer [dezakse] *[desaxe]*
Vieh	bétail *m* [betaj] *[betei]*
Vieh	bête *f* [bɛt] *[bät]*
viel auf Reisen sein	naviguer [navige] *[nawige]*
vier	quatre *m* [katʀ(ə)] *[katre]*
Viertel	quartier *m* [kaʀtje] *[kartje]*
Villa	villa *f* [villa] *[willa]*
Vogelgesang	ramage *m* [ʀamaʒ] *[ramasche]*
Vogelgezwitscher	vamagé *m* [ʀamaʒ] *[ramasche]*
völlig	entier, -ière [ɑ̃tje, -jɛʀ] *[ohntje]*
völlig kaputt	vannè(e) [vane] *[vane]*
vor	avant [avɑ̃] *[avoh]*
vorantreiben	presser (2) [pʀese] *[prese]*
Vorgehen	approche *f* [apʀɔʃ] *[aprosch]*
Vorgehensweise	démarche *f* [demaʀʃ] *[demarsch]*
Vormittag	matin *m* [matɛ̃] *[matä]*
Vormundschaft	tutelle *f* [tytɛl] *[tütäl]*
vorschreiben	dicter [dikte] *[dikte]*
vorstellen	imaginer [imaʒine] *[imaschine]*
Vortrag	veille *f* [vɛj] *[wäj]*
Waage	balance *f* [balɑ̃s] *[ballohnse]*
Wachtel	caille *f* [kaj] *[kaj]*
Waffe	arme *f* [aʀm] *[arme]*
Waffenstillstand	trêve *f* [tʀɛv] *[träf]*
Wagen	voiture *f* [vwatyr] *[vwatür]*
Wahl	choix *m* [ʃwa] *[schwa]*
wählen	voter [vɔte] *[wote]*
Wahlmöglichkeit	choix *m* [ʃwa] *[schwa]*
Wahnsinn	folie *f* [fɔli] *[foli]*
wahnsinnig	follement [fɔlmɑ̃] *[folmoh]*
Wahnwitz	folie *f* [fɔli] *[foli]*
Währung	monnaie *f* [mɔnɛ] *[monä]*

Wal	balaine *f* [balɛn] *[balän]*
Wald	forét *f* [fɔʀɛ] *[forä]*
Walross	morse (1) *m* [mɔʀs] *[morse]*
Walzer	valse *f* [vals] *[wals]*
Wand	mur *m* [myʀ] *[mür]*
Wange	joue *f* [ʒu] *[schu]*
warm	tiède [tjɛd] *[tjäd]*
Wärme	chaleur *f* [ʃalœʀ] *[schalör]*
warum	pourquoi [puʀkwa] *[purkwa]*
Warum, das	pourquoi *m* [puʀkwa] *[purkwa]*
was für ein(e)	quel(le) [kɛl] *[käl]*
Waschbecken	lavabo *m* [lavabo] *[lavabo]*
waschen	laver [lave] *[lave]*
Waschlappen	mou *m* [mu] *[mu]*
Wasser	eau *f* [o] *[o]*
Wasser	flotte (2) *f* [flɔt] *[flot]*
Wasserhahn	robinet *m* [ʀɔbinɛ] *[robinä]*
Weg	allée *f* [ale] *[ale]*
Weg	chemin *m* [ʃ(ə)mɛ] *[schemä]*
Weg	trajet *m* [tʀaʒɛ] *[traschä]*
Weggehen	départ *m* [depaʀ] *[depar]*
wegnehmen	voler (1) [vɔle] *[vole]*
weich	doux [du] *[du]*
weich	souple [supl] *[supl]*
Weichling	mou *m* [mu] *[mu]*
Weide	pré *m* [pʀe] *[pre]*
Weihnachten	Noël *m* [nɔɛl] *[noel]*
weil	comme [kɔm] *[kom]*
Weinberg (eingefriedet)	clos *m* [klo] *[klo]*
Weinbrand (feiner)	fine (1) *f* [fin] *[fin]*
weise	sage [saʒ] *[sasch]*
Weise(r)	sage *fm* [saʒ] *[sasch]*
weit	ample [ɑ̃mpl] *[ompl]*

weit ausholend	ample [ãmpl] *[ompl]*
weit	vaste [vast] *[wast]*
weithin hörbar	ample [ãmpl] *[ompl]*
welche (-r, -s)	quel(le) [kɛl] *[käl]*
Welt	monde *m* [mɔ̃d] *[mohd]*
wenden	tourner [tuʀne] *[turne]*
Werkstatt	atelier *m* [atəlje] *[atölje]*
Weste	gilet *m* [ʒilɛ] *[schilä]*
Wettbewerb	concours *m* [kɔ̃kuʀ] *[kohkur]*
Wettkampf	concours *m* [kɔ̃kuʀ] *[kohkur]*
Wettkampf	lutte *f* [lyt] *[lüt]*
wie	comme [kɔm] *[kom]*
wiederholen	réviser [ʀevize] *[rewisee]*
Wiege	berceau *m* [bɛʀso] *[berso]*
Wiese	pré *m* [pʀe] *[pre]*
wild	féroce [feʀɔs] *[feros]*
Willkommen	bienvenue *f* [bjɛ̃vəny] *[bjäweny]*
Wimper	cil *m* [sil] *[sil]*
Winde	cric *m* [kʀik] *[krik]*
windstill	calme [kalm] *[kalm]*
Winkel	angle *m* [ãgl] *[ongle]*
Winkel	coin *m* [kwɛ̃] *[kwäh]*
winken	héler [ˈele] *[ele]*
Winter	hiver *m* [ivɛʀ] *[iwär]*
Wipfel	sommet *m* [sɔmɛ] *[somä]*
Witz	blague *f* [blag] *[blag]*
Witz	vanne *f* [van] *[wanne]*
Witzbold	loustic *m* [lustik] *[lustik]*
Witze machen	blaguer [blage] *[blage]*
Witze reißen	blaguer [blage] *[blage]*
witzige Bemerkung	vanne *f* [van] *[wanne]*
wohlgenährt	gras(se) [gʀɑ, gʀɑs] *[gra, grase]*
Wohltätigkeit	charité *f* [ʃarite] *[scharite]*

wohnen	habiter [abite] *[abite]*
Wohnung	appart *m* [apaʀt] *[apart]*
Wölfin	louve *f* [luv] *[luve]*
Wolle	laine *f* [lɛn] *[läne]*
wollen	vouloir [vulwaʀ] *[vulwar]*
Wort	parole *f* [paʀɔl] *[parole]*
wünschen, dass ...	souhaiter [swete] *[swete]*
Wüste	désert *m* [dezɛʀ] *[desär]*
Wulst	boudin *m* [budɛ̃] *[buda]*
Wunde	plaie *f* [plɛ] *[plä]*
Wunsch	désir *m* [deziʀ] *[desir]*
Wurm	ver *m* [vɛʀ] *[wär]*
zaghaft	timide [timid] *[timid]*
Zahl	chiffre *m* [ʃifʀ] *[schifre]*
Zählung	compte *mf* [kɔ̃t] *[komte]*
zähmen	assagir [asaʒiʀ] *[asaschir]*
Zauber	charme *m* [ʃaʀm] *[scharm]*
Zauberbuch	grimoire *m* [gʀimwaʀ] *[grimwar]*
Zaubertrank	philtre *m* [filtʀ] *[filtre]*
Zaun	clôture *f* [klotyʀ] *[klotür]*
Zeichen	appel *m* [apɛl] *[apäl]*
Zeichen	marque *f* [maʀk] *[marke]*
Zeichen	signe *m* [siɲ] *[sinje]*
zeichnen	tracer [tʀase] *[trase]*
Zeichnung	dessin *m* [desɛ̃] *[desoh]*
Zeit	délai *m* [delɛ] *[delä]*
Zeit	heure *f* [œʀ] *[öhr]*
Zeitalter	siècle *m* [sjɛkl] *[siäkle]*
zeitlich versetzt	différé [difeʀe] *[difere]*
Zeitspanne	délai *m* [delɛ] *[delä]*
zeitweise	quelquefois [kɛlkəfwa] *[kälköfwa]*
Zement	ciment *m* [simɑ̃] *[simo]*

zerbeißen	croquer [krɔke] *[kroke]*
zerbrechen	briser [brize] *[brise]*
zerbrechen	casser [kase] *[kase]*
zerbrechlich	fragile [fraʒil] *[fraschil]*
Zerbrechlichkeit	fragilité *f* [fraʒilite] *[fraschilite]*
zerdrücken	écraser [ekrɑze] *[ekrase]*
zerkleinern	hacher ['aʃe] *[asche]*
zerkratzen	griffer [grife] *[grife]*
zermalmen	écraser [ekrɑze] *[ekrase]*
zerreißen	déchirer [deʃire] *[deschire]*
zerren	tirailler [tirɑje] *[tiraje]*
zerstören	tuer [tɥe] *[tüe]*
Zettel	fiche *f* [fiʃ] *[fische]*
Zicklein	cabri *m* [kabri] *[kabri]*
Zicklein	chevreau *m* [ʃəvro] *[schewro]*
Ziege	bique *f* [bik] *[bike]*
Ziege	chèvre *f* [ʃɛvr] *[schäfre]*
Ziegelstein	brique *f* [brik] *[brike]*
Ziegenbock	bouc *m* [buk] *[buk]*
Ziegenkäse	chèvre *f* [ʃɛvr] *[schäfre]*
Ziegenleder	chevreau *m* [ʃəvro] *[schewro]*
ziehen	tirer [tire] *[tiere]*
Ziel	but *m* [by(t)] *[bü(t)]*
zielen	viser (1) [vize] *[wise]*
ziemlich	assez [ase] *[ase]*
Ziffer	chiffre *m* [ʃifr] *[schifre]*
Zipfel	bout *m* [bu] *[bu]*
Zirkel	compas *m* [kõpa] *[kompa]*
Zisterne	citerne *f* [sitɛrn] *[sitärn]*
Zitrone	citron *m* [sitrɔ̃] *[sitroh]*
zittern	frissonner [frisɔne] *[frisone]*
Zocker	joueur *f* [ʒwœr] *[schwör]*
Zopf	natte *f* [nat] *[nate]*

zu Abend essen	dîner *m* [dine] *[dine]*
zu einem Bund zusammenschließen	fédérer [fedeʀe] *[federe]*
zubereiten	mitonner [mitɔne] *[mitone]*
zubetonieren	bétonner [betɔne] *[betone]*
zubilligen	accorder [akɔʀde] *[akorde]*
Zuckerguss	glaçage *m* [glasaʒ] *[glasasch]*
Zuckerkrankheit	diabète *m* [djabɛt] *[djabät]*
Zuckerwatte	barbe à papa *f* [barb a papa] *[barbapapa]*
zudecken	couvrir [kuvʀiʀ] *[kuvrihr]*
Zügellosigkeit	excès *m* [ɛksɛ] *[äksä]*
zügeln	bride [bʀide] *[bride]*
zünden	allumer [alyme] *[alüme]*
Zündholz	allumette *f* [alymɛt] *[alümät]*
Zufahrt	accès *m* [aksɛ] *[aksä]*
Zug	train *m* [tʀɛ̃] *[träh]*
Zugang	accès *m* [aksɛ] *[aksä]*
zukorken	boucher [buʃe] *[busche]*
Zukunft	avenir *m* [avniʀ] *[avnir]*
zum Ausdruck bringen	exprimer [ɛkspʀime] *[äksprime]*
zumachen	boucher [buʃe] *[busche]*
zumachen	fermer [fɛʀme] *[färme]*
zunehmen	grossir [gʀosiʀ] *[grosihr]*
Zunge	longue *f* [lɑ̃g] *[lohnge]*
zur Vernunft bringen	mater (1) [mate] *[mate]*
zurückgehen	régresser [ʀegʀese] *[regrese]*
zurückweisen	décliner [dekline] *[dekline]*
zusammenbrauen, sich	couver [kuve] *[kuwe]*
zusammendrücken	tasser [tase] *[tase]*
zusammengepresst	tassé(e) [tase] *[tase]*
zusammenkleben	agglutiner [aglytine] *[aglütine]*
zusammenpferchen	parquer [paʀke] *[parke]*
Zusammenprall	heurt *m* [ˈœʀ] *[ör]*

zusammenpressen	tasser [tase] *[tase]*
zusammenschließen	ligue [lige] *[lige]*
zusammenstellen	grouper [gʀupe] *[grupe]*
Zusammenstoß	heurt *m* ['œʀ] *[ör]*
zusammenstoßen	heurter ['œʀte] *[örte]*
zuschmieren	boucher [buʃe] *[busche]*
zuschütten	boucher [buʃe] *[busche]*
zuverlässig	fidèle [fidɛl] *[fidäle]*
Zweck	but *m* [by(t)] *[bü(t)]*
zwei	deux *m* [dø] *[dö]*
Zweifel	doute *m* [dut] *[dut]*
Zwieback	biscotte *f* [biskɔt] *[biskot]*
Zwilling	jumelle *f* [ʒymɛl] *[schümäl]*
zwingen	dicter [dikte] *[dikte]*
Zwinger	cage *f* [kaʒ] *[kasch]*
zwischen	entre [ɑ̃ʀ] *[ohntre]*

Lerntipp

Collagen

Wörter, die im Deutschen gleich oder ähnlich wie das französische Wort heißen, können zu einer Collage zusammengefasst werden. Diese Collage beinhaltet dann nur Wörter dieser Art.

Lesen Sie den folgenden Text aufmerksam durch und versuchen Sie, sich dazu konkrete Bilder vorzustellen. Die Wörter, die im Deutschen ähnlich oder gleich heißen, sind fett markiert.

Der **Pianist** im **Park**

In einem **Park** steht eine alte **Fabrik**. Neben der **Fabrik** befindet sich eine **Bar**. Dort spielt ein **Pianist** auf einem **Piano**. Er hat einen **Anorak** an und hat starke **Akne** in seinem Gesicht. Manchmal geht er in die **Villa**, die auf dem **Fabrik**gelände steht, und isst dort **gratis** eine **Pizza** und ein **Müsli** mit **Kiwi**. Damit niemand bemerkt, dass er die **Bar** verlassen hat, macht er das **Radio** an oder lässt einen **Film** laufen.

So, wieder 16 Vokabeln gelernt. Zugegeben, das war einfach. Aber woher soll man wissen, welches Wort im Französischen genauso heißt wie im Deutschen?

Jedes Mal, wenn Sie ein neues Wort als Bild in die Collage einbauen, wiederholen Sie notgedrungen das Gesamtbild, da Sie sich überlegen müssen, an welcher Stelle Sie den neuen Begriff als Bild ablegen oder einbauen. Sie kommen gar nicht umhin, die schon abgelegten Bilder zu wiederholen. Somit sind Wiederholungen nicht nur langweiliges Wiederkäuen, sondern ein wirklich kreativer Akt, der auch noch Spaß machen kann.

Als Beispiel: Sie möchten **lasso = Lasso** abspeichern. Sie merken: Das ist ein Wort, das im Französischen dem deutschen Wort sehr ähnlich oder gleich ist. Sie betrachten Ihre Gesamtcollage und überlegen sich, wohin Sie nun das **Lasso** platzieren könnten. Vielleicht ist um das **Piano** ein **Lasso** gewickelt, oder das **Lasso** befindet sich auf der **Pizza**, oder vielleicht hängt das **Radio** an dem **Lasso**. Es liegt bei Ihnen, was Sie sich vorstellen. Auch hier gilt: Die Gedanken sind frei. Lassen Sie sich am besten etwas Verrücktes einfallen.

Sie dürfen natürlich die Collage auch abändern. Angenommen, Sie möchten **igloo = Iglu** abspeichern. Dann können Sie sich jetzt einen **Pianisten** vorstellen, der mit **Anorak** in einem **Iglu Piano** spielt und nebenbei einen **Film** dreht über das Thema **Akne** usw.

Genauso können Sie Collagen entwickeln für Artikel. Dazu packen Sie alle männlichen Substantive in eine Collage und alle weiblichen Substantive in eine andere Collage. Natürlich eignen sich auch alle Ausnahmen für die Bildung von Collagen, wie zum Beispiel unregelmäßige Verben, Präpositionen usw. Versuchen Sie aber bitte nicht, Ihre Bildergeschichte immer logisch aufzubauen. Die Geschichte muss keinen Sinn ergeben. Je verrückter sie ist, umso merk-würdiger ist sie auch!

Audio-DVD-Selbstlehrgang: das »Geisselhart Gedächtnis Paket«

20 Stunden investieren, ein Leben lang profitieren!

Mit dem »Geisselhart Gedächtnis Paket« sind Sie in der Lage, alles Erdenkliche sicher und zuverlässig in kürzester Zeit abzuspeichern und jederzeit zuverlässig wieder abrufen zu können. Nach dem Hören und dem Durcharbeiten der Übungen merken Sie sich tatsächlich alles, was Sie wollen: angefangen von To-do-Listen über PIN-Codes, Kennzahlen und Fachtexte bis hin zu Namen und Gesichtern. Sie lernen, wie Sie Reden frei halten, sich Argumente für Verhandlungsgespräche bereitlegen, Gesprächsdetails behalten und sich Daten und Fakten zu wichtigen Personen merken. Die Geisselhart-Technik ist für jeden geistig gesunden Menschen in erfreulich kurzer Zeit erlernbar und lässt sich vor allem absolut praxisbezogen umsetzen und anwenden. Dabei ist es gleich, ob Sie 20 oder 80 Jahre alt sind, ob Sie »intelligent« sind oder weniger.

14 Tage gratis testen! Gleich anfordern auf www.teamgeisselhart.de

PC-Seminar »Kopf oder Zettel?«

Ihr Gedächtnis kann wesentlich mehr, als Sie denken!

Schon nach einer halben Stunde erleben Sie erste große Fortschritte. Garantiert! Denn: Ihr Gedächtnis kann wesentlich mehr, als Sie denken!

Beweisen können Sie sich dies selbst mit der neuesten CD-ROM von Oliver Geisselhart, dem Gedächtnistrainer des Jahres. Die CD-ROM entspricht einem Drei-Tages-Seminar. In kurzweiligen Lektionen von je ca. 15 Minuten entfalten Sie interaktiv und spielerisch Ihr volles Gedächtnispotenzial. (Laufzeit, wenn Sie alle Übungen machen, ca. 20 bis 25 Stunden!)

Inhalt: Namen sofort merken; Fachinfos und Vokabeln speichern; Reden frei halten; Terminkalender im Kopf; Konzentration und Fantasie steigern; Selbstbewusstsein erhöhen; geistig fit bleiben; leichter lernen; Alltagsprobleme meistern.

14 Tage gratis testen! Gleich anfordern auf www.teamgeisselhart.de

Buch »Kopf oder Zettel?«

Ihr Gedächtnis kann wesentlich mehr, als Sie denken!

Sie lernen schnell, einfach und spielerisch:

sich Namen und Gesichter sofort zu merken; Fachliteratur und Infos zu speichern; Reden bzw. Vorträge frei zu halten; Vokabeln und Fachbegriffe sicher abzuspeichern; Argumente und Einwandbehandlung immer parat zu haben; Zahlen und Daten mit Leichtigkeit zu behalten; Ihren Terminkalender im Kopf zu haben; sich die besten Witze zu merken; Ihre Konzentration zu verbessern; Ihre Kreativität zu steigern.

Mit der beiliegenden CD-ROM trainieren Sie in drei lernfreundlichen 15-Minuten-Einheiten interaktiv am PC und erleben Oliver Geisselhart in einem Kurzvortrag live. Zusätzlich erhalten Sie auf der CD zahlreiche Praxis-Features zum Ausdrucken.

Helmut Lange

Diplom-Pädagoge und Diplom-Sozialpädagoge Helmut Lange ist Seminarleiter und Trainer in den Bereichen Teamcoaching, Selbstmanagement und Gedächtnistraining in Deutschland und Österreich. Er hat einen Lehrauftrag an der Universität Nürnberg. Als Veranstalter von Gedächtnismeisterschaften und als Gedächtnistrainer zeigt er jedes Mal auf beeindruckende Weise, wie mit nur wenigen Stunden Training die Gedächtnisleistung sprunghaft ansteigt.

Nach einem Besuch seiner Infotainment-Seminare sind 200 bis 400 Prozent Steigerung der Gedächtnisleistung an der Tagesordnung. Dabei vermittelt er Lernmethoden, die schon seit Hunderten von Jahren existieren und erst jetzt wieder zu neuem Leben erweckt werden.

Top-Seminare zum Thema:

Lernen wie die Gedächtnisweltmeister

Seminar für Lehrer: Wie trainiere ich meine Schüler?

Effektiver Umgang mit der Informationsflut

Seminar für Firmen: Informationen schneller und dauerhafter abspeichern

Kontakt:

Helmut Lange
Bamberger Str. 17a
96049 Bamberg
0171 4588027
info@langewissen.de
www.langewissen.de

Oliver Geisselhart,
Deutschlands führender Mentaltrainer, laut ZDF

Dipl.-Betrw. Oliver Geisselhart ist einer der erfolgreichsten Topreferenten und Gedächtnistrainer in ganz Europa. Er war bereits 1983, mit 16 Jahren, Europas jüngster Gedächtnistrainer. Der mehrfache Bestsellerautor ist Top 100 Speaker und Lehrbeauftragter der Wirtschaftsuniversität Seekirchen bei Salzburg. Seine »Geisselhart-Technik des Gedächtnis- und Mentaltrainings« gilt unter Experten als die praxisorientierteste. Der »Gedächtnis-Papst« (TV HH1) versteht es, in unnachahmlicher Weise mit Witz, Charme und Esprit seine Zuhörer zu begeistern, zu motivieren und zu Gedächtnisbenutzern zu machen. Dies brachte ihm schon im Jahr 2000 den Titel »Gedächtnistrainer des Jahres« ein.

Aufgrund seiner hervorragenden Speaker-Leistungen wurde ihm bereits dreimal in Folge (2008, 2009 und 2010) der Oscar der Kongress- und Veranstaltungsbranche, der »Conga Award«, verliehen.

Bekannt durch ARD, ZDF, RTL, VOX, HR3, SWR1, Bild, Capital, FAZ, Freundin, Die Welt usw., wird Oliver Geisselhart weltweit von Firmen wie Bosch, IBM, DekaBank, BASF, Microsoft, Lufthansa, BMW u. v. a. m. für Mitarbeiter- und Kundenveranstaltungen gebucht. Dabei fasziniert er die Teilnehmer in nahezu comedyhafter Vortragsweise.

Stimmen zu Oliver Geisselhart

»Ihr Vortrag war der beste, den ich je erlebte.« Stefan Janoske, INPERSO GmbH.

»Ich habe gelacht und gelernt. Und das mit über 2000 anderen, Kompliment.« Massimo Gallo, Zeppelin University.

»... waren unsere 200 Verkäufer von Ihnen, dem Vortragsinhalt und Ihrer motivierend-entertainigen Art begeistert.« Detlef Schmidt-Wilkens, Tecis-Finanzdienstleistungen AG

»... die Teilnehmeranzahl von 1100 Personen hat alle vorherigen Veranstaltungen um 30 Prozent übertroffen. Diese beeindruckende Steigerung hat sicher mit Ihrer Person und dem attraktiven Thema zu tun.« Michael Kaiser, Volksbank Backnang eG

Buchen Sie Oliver Geisselhart für Ihre:

- Tagungen
- Kongresse
- Incentives
- Vertriebsmeetings
- Jubiläen
- Kick-offs

- Produktschulungen/-präsentationen
- Vorstandsversammlungen
- Mitarbeiter-/Regionalmeetings
- Jahresabschlusstreffen
- Umstrukturierungsmaßnahmen
- Kundenseminare/-veranstaltungen

Sehr effektiv ist ein mitreißender Vortrag als »Eisbrecher« zu Beginn größerer Veranstaltungen, als »Espresso« nach der Mittagspause oder als Bindeglied zwischen der fachlichen Tagesveranstaltung und dem unterhaltsamen Abendprogramm.

Vorträge, Workshops und Seminare mit Oliver Geisselhart für Ihren Spitzenerfolg

- **Kopf oder Zettel?** – Ihr Gedächtnis kann wesentlich mehr, als Sie denken!
- **Überzeugend präsentieren** – Durch Vorträge 1000mal mehr Menschen erreichen
- **So merke ich mir Namen und Gesichter** – Namen waren Schall und Rauch!
- **Brain Comedy** – Gedächtnistraining und Hirn-News locker und lustig verpackt
- **Verkaufserfolg beginnt im Kopf** – Gedächtnispower für Verkäufer

Risikofrei: Sie erhalten die TEAMGEISSELHART-Erfolgsgarantie. Das bedeutet für Sie: Sie bezahlen nur, was es Ihnen wirklich wert war. Sie können also nur gewinnen. Ob Sie nun Ihre Belegschaft, Kunden, Freunde oder Geschäftspartner weiterbilden und motivieren oder sich bei einer Veranstaltung vom Wettbewerb positiv abheben wollen – die Begeisterung Ihrer Teilnehmer ist Ihnen sicher.

Fordern Sie gern Ihr unverbindliches Angebot an:

TEAMGEISSELHART GmbH
Stolzestraße 15
44139 Dortmund
Tel.: 0231 952567-92
info@kopferfolg.de
www.teamgeisselhart.de